W0069716

Astrid Erll / Marion Gymnich

Interkulturelle Kompetenzen – Erfolgreich kommunizieren zwischen den Kulturen

Klett Lerntraining

S.24, 25, 34, 35, 36 und 37: Prof. Dr. Jürgen Bolten, Jena; aus Interkulturelle Kompetenz; Hrsg. von der Landeszentrale für politische Bildung, Thüringen 2003 – S.29: Dr. Stefanie Rathje, Jena; aus Interkulturelle Kompetenz - Zustand und Zukunft eines umstrittenen Konzepts; in: Zeitschrift für Interkulturellen Fremdsprachenunterricht 11.03.2006; online verfügbar unter http://zif.spz.tu-darmstadt.de/jg-11-3/beitrag/Rathje1.htm – S.42 und 43: Paul Watzlawick; Janet Beavin und Don D. Jackson; aus: Menschliche Kommunikationen, Formen, Störungen, Paradoxien; Verlag Hans Huber, Hogrefe AG, Bern 1969 – S.48: Geert Hofstede; aus: Lokales Denken, globales Handeln. Interkulturelle Zusammenarbeit und globales Management; 3. vollständige überarbeitete Auflage Verlag C.H. Beck oHG, München 2006 – S.129: Nicole Kollermann; aus Spinn ich oder spinnen die? Über den konstruktiven Umgang mit interkulturellen Irritationen; in: Interkulturelle Kommunikation: Methoden, Modelle, Beispiele; Hrsg. von Dagmar Kumbier und Friedemann Schulz von Thun, Reinbek bei Hamburg; Rowohlt Verlag GmbH 2006, S.73 – 90; S.153 – 157: Alexander Thomas und Andrea Müller: Interkulturelles Orientierungstraining für die USA: Übungsmaterial zur Vorbereitung auf ein Studium in den Vereinigten Staaten; Breitenbachverlag, Saarbrücken 1991.

Bibliografische Information der Deutschen Nationalbibliothek
Die Deutsche Nationalbibliothek verzeichnet diese Publikation in der Deutschen Nationalbibliografie; detaillierte bibliografische Daten sind im Internet über http://dnb.dnb.de abrufbar.

4. Auflage 2017

Satz: Kassler Grafik-Design, Leipzig
Druck: medienhaus Plump GmbH, Rheinbreitbach
Printed in Germany
ISBN 978-3-12-940012-8

Inhalt

Interkulturelle Kompetenz wird im Zeitalter von Globalisierung und Migration immer wichtiger; sie ist eine Schlüsselkompetenz des 21. Jahrhunderts. Ziel des Bandes ist die Vermittlung der Grundlagen von interkultureller Kompetenz. Die Schwerpunkte liegen dabei auf den Gebieten der Kulturtheorie und der interkulturellen Kommunikation. Anhand von übersichtlichen Darstellungen, Begriffsdefinitionen und zahlreichen Fallbeispielen werden folgende Fragen beantwortet: Wie entsteht Kultur? Was ist Multikulturalität, was ist Interkulturalität? Welche Unterschiede bestehen zwischen den Kulturen? Wie formt kulturelles Wissen unser Wirklichkeitsbild? Wie hängen Fremdbilder und Identität zusammen? Wie kommuniziert man erfolgreich mit Mitgliedern anderer Kulturen? Und welche Modelle für interkulturelles Lernen gibt es?

Unser herzlicher Dank geht an Anna-Lena Flügel für ihre Recherchearbeit, an Wiebke Blumenthal für ihre Unterstützung bei der Erstellung des Anhangs und an Lara Dammer für ihre Hilfe beim Redigieren des Manuskripts. Außerdem sind wir dem Herausgeber der Reihe ‚UNI-WISSEN Kernkompetenzen', Ansgar Nünning, und Manfred Ott vom Klett Verlag sehr dankbar für ihre Geduld und die angenehme Zusammenarbeit.

Astrid Erll & Marion Gymnich
September 2007

1 Interkulturelle Kompetenz – eine aktuelle Schlüsselkompetenz

Interkulturelle Begegnung als Herausforderung

Wenn Menschen aus unterschiedlichen Kulturen einander begegnen, gleich in welcher Umgebung und aus welchem Anlass, dann stellt diese Kontaktsituation an die beteiligten Personen oftmals weitaus höhere Anforderungen als die Interaktion innerhalb ein und derselben Kultur. Von interkulturellen Verständigungsproblemen und Missverständnissen kann wohl jeder berichten, der sich selbst längere Zeit im Ausland aufgehalten hat oder der in seinem Heimatland regelmäßig mit Menschen aus anderen Kulturen zu tun hat. Im Zuge der verstärkten Internationalisierung und Globalisierung hat sich bei vielen Menschen inzwischen ein Bewusstsein dafür entwickelt, dass in interkulturellen Interaktionen häufig Probleme auftreten. Dabei ist jedoch keineswegs immer klar, worin die auftretenden Schwierigkeiten begründet sind, geschweige denn, in welcher Weise sie überwunden werden können. Fremdenfeindlichkeit ist nur die äußerste Konsequenz mangelnder interkultureller Kompetenz. Gescheiterte Geschäftsabschlüsse auf internationaler Ebene, Kommunikationsprobleme in multikulturell zusammengesetzten Schulklassen und Frustration im Auslandssemester gehören zu den vielfältigen möglichen Folgen interkultureller Missverständnisse. Interkulturelle Begegnungen können aber auch – jenseits aller praktischen Notwendigkeit für eine Kommunikation mit Angehörigen anderer Kulturen – eine große Bereicherung für den Einzelnen darstellen, denn die Auseinandersetzung mit anderen Kulturen führt immer auch zur kritischen Beschäftigung mit den eigenen Denk- und Verhaltensweisen. Durch den Kontakt mit anderen Kulturen macht der Einzelne Erfahrungen, die das eigene Selbstbild und die allgemeine Handlungskompetenz nachhaltig prägen können.

Aktualität interkultureller Kompetenz

Interkulturelle Kompetenz ist spätestens im Verlauf des letzten Jahrzehnts zweifellos zu einer Schlüsselkompetenz avanciert, der im Kontext von Debatten über Globalisierung, Internationalisierung und Multikulturalität ein hoher Stellenwert zukommt. Angesichts aktueller gesellschaftlicher Entwicklungen wie der zunehmenden Globalisierung der Wirtschaft und der Internationalisierung der Wissenschaft, aber auch der wachsenden Multikulturalität im Alltag bildet sich immer mehr ein Bewusstsein dafür heraus, dass ein erfolgreicher Umgang mit Angehörigen anderer

Kulturen spezifische Einstellungen und Fähigkeiten erfordert. Die gegenwärtige Konjunktur der Schlagworte ‚Interkulturalität‘, ‚interkulturelle Kompetenz‘ und ‚interkulturelle Kommunikation‘ wird nicht zuletzt durch die stetig anwachsende Zahl von Publikationen zu diesem Themenbereich eindrucksvoll unter Beweis gestellt. Vom international agierenden Spitzenmanager bis zum Studierenden im Grundstudium benötigt letztlich jeder in der gegenwärtigen, zunehmend vernetzten und multikulturellen Welt die Fähigkeit, mit Mitgliedern anderer Kulturen erfolgreich zu kommunizieren und zu interagieren. Auf den gesellschaftlichen Stellenwert interkultureller Kompetenz und das weit verbreitete Interesse an dieser Schlüsselkompetenz verweist zudem das inzwischen auch im deutschsprachigen Raum schon sehr breite Angebot an Studiengängen, die sich mit interkultureller Kompetenz und Kommunikation beschäftigen (vgl. die Übersicht im Anhang).

Interkulturelle Kompetenz ist eine überfachliche Kompetenz, d.h. sie gehört zu den so genannten Schlüsselkompetenzen (oder *soft skills*), die unabhängig von einer spezifischen Ausbildung in vielen Berufen gefordert sind. Relevant ist sie für Manager, die internationale Abschlüsse erwirken wollen, ebenso wie für Ingenieure, die ins Ausland entsandt werden, für Entwicklungshelfer, für alle, die im Bereich des internationalen Tourismus arbeiten, für Wissenschaftler etwa auf internationalen Konferenzen, für Lehrer und Sozialarbeiter, die in deutlich multikulturell geprägten Städten arbeiten, für Personalberater, die auch Mitarbeiter aus fremden Kulturräumen einschätzen und ggf. einstellen sollen, und nicht zuletzt für Politiker, die sich auf internationalem Parkett bewegen.

Berufsfelder

Im Studium werden zumeist Grundsteine zur interkulturellen Kompetenz gelegt. Zwar existieren die oben bereits erwähnten Studiengänge mit dem Schwerpunkt ‚interkulturelle Kommunikation/ Kompetenz‘ sowie spezifische interkulturelle Trainings (vgl. dazu auch Kap. 6). Aber interkulturelle Kompetenz ist doch zumeist auch etwas, das im und neben dem Studium (als eine Art ‚zweites Studienziel‘) erworben wird und erworben werden sollte. Besonders gute Voraussetzungen für einen Erwerb interkultureller Kompetenz bieten viele kulturwissenschaftliche Fächer, so etwa die Fremdsprachenphilologien, die Soziologie, Geschichtswissenschaft oder natürlich die Ethnologie, die eine Auseinandersetzung mit anderen Gesellschaften und Kulturen als der eigenen schon auf inhaltlicher Ebene fördern und fordern. Es gibt jedoch darüber

Interkulturelle Kompetenz und Studium

hinaus zahlreiche Möglichkeiten – ganz unabhängig vom Studienfach – die eigene interkulturelle Kompetenz während des Studiums zu entwickeln. Die folgende Checkliste zeigt, durch welche Tätigkeiten man bereits während der Studienzeit interkulturell kompetentes Denken, Kommunizieren und Handeln einüben kann:

CHECKLISTE

- ✔ Auslandssemester/Studienaufenthalte im Ausland
- ✔ Freiwilliges Soziales Jahr im Ausland
- ✔ Praktika und Arbeit (in Firmen oder z.B. als Fremdsprachenassistent) im Ausland
- ✔ Pflege des Kontakts zu ausländischen Studierenden
- ✔ Engagement in internationalen Gruppen auf dem Campus (politische Gruppen, Theatergruppen usw.)
- ✔ (ehrenamtliche) Tätigkeiten im multikulturellen Bereich (bspw. Jugendarbeit mit Kindern von Asylbewerbern, Deutschkurse für Ausländer etc.)
- ✔ Erwerb von Fremdsprachenkenntnissen (in den philologischen Disziplinen; viele haben Angebote ‚für Hörer aller Fachbereiche‘)
- ✔ Erwerb von landeskundlichem Wissen (als Gasthörer in den Philologien, der Soziologie, Anthropologie und den Kulturwissenschaften)
- ✔ Teilnahme an interkulturellen Trainings, soweit sie an der Universität angeboten werden

Dieses Buch

Nicht zuletzt kann der Erwerb interkultureller Kompetenz natürlich auch durch die Lektüre von Literatur zu diesem Thema – wie etwa das vorliegende Buch – gefördert werden. Dieses Buch vermag zwar die konkrete Begegnung mit Mitgliedern anderer Kulturen nicht zu ersetzen, aber es soll unseren Lesern das gedankliche Rüstzeug dafür liefern, in solchen Situationen erfolgreich zu handeln. Es geht darum, zu erkennen, warum Menschen kulturgeprägt denken, handeln und kommunizieren, welche Probleme bei der interkulturellen Begegnung deshalb auftreten können, wie man diese Probleme behebt und welcher Gewinn für beide Seiten daraus entstehen kann.

Wissenschaftliche Disziplinen

Interkulturelle Kompetenz ist nicht nur eine Fähigkeit, die wir im Alltag einüben und alltäglich brauchen. Sie ist auch ein Gegenstand wissenschaftlicher Forschung. Allerdings ist nicht ein einziges akademisches Fach für die Erforschung interkultureller Kompetenz zuständig, sondern es bedarf dazu der Zusammenarbeit verschiedener Disziplinen. Tatsächlich hatte die Forschung zur interkulturellen Kommunikation und Kompetenz von Anfang an einen stark interdisziplinären Charakter. Schon die frühen nordamerikanischen Ansätze der 1960er Jahre (zu *intercultural* oder *crosscultural competence/communication*) stützten sich auf Ergebnisse verschiedener Fächer, insbesondere der Psychologie und der Linguistik. Heute reicht das Spektrum der Fächer, die an der Erforschung von interkultureller Kompetenz beteiligt sind, von der Sozialpsychologie, der Linguistik und den Wirtschaftswissenschaften über die Soziologie, die Pädagogik und die Anthropologie bis hin zur Philosophie, Kulturwissenschaft und zu den Philologien. Zurzeit etablieren sich in Deutschland zunehmend Lehrstühle für verwandte Gebiete, wie ‚Interkulturalität‘, ‚interkulturelle Kommunikation‘ oder ‚interkulturelle Germanistik‘.

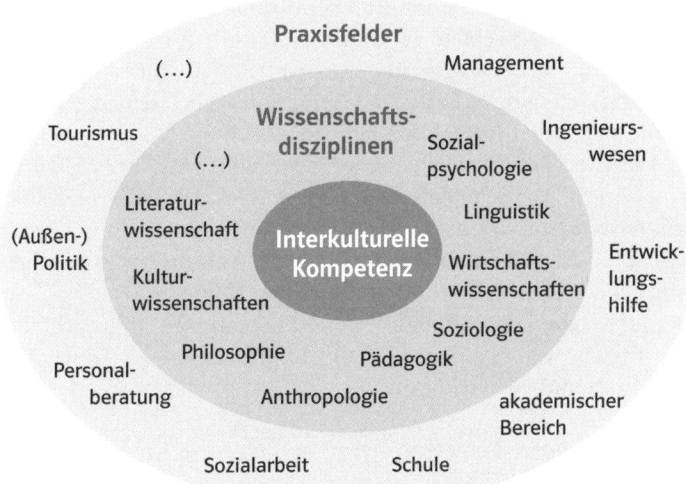

Abb. 1.1: Praxisfelder und wissenschaftliche Disziplinen, in denen interkulturelle Kompetenz eine Rolle spielt

LITERATURTIPP

Ein neues Handbuch zum Thema ‚interkulturelle Kommunikation und Kompetenz‘ mit Beiträgen zu allen Schlüsselbegriffen und beteiligten Disziplinen:

STRAUB, JÜRGEN, ARNE WEIDEMANN und DORIS WEIDEMANN (Hg.): Handbuch interkulturelle Kommunikation und Kompetenz. Grundbegriffe – Theorien – Anwendungsfelder. *Stuttgart: Metzler 2007.*

Definition

Wie kann man die übergreifende interkulturelle Kompetenz, die in so vielen verschiedenen Praxisfeldern und wissenschaftlichen Disziplinen eine Rolle spielt, definieren? Einer der bekanntesten Erforscher interkultureller Kompetenz im deutschsprachigen Raum, der Sozialpsychologe ALEXANDER THOMAS, schlägt folgende Definition des Begriffs vor:

DEFINITION

"Interkulturelle Kompetenz zeigt sich in der Fähigkeit, kulturelle Bedingungen und Einflußfaktoren in Wahrnehmen, Urteilen, Empfinden und Handeln bei sich selbst und bei anderen Personen zu erfassen, zu respektieren, zu würdigen und produktiv zu nutzen im Sinne einer wechselseitigen Anpassung, von Toleranz gegenüber Inkompatibilitäten und einer Entwicklung hin zu synergieträchtigen Formen der Zusammenarbeit, des Zusammenlebens und handlungswirksamer Orientierungsmuster in Bezug auf Weltinterpretation und Weltgestaltung." (THOMAS 2003: 143)

Anwendungsgebiet 1: Internationale Interaktion

Mit dem Konzept der interkulturellen Kompetenz sind heute zwei Hauptanwendungsgebiete verknüpft (vgl. auch RATHJE 2006), die man grob mit den Schlagworten ‚Ausland‘ und ‚Inland‘ – internationale und innergesellschaftliche Interaktion – unterscheiden kann. Bei internationaler Interaktion handelt es sich um Kontaktsituationen zwischen Personen, die aus unterschiedlichen Nationalkulturen stammen. Typische Beispiele dafür wären: ‚Deutsche verbringt Auslandssemester in China‘, ‚Italiener nimmt seine Arbeit in Frankreich auf‘ oder ‚Amerikanerin verhandelt mit einem pakistanischen Firmenchef‘. Die meisten interkulturellen Trainings (vgl. Kap. 6) sind auf solche internationalen Kontaktsituationen ausgerichtet – nicht zuletzt, weil es gerade im Fall von internationalen Geschäftsabschlüssen um viel Geld geht.

Anwendungsgebiet 2: Innergesellschaftliche Interaktion

Eine etwas andere Perspektive auf interkulturelle Kompetenz entsteht, wenn man den Blick auf Interaktionen innerhalb einer multikulturell geprägten Gesellschaft richtet. Innergesellschaftliche Kontakte zwischen Mitgliedern verschiedener Kulturen gehören in der heutigen, vielfach durch Migration geprägten Welt für die meisten Menschen zum Alltag. Beispiele hierfür sind: ‚Deutsche Lehrerin trifft auf Schulkind mit türkischem Migrationshintergrund‘, ‚französischer Beamter bearbeitet Einwanderungsantrag eines Nordafrikaners‘ oder ‚Chicano-Amerikaner arbeitet gemeinsam mit einer Amerikanerin chinesischer Abstammung‘. Interkulturelle Kompetenz in innergesellschaftlicher Hinsicht ist für unser tagtägliches Zusammenleben unverzichtbar. Vermittelt wird sie nicht selten in der Schule und in anderen Erziehungs- und Bildungseinrichtungen.

2 Teilkompetenzen interkultureller Kompetenz

Das Konzept ‚interkulturelle Kompetenz' umfasst ein ganzes Spektrum einzelner Fähigkeiten und Eigenschaften, die einen Handelnden in die Lage versetzen, mit Angehörigen anderer Kulturen erfolgreich umzugehen, oder die sich doch zumindest als förderlich für Interaktionen mit Angehörigen anderer Kulturen erweisen. Im Folgenden sollen nun die einzelnen Teilkompetenzen, aus denen sich das komplexe Konzept ‚interkulturelle Kompetenz' zusammensetzt, kurz vorgestellt und erläutert werden. Dabei soll auch grob skizziert werden, wie diese Teilkompetenzen zusammenhängen und wie sie erworben werden, bevor in den nachfolgenden Kapiteln ausführlich auf diese Fragen eingegangen wird.

,Interkulturelle Kompetenz' als zusammengesetzte Kompetenz

Interkulturelle Kompetenz setzt sich im Wesentlichen aus drei Teilkompetenzen zusammen, die freilich – im Erwerb wie auch in der Anwendung in konkreten Interaktionen – in enger Wechselwirkung miteinander stehen und die auch in sich wieder komplex sind. Die drei in dynamischem Zusammenspiel wirkenden Teilkompetenzen interkultureller Kompetenz sind (1) die kognitive Kompetenz, (2) die affektive Kompetenz und (3) die pragmatisch-kommunikative Kompetenz:

Drei Teilkompetenzen interkultureller Kompetenz

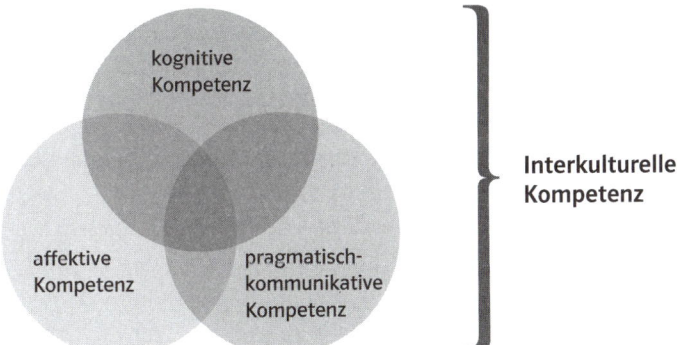

Abb. 1.2: Drei Teilkompetenzen interkultureller Kompetenz in ihrem Zusammenwirken

Die kognitive Teilkompetenz der interkulturellen Kompetenz umfasst für interkulturelle Begegnungen relevantes Wissen. Als relevant ist zunächst einmal das Wissen über die Kultur(en), durch die die jeweiligen Interaktionspartner geprägt worden sind, zu betrachten. Gerade bei einem bevorstehenden Auslandsaufenthalt oder

Kognitive Kompetenz

einem Geschäftskontakt mit einer Firma aus einem anderen Land gehört das Sammeln von Informationen über das betreffende Land zur Vorbereitung für eine erfolgreiche interkulturelle Interaktion. Wenngleich das spezifische Wissen über andere Kulturen sich auf eine interkulturelle Begegnung sehr förderlich auswirken kann, so sind doch detaillierte landeskundliche Kenntnisse keineswegs eine unabdingbare Voraussetzung für erfolgreiches interkulturelles Handeln und Kommunizieren. Weitaus wichtiger ist letztlich ein Wissen von allgemeiner, kulturtheoretischer Art, wie es nicht zuletzt auch dieser Band zu vermitteln sucht: das Wissen um die Funktionsweisen von Kulturen, die Existenz kultureller Unterschiede und deren mögliche Auswirkungen in interkulturellen Interaktionen (vgl. dazu v.a. Kap. 2). Diese Form des Wissens steht bereits in engem Zusammenhang mit einer weiteren wichtigen Komponente der kognitiven Dimension interkultureller Kompetenz: der Fähigkeit zur Selbstreflexivität, zum Nachdenken über die eigenen Wirklichkeitsbilder, Selbstbilder, Einstellungen, Verhaltensweisen und Kommunikationsmuster (vgl. dazu v.a. Kap. 3). Zwischen den drei Komponenten der kognitiven Teilkompetenz interkultureller Kompetenz bestehen enge Zusammenhänge, denn die Komponenten unterstützen und verstärken sich wechselseitig. Die kognitive Teilkompetenz umfasst also vor allem die folgenden Bausteine:

Kognitive Teilkompetenz

- Wissen über andere Kulturen (kultur- bzw. länderspezifisches Wissen)
- Kulturtheoretisches Wissen (Wissen über die Funktionsweisen von Kulturen, kulturelle Unterschiede und deren Implikationen)
- Selbstreflexivität

Affektive Kompetenz

Die affektive Teilkompetenz interkultureller Kompetenz umfasst insbesondere die Einstellungen und Haltungen gegenüber Angehörigen anderer Kulturen. Ein Interesse an und eine Aufgeschlossenheit gegenüber anderen Kulturen ist ohne Zweifel eine unerlässliche Voraussetzung für eine produktive interkulturelle Kommunikation. Darüber hinaus ist es aber auch erforderlich, zu lernen, sich in das Gegenüber einzufühlen (Empathie) und auf subtile kommunikative Signale zu achten. Die Fähigkeit der Ambiguitätstoleranz, die es dem Individuum beispielsweise ermöglicht, auch mit Widersprüchen zwischen dem eigenen Werte- und Normensystem und dem des Gegenübers zurecht zu kommen, bildet eine weitere wichtige

Komponente der affektiven Teilkompetenz interkultureller Kompetenz. Die enge Verzahnung der unterschiedlichen Teilkompetenzen und ihrer Komponenten miteinander wird deutlich, wenn man sich beispielsweise den Zusammenhang zwischen Selbstreflexivität und Ambiguitätstoleranz vor Augen führt: Selbstreflexivität als kognitive Komponente trägt maßgeblich zur Entwicklung von Ambiguitätstoleranz bei. Gleichwohl geht die affektive Kompetenz – und damit auch die Ambiguitätstoleranz – einen entscheidenden Schritt weiter als die kognitive; muss die bloße Einsicht in kulturelle Unterschiede doch keineswegs zwangsläufig zu einem offenen und toleranten Umgang mit dem Fremdartigen und Ungewohnten führen. Wie aus dem oben Erläuterten hervorgeht, lässt sich die affektive Teilkompetenz der interkulturellen Kompetenz insbesondere in die folgenden Bausteine unterteilen:

Affektive Teilkompetenz

• Interesse an und Aufgeschlossenheit gegenüber anderen Kulturen
• Empathie und Fähigkeit des Fremdverstehens
• Ambiguitätstoleranz

Neben der kognitiven und der affektiven Kompetenz macht schließlich die pragmatisch-kommunikative Komponente einen dritten zentralen Bestandteil von interkultureller Kompetenz aus. Diese Teilkompetenz umfasst Fähigkeiten der Kommunikation, die sich auf eine produktive Interaktion mit Menschen aus anderen Kulturen positiv auswirken, einschließlich geeigneter kommunikativer Problemlösungsstrategien. Die pragmatisch-kommunikative Kompetenz weist im Vergleich zu den beiden anderen Kompetenzen ein höheres Maß an Konkretisierung auf, lässt sie sich doch auf die Ebene von Kommunikationsmustern herunter brechen (vgl. dazu v.a. Kap. 5). Das Einüben von Kommunikationsstrategien anderer Kulturen wie etwa kulturspezifischen Begrüßungsritualen u.ä. wird durch die kognitiven und affektiven Teilkompetenzen interkultureller Kompetenz motiviert (affektive Teilkompetenz) und ggf. korrigiert (kognitive Teilkompetenz). Auch die pragmatisch-kommunikative Kompetenz ist also wiederum auf das Engste mit den beiden anderen Kompetenzen verknüpft.

Pragmatisch-kommunikative Kompetenz

Pragmatisch-kommunikative Teilkompetenz
• Einsatz geeigneter kommunikativer Muster • Einsatz wirkungsvoller Konfliktlösungsstrategien

Fremdsprachliche Kompetenz

Bei dem Stichwort interkulturelle Kompetenz mag man zunächst auch an sprachliche Kompetenz denken. In der Tat können Kenntnisse der in einer anderen Kultur gesprochenen Sprache oder Sprachen die Kommunikation mit Angehörigen dieser Kultur maßgeblich erleichtern. Sprachkenntnisse sind aber keineswegs eine unabdingbare Voraussetzung für eine erfolgreiche interkulturelle Kommunikation. Positiv wirkt sich die sprachliche Kompetenz freilich in der Regel nicht zuletzt auch deshalb auf die interkulturelle Kompetenz aus, weil mit dem Spracherwerb oft ein weiter reichender Prozess der Auseinandersetzung mit der jeweiligen Zielkultur einhergeht. Oft werden aber in interkultureller Kommunikation auch alle Beteiligten auf eine gemeinsame Fremdsprache (z. B. Englisch) zurückgreifen müssen.

Erwerb interkultureller Kompetenz

Aufgrund der oben erläuterten engen Verzahnung der drei Teilkompetenzen interkultureller Kompetenz lässt sich der einem Erwerb interkultureller Kompetenz zugrunde liegende Lernprozess als ‚Lernspirale' beschreiben (vgl. DEARDORFF 2006 sowie Kap. 6). Konkrete Interaktionen, das Erlernen von Kommunikationsstrategien, die Entwicklung der Haltungen und Einstellungen sowie die Selbstreflexivität und der Erwerb von Wissen gehen Hand in Hand und befruchten sich wechselseitig. Punktuelle Fortbildungsmaßnahmen zur Ausbildung und Steigerung interkultureller Kompetenz können sich zwar als sehr hilfreich erweisen und wichtige Impulse geben. Ein Großteil des Erwerbs interkultureller Kompetenz spielt sich jedoch in konkreten Interaktionen ab. Für jede der Teilkompetenzen interkultureller Kompetenz gilt zudem, dass der Lernprozess letztlich nie zu einem endgültigen Abschluss kommt, sondern ein lebenslanger Prozess ist, denn „[i]nterkulturelle Kompetenz ist weder ein statischer Zustand noch das direkte Resultat einer einzelnen Lernerfahrung" (BERTELSMANN STIFTUNG 2006: 7).

3   Zielsetzung und Aufbau dieses Bandes

Dieser Band will und kann keine spezifischen Länderkompetenzen vermitteln (vgl. dazu aber die Literaturtipps am Ende von Kap. 2.3.3). Er vermag auch nicht die konkrete Begegnung mit Angehörigen fremder Kulturen – die interkulturelle ‚Performanz‘ bzw. das praktische Handeln in kulturellen Überschneidungssituationen – zu ersetzen, bei der die erworbenen Kompetenzen erprobt und weiterentwickelt werden. Es geht im Folgenden vielmehr um die Sensibilisierung für das Thema ‚interkulturelle Kompetenz‘ und um die Vermittlung der theoretischen Grundlagen einer allgemeinen interkulturellen Kompetenz.

Zielsetzung

Eine allgemeine bzw. kultur*übergreifende* Kompetenz, wie sie dieser Band vermitteln will, zeichnet sich dadurch aus, dass man sich der herausragenden Bedeutung von ‚Kultur‘ für jede Form von Denken, Empfinden und Handeln sowie der Existenz von kulturspezifischen Kommunikationsstilen bewusst ist und dieses Wissen produktiv bei der interkulturellen Begegnung einzusetzen vermag. Ganz in diesem Sinne liegen die Schwerpunkte dieses Bandes auf den Gebieten der Kulturtheorie und der interkulturellen Kommunikation. Damit widmet sich dieses Buch vor allem den kognitiven und den pragmatisch-kommunikativen Teilkompetenzen interkultureller Kompetenz. Wie im vorangegangenen Teilkapitel aber bereits erläutert wurde, ist die affektive Teilkompetenz mit den beiden anderen Teilkompetenzen auf vielfache Weise verzahnt. Um Emotionen, Einstellungen und Haltungen wird es daher in den entsprechenden Kapiteln ebenfalls immer wieder gehen.

Kompetenz auf den Gebieten ‚Kultur und Kommunikation‘

In *Kapitel 2* („Kultur und Interkulturalität“) werden die Fundamente der kognitiven Teilkompetenz interkultureller Kompetenz gelegt. Was ist ‚Kultur‘? Was ist mit Begriffen wie ‚Interkulturalität‘, ‚Multikulturalität‘ und ‚Interkultur‘ gemeint? Und auf welchen Ebenen können sich Kulturen eigentlich voneinander unterscheiden? Das Kapitel widmet sich damit vor allem dem zweiten Aspekt der kognitiven Teilkompetenz: dem Wissen über die Funktionsweisen von Kulturen, kulturelle Unterschiede und deren Implikationen.

Kapitel 2

In *Kapitel 3* („Kulturelles Wissen und Identität“) geht es in erster Linie um den dritten Aspekt der kognitiven Teilkompetenz: die

Kapitel 3

Selbstreflexivität. Warum ist unser Wissen nicht ‚normal‘ oder ‚richtig‘, sondern im Gegenteil hochgradig kulturspezifisch? Und was passiert, wenn unser kulturelles Wissen konfrontiert wird mit dem Wissen, das Angehörige anderer Kulturen mitbringen? Wie wird das Wissen über uns selbst – unsere Identität – in interkulturellen Kontaktsituationen geprägt und vielleicht bereichert? Und wie funktioniert unser Wissen über andere Kulturen, das ja oft äußerst stereotyp verfasst ist? Dieses Kapitel soll zum Nachdenken über eigene und fremde Wirklichkeitsbilder anregen. Es soll zeigen, warum diese Bilder wie verfasst sind, wo ihre Funktionen und wo ihre Grenzen liegen.

Kapitel 4

In *Kapitel 4* („Interkulturelle Kommunikation“) geht es in erster Linie um die pragmatisch-kommunikative Teilkompetenz interkultureller Kompetenz. Vorgestellt werden in diesem Kapitel Grundbegriffe der interkulturellen Kommunikation und Kommunikationsmodelle, die eine Analyse interkultureller Kommunikation und der bei dieser auftretenden Probleme ermöglichen oder doch zumindest erleichtern. Einen zentralen Aspekt macht der Bereich der nonverbalen Kommunikation aus, deren Bedeutung für Kommunikation gerade bei interkulturellen Kontakten deutlich wird.

Kapitel 5

Im Mittelpunkt von *Kapitel 5* („Probleme interkultureller Kommunikation und mögliche Bewältigungsstrategien“) stehen ausgewählte Problemfelder interkultureller Kommunikation, die von besonders großer praktischer Relevanz sind. Zudem wird eine Palette von Möglichkeiten, Kommunikationsprobleme zu bewältigen, aufgezeigt und hinsichtlich ihrer jeweiligen Vor- und Nachteile beleuchtet.

Kapitel 6

Das *Kapitel 6* („Interkulturelles Lernen“) basiert auf der im vorangegangenen Teilkapitel bereits erwähnten Einsicht, dass interkulturelle Kompetenz durch lebenslanges Lernen erworben wird und auf einer ‚Lernspirale‘ beruht. Es werden Ziele interkulturellen Lernens formuliert und ein exemplarischer Einblick in die zwei zurzeit vielleicht wichtigsten Formen interkulturellen Lernens gewährt: erstens interkulturelle Trainings (zumeist für Fach- und Führungskräfte, als Vorbereitung für internationale Interaktion) sowie zweitens interkulturelles Lernen in der Schule (als Begleitung der innergesellschaftlichen Interaktion in multikulturellen Gesellschaften).

Der Anhang nennt Zeitschriften zum Thema und listet relevante Studiengänge an deutschsprachigen Hochschulen auf. Ein Glossar erklärt Schlüsselbegriffe zum Thema ‚Interkulturelle Kompetenzen‘. Eine ausführliche Bibliografie rundet den Band ab.

Anhang, Glossar, Bibliografie

In diesem Kapitel geht es in erster Linie um die kognitive Teilkompetenz interkultureller Kompetenz, und zwar um die Komponente ‚kulturtheoretisches Wissen'. Ziel ist die Vermittlung von Wissen über die Funktionsweisen von Kulturen, über kulturelle Unterschiede und deren Auswirkungen in der interkulturellen Begegnung. Die in Kapitel 1 bereits erläuterte enge Verflechtung der drei Teilkompetenzen der interkulturellen Kompetenz miteinander wird aber auch bei der Auseinandersetzung mit dem Wissen über Kultur deutlich. In dem Maße, in dem man Wissen über eine bestimmte fremde Kultur oder auch Wissen über kulturelle Unterschiede und deren Einfluss auf das Handeln erwirbt, wachsen die Möglichkeiten, Empathie und Fremdverstehen zu entwickeln, also sich dem Gegenüber sowohl kognitiv als auch affektiv anzunähern.

Im ersten Teilkapitel („Was ist Kultur?") steht die Vermittlung von kulturtheoretischen Kenntnissen im Vordergrund: Was ist unter ‚Kultur' zu verstehen? Wie entstehen Kulturen, und welchen Einfluss haben sie auf unser Denken und Handeln – und nicht zuletzt auf die Interaktion mit Angehörigen anderer Kulturen? Ziel des zweiten Teilkapitels („Multikulturalität – Interkulturalität – Interkultur") ist die Klärung von Schlüsselbegriffen in der aktuellen Interkulturalitätsdebatte. Ausgehend von den kulturtheoretischen und -politischen Überlegungen der ersten beiden Teile wird im dritten Teilkapitel dann konkreter gefragt, wo denn genau die ‚Unterschiede zwischen Kulturen' liegen. Auf welche Merkmale lohnt es sich zu achten, wenn man Angehörigen fremder Kulturen begegnet? Zum Schluss werden zwei einflussreiche Ansätze vorgestellt, die Kulturen miteinander vergleichen. Dabei handelt es sich um GEERT HOFSTEDES Untersuchungen zu ‚fünf Kulturdimensionen' und ALEXANDER THOMAS' Erforschung von ‚Kulturstandards'.

1 Was ist ‚Kultur'?

Wer interkulturelle Begegnungen erfolgreich und reflektiert meistern will, muss zunächst einmal wissen, was denn überhaupt unter ‚Kultur' zu verstehen ist. Dieser gar nicht so einfachen Frage widmet sich dieses Teilkapitel. Es wird ein Kulturbegriff vorgestellt, der anthropologisch fundiert ist, der der Vielfalt und Dynamik von Kulturen Rechnung trägt und der sich dadurch gerade für die Betrachtung von Prozessen, die *zwischen* Kulturen ablaufen, gut eignet.

1 Die kollektive Konstruktion von Wirklichkeit

Für all diejenigen, die sich mit dem Thema ‚interkulturelle Kompetenz' beschäftigen, ist ‚Kultur' unweigerlich ein Schlüsselbegriff. Allerdings finden sich gerade in den zahlreichen populären Handbüchern zum Thema ‚interkulturelle Kompetenz' allzu oft naive und/oder nur sehr vage Kulturbegriffe. Den weit verbreiteten Darstellungen à la ‚Kultur A trifft auf Kultur B' liegt zumeist eine Vorstellung von klar voneinander abgrenzbaren Kulturen zugrunde, zu denen eine Art abgeschlossene Merkmalsliste zu existieren scheint, welche überdies auf jedes einzelne Mitglied dieser Kultur in gleichem Maße zutreffen soll. Warum solche Vorstellungen höchst problematisch sind, wird sich in diesem Kapitel zeigen. Wir stellen einen alternativen, komplexeren Kulturbegriff vor, der dann auch den Ausführungen in den folgenden Kapiteln (zu kulturellem Wissen und Identität, zu Kommunikation und Lernen) zugrunde gelegt wird.

‚Kultur' als problematischer Schlüsselbegriff

In der Interkulturalitätsforschung bezieht sich der Begriff der Kultur *nicht* auf den so genannten ‚Kulturbetrieb' oder auf ‚Kulturgüter' (von Goethes *Faust* über den Kölner Dom bis zur Wagner-Oper) – auf ‚Hochkultur' also –, sondern er bezeichnet im Sinne der modernen Kulturwissenschaften die soziale (oder: ‚kollektive') Konstruktion der Wirklichkeit. Es geht um eine Frage, die sich traditionell die Kulturanthropologen stellen: Wie richten sich bestimmte Gruppen von Menschen in ihrer jeweiligen Lebenswelt ein? Bei diesen Gruppen (oder: ‚Kollektiven') kann es sich ebenso um balinesische Dorfbewohner wie um die Einwohner multikultureller Metropolen in den USA oder um ‚die Deutschen' handeln. So gut wie nichts von dem, was wir im Alltag für ‚real', ‚natürlich' oder ‚selbstverständlich' halten (ob auf Bali, in Amerika oder in Deutschland), ist tatsächlich einfach gegeben. Religiöse Überzeugungen, die Vorstellung davon, was ‚gesunder Menschenverstand' ist, Umgangsformen, Konzepte vom Verlauf der Zeit oder der Bedeutung des Raums, Werte und Normen – dies alles sind kulturelle Konstrukte, die in einer uns fremden Kultur vollkommen anders aussehen können.

Kollektive Konstruktionen

Eine Definition des Kulturbegriffs im soeben erläuterten kulturwissenschaftlich-anthropologischen Sinne bietet der Kommunikationswissenschaftler GERHARD MALETZKE in seinem Buch *Interkulturelle Kommunikation* (1996):

Kulturanthropologische Definition von ‚Kultur'

DEFINITION

In der Kulturanthropologie ist Kultur im wesentlichen zu verstehen als ein System von Konzepten, Überzeugungen, Einstellungen und Wertorientierungen, die sowohl im Verhalten und Handeln der Menschen als auch in ihren geistigen und materiellen Produkten sichtbar werden. Ganz vereinfacht kann man sagen: Kultur ist die Art und Weise, wie die Menschen leben und was sie aus sich selbst und ihrer Welt machen. (Maletzke 1996: 16)

LITERATURTIPP

Ein Lexikon, das alle wichtigen kulturwissenschaftlichen Konzepte in kurzen Artikeln und auf verständliche Weise vorstellt:

Nünning, Ansgar *(Hg.):* Metzler Lexikon Literatur- und Kulturtheorie. Ansätze – Personen – Grundbegriffe. *3. Aufl. Stuttgart: Metzler 2004 [1998].*

2   Kulturelle Standardisierung

Standardisierung

Wie aber kommt ein solches kulturelles ‚System' zustande? ‚Kultur' basiert auf der Herausbildung von Gewohnheiten innerhalb von Kollektiven. So geht das Kollektiv der Christen etwa traditionell sonntags in die Kirche, glaubt an die Dreifaltigkeit und hält Ehebruch für eine Sünde. Der Amerikanist Klaus-Peter Hansen bezeichnet diesen Vorgang der Gewohnheitsbildung als ‚Standardisierung' und definiert ‚Kultur' daher auf folgende Weise: „Kultur umfasst Standardisierungen, die in Kollektiven gelten." (Hansen 2003 [1995]: 39) Er unterscheidet die folgenden vier Bereiche der kulturellen Standardisierung: Kommunikation, Denken, Empfinden und Verhalten/Handeln (vgl. zu dem Folgenden ebd.: 32-146).

Standardisierung der Kommunikation

Überall auf der Welt dienen konventionalisierte Zeichen den Menschen zur Verständigung. Diese ‚Standardisierung der Kommunikation' kann sich auf die Geste des Kopfnickens ebenso beziehen wie auf bestimmte Wörter oder auf komplexe mathematische Symbole. Zeichen sind kulturspezifisch: Darüber, wie sie zu benutzen sind (‚Kopfnicken' etwa als Bestätigung, wie in Deutschland, oder als Verneinung, wie in Griechenland), wird innerhalb von Kollektiven ein – zumeist unausgesprochener – Konsens hergestellt. So bilden sich ‚kulturelle Codes' heraus, d.h. Konventionen über den Gebrauch und die Bedeutung von Zeichen. Diese vielleicht grundlegendste kulturelle Standardisierung, mit der auch ein zentraler Teilbereich der interkulturellen Kompetenz – nämlich die Fähigkeit zur interkulturellen Kommunikation, also die pragmatisch-kommunikative Teilkompetenz – verknüpft ist, wird in Kap. 4 behandelt.

Auch unsere Wirklichkeitsdeutung, unsere Urteile und Ansichten über jene Dinge, die uns alltäglich begegnen, sind kulturell vorgeprägt. Diese ‚Standardisierung des Denkens' zeigt sich besonders deutlich im Bereich der *doxa*, dem Alltagswissen, das sich oft in Lebensregeln und Sprichwörtern, niederschlägt:

Zum Wissensvorrat des deutschen Kulturraums gehört [...] eine rudimentäre Kenntnis der Reformation genauso wie das Sprichwort *Morgenstund' hat Gold im Mund* oder die Skepsis gegenüber Schwiegermüttern, die der Volksmund artenspezifisch für böse hält. (HANSEN 2003 [1995]: 104)

Die kulturelle Standardisierung des Denkens wird in dieser Einführung unter dem Begriff des ‚kulturellen Wissens' behandelt. In Kapitel 3 werden wir näher auf die Frage eingehen, was die kognitiven und kulturellen Grundlagen unseres Wissens über die Wirklichkeit, über uns selbst und über Fremde sind.

Dass auch unsere Emotionen und Affekte kulturspezifisch sein sollen, ist vielleicht die zunächst am schwersten nachvollziehbare Erkenntnis der Kulturwissenschaften. Denn weil wir über unsere Gefühle und Gefühlsreaktionen oft keine Kontrolle haben, erscheinen sie uns als spontan und ‚natürlich'. Demgegenüber hat etwa MICHEL FOUCAULT (in *Überwachen und Strafen*, 1976) gezeigt, dass Gefühle sozial konstruiert werden: Im Prozess der Zivilisierung des Subjekts werden Emotionen (wie Mitleid oder Scham) erst herausgebildet. Fragen, die sich für den Vergleich verschiedener Kulturen im Anschluss an diese Erkenntnis stellen, sind: Welche Ereignisse lösen in einer spezifischen Kultur welche Gefühle aus? Wie werden Gefühle gedeutet und ausgedrückt? Welcher körperliche Ausdruck wird als Reaktion auf welche Gefühle begriffen (Weinen etwa aus Trauer, Scham, Glück)?

Auch Verhalten und Handeln sind zu verschiedenen Graden kulturell standardisiert. Das stark ritualisierte und eng an bestimmte Situationen gebundene ‚Verhalten' ist hochgradig kulturabhängig. Das beinahe automatisch ablaufende Händeschütteln bei einer Begegnung mit anderen Menschen gehört im deutschen Kulturkreis dazu; in anderen Kulturen hingegen ist es völlig unüblich. Aber

Marginalien:
Standardisierung des Denkens

Standardisierung des Empfindens

Standardisierung des Verhaltens und Handelns

auch die ‚Handlung‘, die bewusster erfolgt und der ein Nachdenken vorangeht (z. B. jemandem *nicht* die Hand zu schütteln und damit seine Abneigung zu zeigen), bleibt in kulturellen Zusammenhängen verortet, die den Rahmen für mögliche Handlungen vorgeben.

3   Drei Dimensionen der Kultur

Mentale, materiale und soziale Kultur

Den oben dargestellten zentralen Standardisierungen, die in Kulturen erfolgen bzw. über die sich ‚Kultur‘ konstituiert, ist gemeinsam, dass es sich um kognitive Phänomene handelt: Codes, Gedanken, Gefühle und Handlungskompetenzen – sie alle gehören zur mentalen Dimension der Kultur. Daneben werden in der Anthropologie aber noch zwei weitere wichtige Dimensionen der Kultur unterschieden: die materiale und die soziale. Die materiale Dimension der Kultur umfasst Medien und andere kulturelle Artefakte, von literarischen Werken und Gesetzestexten über Gemälde, Fotografien und Bauwerke bis hin zu Fernsehshows und Theateraufführungen. Die soziale Dimension umfasst die konkrete Interaktion in Gruppen und Gesellschaften sowie die sozialen Strukturen und Institutionen, die eine kulturelle Gemeinschaft etabliert (vgl. dazu Abb. 2.1).

Beobachtbare und unbeobachtbare Kultur

Als Gegenstände der mentalen Dimension sind Standardisierungen nicht greifbar und nicht sichtbar, denn in die Köpfe der Mitglieder einer Kultur kann keiner blicken. Standardisierungen gehören damit zum unbeobachtbaren Teil der Kultur. Sie müssen sich in der materialen oder sozialen Dimension niederschlagen (bzw. manifestieren oder ‚objektivieren‘), um sowohl für die Mitglieder einer Kultur als auch für Fremde beobachtbar zu werden. So manifestieren sich standardisierte Normen und Werte beispielsweise nicht selten in Sprichwörtern; kulturspezifisches Handeln und Emotionen werden in Theaterstücken oder *soap operas* vorgeführt; kulturelle Wertesysteme schlagen sich in Gesetzestexten und Gerichtsverhandlungen nieder. Aber diese Beispiele zeigen es bereits: Eine einfache ‚Rückübersetzung‘ von sichtbarem kulturellen Artefakt zu unsichtbarer Standardisierung ist nicht möglich. Weil Artefakte immer nur von *einigen* Mitgliedern der Kultur (und innerhalb von verschiedenen gesellschaftlichen Systemen, die von der Unterhaltungsindustrie über das Rechtssystem bis hin zur Religion reichen) produziert werden, besteht nie eine 1:1-Entsprechung zwischen der mentalen Dimension und dem, was man im materialen und sozialen Bereich tatsächlich ‚sieht‘. Konkrete Handlungen und Dinge bilden vielmehr immer nur einen Ausschnitt; sie erzählen uns eine ‚Teilwahrheit‘ über Kultur. (Wie eine solche Vielfalt in der konkreten Realisierung von Kultur zustande kommt und was das für unsere Vorstellung von Kultur als einem kohärenten Gebilde heißt, wird in Kapitel 2.1.5 diskutiert.)

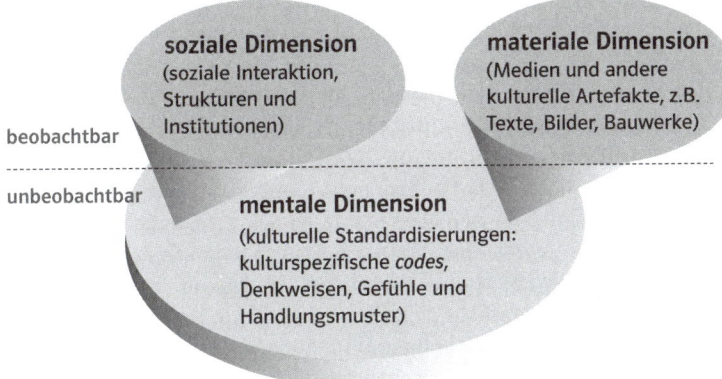

Abb. 2.1: Drei Dimensionen der Kultur

Für die Entstehung von Kultur und für ihre Weitergabe über die Generationen hinweg ist die ‚Objektivation‘ (d.h. die ‚Objekt-Werdung‘) von ja prinzipiell nicht fassbaren mentalen Phänomenen außerordentlich wichtig. Kulturspezifische Denkformen oder Handlungsmuster müssen sich in konkreten Artefakten und Handlungen niederschlagen. Erst dann können sie zum Gegenstand der Beobachtung, Kommunikation und Interaktion innerhalb einer Gemeinschaft werden; und nur so werden sie intersubjektiv (d.h. *zwischen* den Subjekten einer Kultur) nachvollziehbar und können möglicherweise zu einer von vielen Menschen geteilten Gewohnheit werden. Über diese Verschaltung der mentalen Dimension mit der materialen und sozialen entsteht Kultur.

Objektivation und die Entstehung von Kultur

Nur über diese Verknüpfung der drei Dimensionen kann Kultur außerdem von einer Generation an die nächste weitergeben werden: Wenn junge Menschen im Rahmen ihrer ‚Sozialisation‘ und ‚Enkulturation‘ (d.h. beim Hineinwachsen in ihr soziales Umfeld und ihre Kultur) etwa mit den Werten und Normen eines Kollektives vertraut gemacht werden sollen, dann müssen diese kulturspezifischen Denkformen artikuliert, in Handlungen veranschau-

Kultur und kollektives Gedächtnis

licht und in Medien dargestellt werden. Genau dies ist mit dem Begriff des ‚kollektiven Gedächtnisses' gemeint: die kulturelle Weitergabe von bestimmten Vorstellungen, Denkformen, Handlungsmustern oder Gefühlsdispositionen, die erst durch ihre ‚Externalisierung' (d.h. die ‚nach-außen-Führung' innerer Phänomene) von einem individuellen Gedächtnis zum anderen ‚wandern' können – unter Umständen über sehr lange Zeiträume hinweg, wie das Beispiel oft jahrtausendealter religiöser Kulturen zeigt.

Conceptas und perceptas in der interkulturellen Begegnung

Die Beobachtbarkeit der sozialen und materialen Dimension der Kultur und die Unbeobachtbarkeit ihrer mentalen Dimension hat wichtige Konsequenzen für die interkulturelle Begegnung: Jürgen Bolten, der Leiter des Fachbereichs „Interkulturelle Wirtschaftskommunikation" an der Universität Jena, unterscheidet zwischen kulturellen *perceptas* (das ‚Wahrnehmbare'; in unserem Modell alle Elemente der sozialen und materialen Dimension) und *conceptas* (zugrunde liegende, nicht sichtbare Denk- und Handlungskonzepte; in unserem Modell die mentale Dimension). In der Interaktion mit kulturell fremden Menschen tendiert man dazu, aus den beobachteten *perceptas* Rückschlüsse auf die kulturspezifischen Standards, die *conceptas*, zu ziehen. Diese Relation kann sich aber von Kultur zu Kultur sehr unterschiedlich gestalten, wie das folgende Beispiel zeigt:

> Hinter identischen Zeichen können sich – kulturspezifisch – durchaus sehr unterschiedliche Konzepte verbergen. Beispielsweise verweist das ‚Zeichen' *Team* im japanischen Verständnis auf eine Gruppengesamtheit, während im deutschen Verständnis eher eine Gruppe bestehend aus einer Summe einzelner Individuen gemeint ist. Spätestens aber, wenn es um die Zuschreibung von Verantwortlichkeit z.B. bei Produktionspannen geht, offenbart sich die Tragweite der unterschiedlichen Konzepte: im Deutschen ist individuelle Schuld möglich, während im japanischen Verständnis eher das Team als Gesamtes haften würde. (Bolten 2003: 17)

Beschreibung – Erklärung – Kontextualisierung

Solche unterschiedlichen Verknüpfungsmöglichkeiten von materialen und sozialen Phänomenen mit den unterliegenden mentalen Strukturen machen das Verstehen fremder Kulturen zu einem komplexen Unterfangen. Ein unabdingbares Verfahren für all jene, die eine interkulturelle Kompetenz anstreben, welche über bloßes Stereotypenwissen hinausgeht, ist daher ein Dreierschritt, bei dem nicht nur (1) von den *perceptas* (2) auf die *conceptas* geschlossen wird, sondern (3) darüber hinaus noch der Versuch unternommen wird, diese Einzelphänomene in ihrem jeweiligen kulturellen Kontext zu begreifen. Jürgen Bolten (2003: 18) erläutert dazu: „Ein Verständnis von Kulturen lässt sich nicht mit Auflistungen von Oberflächenphänomenen wie beispielsweise den berüchtigten ‚Do's and Taboos' (was tun, was lassen) erzielen, sondern erst im Dreierschritt von Beschreibung (Was?), Erklärung (Warum?) und Kontextualisierung (Welche Zusammenhänge?)." Wie dieser Dreierschritt in der Praxis des Kulturverstehens aussehen kann, zeigt Bolten an einem Beispiel:

> Katholische Kirchen sind – so Beobachtungen auf der *perceptas*-Ebene – prunkvoller ausgestattet als protestantische und laden eher zur Andacht ein. Auf der *conceptas*-Ebene ließe sich dies im Rückgriff auf die unterschiedlichen Interpretationen des Sündenfalls erklären: Während die Einheit zwischen Gott und Mensch aus protestantischer Sicht unwiederbringlich zerstört ist, ist sie der katholischen Lehre zufolge nur gestört und auf dem Weg von Buße etc. wiederherstellbar. Gerade weil die Bußleistung in der Kirche stattfindet, erhält diese auch eine andere und vielfältigere Funktion als protestantische Gotteshäuser, was sich u.a. in der einladenden Gestaltung und Ausschmückung äußert.
> Der weitere Schritt zum Netzwerkdenken würde jetzt z.B. darin bestehen, Zusammenhänge zwischen dem Gesagten und der erheblich stärkeren Ausprägung des Individualismus in protestantischen und der eher auf Gemeinschaftlichkeit hin orientierten Situation in katholisch geprägten Lebenswelten herzustellen. Von dort aus könnten dann z.B. Beziehungen zwischen Protestantismus und ‚freier' Marktwirtschaft bzw. Katholizismus und ‚sozialer' Marktwirtschaft aufgezeigt werden. (Bolten 2003: 17)

4 Dynamik und Hybridität der Kultur

Die in den vorangegangenen Teilkapiteln vorgestellten Modelle dürfen nicht dazu verführen, Kultur als eine Art ‚Gleichschaltungsmechanismus' zu begreifen. Die Rede von ‚Standardisierung' oder ‚kollektivem Gedächtnis' bedeutet nicht, dass alle Mitglieder eines Kollektivs gleich sprechen, denken, empfinden, sich verhalten und handeln. Eine 25-jährige Journalistin aus Yorkshire wird ein ande-

Kulturen sind keine Container!

res Vokabular benutzen als ein 65-jähriger südenglischer Bäcker. Ein deutscher Neonazi hat andere Wertvorstellungen und reagiert vermutlich emotional anders auf Migranten, die in seinem Viertel leben, als sein Nachbar, ein regelmäßig die Grünen wählender Sozialarbeiter. Die Begrüßungsformen eines Franzosen aus dem Pariser Künstler-Milieu und eines Bankers werden sich deutlich voneinander unterscheiden – selbst wenn beide ursprünglich aus demselben Dorf stammen. Genau auf dieser Einsicht basiert die Kritik an Konzepten interkultureller Kompetenz, die schlicht à la ‚Kultur A trifft auf Kultur B‘ verfahren. Denn Kulturen erscheinen so als stabile und homogene, nach außen abgeschottete ‚Container‘. Tatsächlich gleichen Kulturen aber mehr einem intern heterogenen, nach außen hin offenen und stets in Veränderung begriffenen Netzwerk. So zeichnet sich etwa jede nationalkulturelle Formation (wie die oben angesprochene englische, deutsche und französische) durch drei zentrale, miteinander vielfach verknüpfte Merkmale aus: (1) ihre Dynamik, (2) ihre Hybridität sowie (3) ihre interne Heterogenität.

Dynamik der Kultur

Kulturen sind keine statischen Gebilde, sondern befinden sich stets ‚im Fluss‘. Sie zeichnen sich durch ihre Dynamik aus. Kultureller Wandel kann vor allem auf zwei Ursachen zurückgeführt werden: erstens auf geschichtliche Erfahrungen (daher unterscheidet sich etwa die deutsche Kultur von heute so sehr von der deutschen Kultur vor 1945); zweitens auf interkulturelle Prozesse: Der Kontakt zwischen verschiedenen Kulturen kann zu einem ‚kulturellen Austausch‘ führen (vgl. BURKE 2000). Beispiele dafür sind die muslimischen Anteile an der europäischen Renaissance ebenso wie die gegenseitige Beeinflussung Großbritanniens und Indiens im 19. Jahrhundert oder die Bedeutung, die die US-amerikanische Kultur für die deutsche Kultur seit Ende des Zweiten Weltkriegs hat.

Hybridität

Die spezifische Form der Veränderung, die durch kulturellen Austausch üblicherweise erfolgt, nennt man ‚Hybridisierung‘: Elemente, die vormals verschiedenen kulturellen Formationen angehörten, verschmelzen miteinander. Obwohl uns gerade mit Blick auf aktuelle Kulturen wohl allerlei hybride Phänomene einfallen (Pommes essende Japaner, buddhistische Europäer, deutsche Rapper usw.), gibt es Hybridisierungsprozesse wohl genauso lange wie es Kulturen gibt. Handel, Kriege, Kolonisierung und Migrationsbewegungen haben stets zu kulturellem Austausch geführt. Die Griechen im antiken Nordafrika, die Franzosen im mittelalterlichen

England und die Nordafrikaner im Frankreich nach der Dekolonialisierung – sie alle haben auf die ein oder andere Weise zur Vermischung und Amalgamierung kultureller Phänomene (materialer, sozialer und mentaler Art) beigetragen. In den multikulturellen Gesellschaften der Gegenwart ist Hybridität eher die Regel als die Ausnahme. Nur scheinbar paradoxerweise sind Kulturen also Ergebnis interkultureller Prozesse. Kulturen in ‚Reinkultur‘ gibt es nicht.

Um eine zunehmend wichtiger werdende Extremform von Hybridisierungsprozessen zu beschreiben, bei der nicht mehr entscheidbar ist, welche Kulturelemente ursprünglich woher stammen, hat der Philosoph WOLFGANG WELSCH das Konzept der ‚Transkulturalität‘ entwickelt. Den Begriff ‚transkulturell‘ definiert er folgendermaßen:

> **Transkulturalität**

DEFINITION

Unsere Kulturen haben de facto längst nicht mehr die Form der Homogenität und Separiertheit. Sie haben vielmehr eine neuartige Form angenommen, die ich als transkulturell bezeichne, weil sie durch die traditionellen Kulturgrenzen wie selbstverständlich hindurchgeht. (WELSCH 1997: 71)

Kultur bildet sich nicht nur innerhalb von staatlichen Gebilden heraus – die so genannte ‚Nationalkultur‘ – sondern ist auch auf Ebenen oberhalb und unterhalb nationaler Kollektive zu finden, so dass wir es tatsächlich mit komplexen Verschachtelungen von ‚Kulturen in Kulturen‘ zu tun haben. Kultur entsteht in geographischen Großräumen (‚europäische Kultur‘) und Regionen (‚bayrische Kultur‘), in Religionsgemeinschaften (‚islamische Kultur‘), in Generationen (Kultur der ‚68er Generation‘), in Gruppen von Jugendlichen (Sub-Kulturen wie ‚Punk‘), in politischen Gruppierungen (‚christdemokratische Kultur‘) und in sozialen Klassen (‚Arbeiterkultur‘), indem die jeweiligen – teils sehr großen, teils eher kleinen – Kollektive bestimmte Standardisierungen erzeugen. Nicht zuletzt sind kulturelle Unterschiede zwischen den Geschlechtern (‚weibliche Kultur‘) festzustellen, und sogar Unternehmenskulturen (‚IBM-Kultur‘) werden zum Gegenstand der Beschäftigung mit interkultureller Kompetenz. Die meisten der genannten Formationen tragen zur internen Heterogenität von Nationalkulturen bei und weisen zugleich eine transnationale, d.h. die Grenzen der einzelnen Staaten überschreitende, Dimension auf. Die politisch brisanteste und in der Interkulturalitätsforschung bedeutendste Form der internen Differenzierung nationaler Kultur sind die diversen ethnischen

> **‚Kulturen in Kulturen‘**

Gruppierungen (also ‚Volksgruppen'), aus denen sich multikulturelle Gesellschaften zusammensetzen. Am deutlichsten wird dies wohl in den USA: Amerikanische Kultur fächert sich in eine Reihe von ‚Bindestrich-Kulturen' auf, wie ‚Native-American', ‚White-Anglo-Saxon', ‚African-American', ‚Chinese-American', ‚Chicano' oder ‚Cuban-American'.

Kultur und Individuum

Die Unmöglichkeit, Kultur als einen homogenen Container zu konzipieren, tritt mit besonderer Deutlichkeit zutage, wenn man den Blick auf das Individuum lenkt: Individuelle Identität geht nie in einer einzigen kulturellen Formation auf. Denn wie soll das gehen, nur Deutsche zu sein oder nur Katholikin? Vielmehr ist jedes Individuum zu verschiedenen kulturellen Formationen zugehörig. So kann man etwa zugleich Deutscher sein, allerdings einen türkischen Migrationshintergrund haben, zur Technoszene gehören und zur Gruppe der Fußballfans, zur Berufsgruppe der Wirtschaftsberater und zu den Absolventen eines Altphilologie-Studiengangs.

Multikollektivität

Um solche Phänomene der Addition und Montage von Elementen kultureller Identität in jedem einzelnen Individuum zu beschreiben, benutzt KLAUS-PETER HANSEN die Begriffe der „Mehrfach-Mitgliedschaften" und der „Multikollektivität": „Die Amerikaner machen das sprachlich plakativ deutlich, wenn sie Wortungetüme bilden wie *white Southern upper-middle class professor* oder *black lesbian urban Northern single mothers*." (HANSEN 2003 [1995]: 195) Die Realisierung von Kultur/en in einzelnen Menschen ist tatsächlich höchst individuell. Und je detaillierter man die kulturellen Zugehörigkeiten eines Einzelnen betrachtet, desto deutlicher wird, dass sie in genau dieser Zusammenstellung wohl in keinem zweiten Individuum anzutreffen sind. In unserer jeweiligen Konfiguration kultureller Identitäten sind wir unverwechselbar. Jedes Individuum ist also ein Schnittpunkt verschiedener kultureller Formationen. Mehr noch, Individuen sind auch Schaltstellen, denn die Kollektive werden erst durch die Multikollektivität der einzelnen Menschen miteinander verknüpft. Mitglieder verschiedener ethnischer Kulturen finden in den USA beispielsweise nicht selten an Universitäten, als Angehörige bestimmter Fachkulturen, zusammen.

5 Kohärenz – Differenz – Kohäsion

Kohärenz vs. Differenz

Wie im vorangegangenen Kapitel dargelegt, wird dem in der Interkulturalitätsforschung noch vielfach anzutreffenden ‚Container-

Modell', das die Kohärenz von Kulturen suggeriert, von Kritikern ein Modell kultureller Differenz entgegengehalten, das darauf hinweist, dass Kulturen dynamisch und hybrid, nach außen hin offen und intern hochgradig differenziert sind. Aber obwohl es der tatsächlichen Verfasstheit von Kulturen wohl näher kommt als das ‚Container-Modell', vermag auch das Gegenmodell letztlich nicht ganz zu überzeugen. Denn trotz der hochgradigen Differenziertheit ist doch eine Einheit in der Vielfalt zu beobachten, ein offensichtlicher Zusammenhalt von Kulturen.

Ein drittes Modell, das weder auf der Annahme von Kohärenz besteht noch durch den Fokus auf Differenz kulturell-kollektive Phänomene letztlich unerklärbar macht, ist das Kohäsions-Modell, das STEFANIE RATHJE (2006) in Anlehnung an HANSEN für die Interkulturalitätsforschung fruchtbar gemacht hat. Bei Kultur geht es demnach weniger um gleichförmige, schablonenartige Denk- und Handlungsweisen als um einen Horizont von Deutungsangeboten, Problemstellungen, Kulturthemen und Herausforderungen, der sich aus der Geschichte eines bestimmten Kollektivs ergibt. Diesen Horizont kann man auch als ‚kulturelles Gedächtnis' bezeichnen. Er wirkt als ‚Kitt', der Kollektive zusammenhält. RATHJE gibt ein Beispiel:

Kohäsion

> So wird beispielsweise jemand, der in Deutschland aufgewachsen ist, eine wie auch immer ausgeprägte Haltung zur nationalsozialistischen Vergangenheit des Landes entwickeln. Er/sie fällt vielleicht im Ausland besonders dadurch als Deutsche/r auf, dass er/sie versucht, seine/ihre Herkunft so gut wie möglich zu verbergen, oder aber auch durch den überraschenden Trotz, mit dem er/sie einen schwarz-rot-goldenen Sonnenhut spazieren trägt. Er/sie wird in seiner Sozialisation an irgendeinem Punkt mit dem Topos von ‚Ordnung und Gründlichkeit' konfrontiert werden, was zu allen Arten von Anpassungserscheinungen einschließlich vollkommener Ablehnung und einer Karriere als, wiederum erkennbar deutscher, Hausbesetzer führen kann. So wie es ihm/r nicht möglich sein wird, bestimmte Elemente eines kulturellen Gedächtnisses zu ignorieren, so wenig wird er/sie jedoch dazu gezwungen sein, z.B. eine Haltung gegenüber dem indischen Kastensystem auszuprägen, es sei denn, dies fällt in sein/ihr besonderes Interessengebiet oder er/sie entschließt sich dazu, seinen/ihren Wohnort nach Indien zu verlegen. (RATHJE 2006: 12)

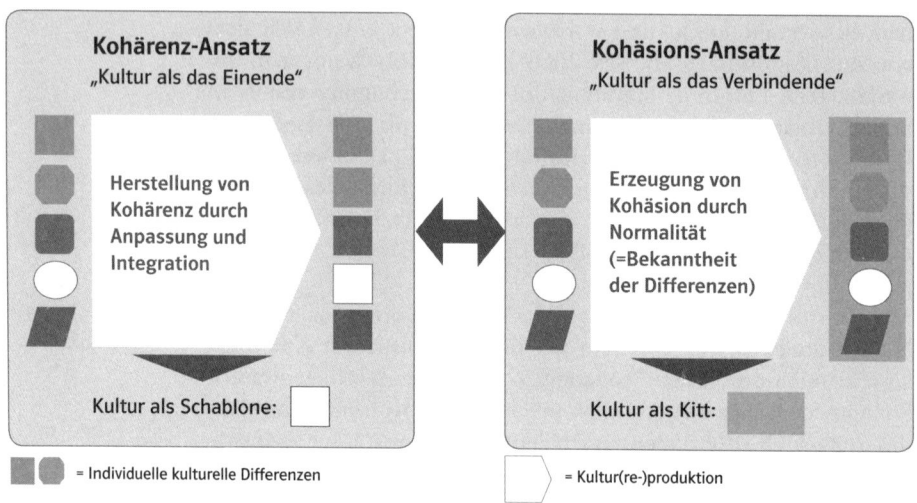

Abb. 2.2: „Kohärenz- versus kohäsionsorientierte Ansätze zum Kulturbegriff" (übernommen aus: Rathje 2006: 16)

Kultur als Möglichkeitsraum

Kultur ist somit ein Möglichkeitsraum, der in der kulturellen Praxis ganz unterschiedlich verwirklicht werden kann. Dieser Möglichkeitsraum oder ‚kultureller Horizont' ist nicht unendlich, und das heißt auch, dass das Spektrum der Realisierungen begrenzt ist: Man wird in Deutschland die vielfältigsten und unvereinbarsten Reaktionen auf das Thema ‚Nationalsozialismus' antreffen, aber eben nicht eine vergleichbar reichhaltige Beschäftigung mit dem Thema ‚Kastensystem'. Ein anderes Beispiel: Militante Atomgegner, überzeugte Atombefürworter und Unentschlossen-Ängstliche bilden in Deutschland womöglich sehr unterschiedliche Subkulturen aus und befördern so die interne Heterogenität der deutschen Kultur. Sie alle sind aber auf *ein* Thema, *eine* Problemlage bezogen: die Atomkraft. In diesem Sinne kann gesagt werden, dass all diese Haltungen ‚Reaktionen' sind, die „sich auf einen identischen Reaktionsgrund zurückführen lassen." (Hansen 2003 [1995]: 213) Es sind die vielfältigen Realisierungen eines geteilten Möglichkeitsraums.

Normalität und Kohäsion

Im Sinne des Kohäsions-Modells ist Kultur also das gemeinsame Wissen um und die Vertrautheit mit Phänomenen, die in Kollektiven eine Rolle spielen – selbst wenn man sich mit dem dominanten Umgang mit diesen Phänomenen überhaupt nicht identifizieren kann und eine dezidierte Gegenposition einnimmt. Dieser geteilte Möglichkeitsraum gibt uns ein Gefühl von ‚Normalität': „Wir kennen diese Standpunkte, und wenn wir sie hören, wissen wir, dass wir zu Hause sind." (Hansen 2003 [1995]: 232) Wenn man annimmt, dass kulturelle Stabilität durch die Erzeugung von Normalität entsteht, dann wird auch das Verhältnis von Kohärenz, Differenz und Kohäsion in der Kultur deutlich: „Der evidente Zusammenhalt von Kulturen ergibt sich dann nicht aus ihrer Kohärenz, sondern gerade aus der Bekanntheit und Normalität ihrer Differenzen." (Rathje 2006: 12)

Mehr als alle anderen denkbaren kulturellen Formationen stiften Nationalkulturen in unserem Zeitalter ‚Normalität‘. Hansen spricht in diesem Zusammenhang von dem „Kitt der gemeinsamen Sprache, der gemeinsamen Geschichte, der gemeinsamen Standardisierungen und der gemeinsamen gesellschaftlichen Institutionen". (Hansen 2003 [1995]: 319) Tatsächlich kann aber vieles davon hochgradig konstruiert oder gar erfunden sein. Die standardisierte Aussprache (*Received Pronunciation*) des britischen Englisch, die im Ausland unterrichtet wird, wird in Großbritannien selbst in keiner einzigen Region tatsächlich gesprochen, sondern ist eine Aussprache der Eliten. Das, was man gemeinhin als ‚gemeinsame Geschichte‘ bezeichnet, sehen Zeitzeugen oft ganz anders. Der Historiker Eric Hobsbawn (1983) bezeichnet die Nationalgeschichte daher als eine *invention of tradition* – als eine ‚Erfindung von Traditionen‘. Der ‚Kitt‘, der Nationen zusammenhält, ist damit zwar oft nur wenig ‚real‘, aber deswegen ist er nicht weniger wirkungsvoll. „Eine Nationalkultur, das ist ihr wesentlichstes Kriterium und ihre wirkungsvollste und tiefste Leistung, definiert Normalität, und diese Normalität wirkt auf ihre Art ebenso bindend und verbindlich wie soziale und politische Strukturen." (Hansen 2003 [1995]: 234)

Nationalkultur und Normalität

Mit dem Kohäsions-Modell können die Kulturen der unterschiedlichsten Kollektive beschrieben werden: die Kultur Südhessens, die Kultur der englischen Fußballfans oder transnationale Unternehmenskulturen etwa. Und weil durch den Prozess der Standardisierung im Grunde jedes Kollektiv ‚Kultur‘ ausbilden kann, fällt unter ‚interkulturelle Kompetenz‘ streng genommen auch die Kompetenz, mit Vertretern anderer Generationen, Regionen, Geschlechter und sozialer Klassen oder rivalisierender Subkulturen umzugehen. Interkulturelle Kompetenz ist dann eine allgemeine Handlungskompetenz (vgl. dazu auch Kap. 6.1), die uns im Alltag Begegnungen mit ‚dem Fremden‘ ermöglicht. Ein solcher Begriff von interkultureller Kompetenz ist theoretisch wohl möglich, für

Fokus: nationale und ethnische Kulturen

das konkrete Anliegen dieses Bandes allerdings zu weit gefasst. Hier geht es in erster Linie um die Interaktion zwischen Mitgliedern unterschiedlicher nationaler und ethnischer Kulturen – wie sie etwa bei Auslandsbesuchen oder im Kontext multikultureller Gesellschaften zum Tragen kommt.

2 Multikulturalität – Interkulturalität – Interkultur

Drei Schlüssel-konzepte

‚Multikulturalität', ‚Interkulturalität' und ‚Interkultur' sind Schlüsselbegriffe in der Debatte um interkulturelle Kompetenz. Zugleich beschreiben diese Begriffe unsere Wirklichkeit. Denn sie bezeichnen Phänomene, die uns alltäglich begegnen – das Zusammenleben und die Interaktion von Angehörigen verschiedener Kulturen – und deren Diskussion häufig politisch aufgeladen ist.

1 Multikulturalität

Multikulturalität vs. Interkulturalität

Die Begriffe ‚Multikulturalität' und ‚Interkulturalität' werden nicht selten synonym verwendet. Es ist jedoch wichtig, sich bewusst zu machen, dass damit Phänomene bezeichnet werden, die auf verschiedenen Ebenen angesiedelt sind: ‚Multikulturalität' ist ein Faktum: Gesellschaften setzen sich (historisch schon immer, heute jedoch mehr und mehr) aus Angehörigen mehrerer Kulturen zusammen. Während ‚Multikulturalität' etwas faktisch Gegebenes ist, handelt es sich bei ‚Interkulturalität' um etwas, das durch bestimmte Handlungsweisen erst erzeugt werden muss. Interkulturalität entsteht dort, wo Angehörige der verschiedenen Kulturen untereinander in Kontakt treten, interagieren und somit ‚Interkulturen' (vgl. Kap. 2.2.2) entstehen lassen.

Definition ‚Multikulturalität'

In einer Studie zu multikulturellen Gesellschaften in Europa und Nordamerika definiert ALF MINTZEL den Begriff der Multikulturalität folgendermaßen:

DEFINITION

Mit Multikulturalität wird [...] eine gesellschaftliche Tatsache bezeichnet, etwas empirisch Gegebenes, nämlich die Tatsache, dass innerhalb einer Gesellschaft bzw. einer staatlich organisierten Gesellschaft/Bevölkerung mehrere Kulturen koexistieren, sei es friedlich oder im Konflikt, sei es in einem Nebeneinander oder in einem integrierten Miteinander. Multikulturalität bezeichnet folglich ein sozio-kulturelles Charakteristikum einer Gesellschaft, ihre vielfältige kulturelle Differenziertheit, worauf diese Multikulturalität auch immer beruhen mag. (MINTZEL 1997: 58)

Die Politikwissenschaftler CLAUS LEGGEWIE und SIGRID BARINGHORST (1993: 49f.) unterscheiden drei Varianten des Multikulturalismus:

Drei Varianten des Multi-kulturalismus

(1) **kulturelle Apartheid:** Dies ist eine Variante von Multikulturalismus, die, so LEGGEWIE und BARINGHORST (ebd.), „Herkunft verabsolutiert und in Hierarchien einordnet. Die Grenzen ethnischer Gruppen sind undurchlässig, und allein die ethnische Rangordnung entscheidet über die Verteilung der sozialen Chancen. Diese Tradition der Behauptung und Bekräftigung von Differenz ist am deutlichsten im modernen Rassismus ausgeprägt." Das Apartheid-Regime in Südafrika oder Deutschland unter Hitler sind Beispiele für diesen Umgang mit Multikulturalismus.

(2) **Assimilation:** „Das zweite Modell ist das in Deutschland und Europa gängige Muster des Multikulturalismus. Ethnische Minderheiten, egal ob Ureinwohner oder Zuwanderer gruppieren sich in dieser Wahrnehmung um eine kulturell definierte Mehrheit herum, an die sie sich, etappenweise und etwa binnen drei Generationen, in individuellen Anpassungs- und kollektiven Modernisierungsprozessen angleichen sollen. [...] Eine solche Auffassung besteht in Europa etwa gegenüber ‚dem Islam', in den USA gegenüber hispanischen Einwanderern." (ebd.)

(3) **polyzentrisches Modell:** „Die dritte, die Sache erst richtig treffende Variante des Multikulturalismus ist die Gesellschaft ohne Zentrum und hegemoniale Mehrheit." (ebd.) Diese Variante des Multikulturalismus zeichnet sich durch das gleichberechtigte Nebeneinander verschiedener Kulturen innerhalb einer Gesellschaft aus. Kalifornien, Kanada oder die Schweiz sind Beispiele für Gesellschaften, die sich offiziell dem polyzentrischen Modell verpflichtet haben, auch wenn das Ideal eines gleichberechtigten Nebeneinander in der Realität sicherlich nicht immer erreicht wird.

‚Statische' vs. ‚echte' Multi-kulturalität

Innerhalb der dritten von LEGGEWIE und BARINGHORST genannten Variante können daher weiterhin zwei mögliche Ausprägungen von (polyzentrischer) Multikulturalität unterschieden werden. JÜRGEN BOLTEN bezeichnet diese Ausprägungen als ‚statisch' und ‚echt'. Während die statische Multikulturalität durch ein friedliches, aber voneinander getrenntes Zusammenleben – ein reines ‚Nebeneinander' also – gekennzeichnet ist, zeichnet sich ‚echte' Multikulturalität durch ein ‚Miteinander' aus, durch eine konstante Praxis *inter*kulturellen Handelns:

DEFINITION

‚Echte Multikulturalität':
Das Nebeneinander wird nicht vollständig aufgelöst werden, sondern es wird seine Statik und die damit verbundenen Abschottungstendenzen überwinden, indem über die Grenzen der eigenen ethnischen Gruppe hinweg gemeinsam gehandelt wird. Ein solches Handeln ist interkulturell. Das beginnt dort, wo ein Spanier bei einem Chinesen einkauft und wo auf diese Weise vielleicht ein Erfahrungsaustausch stattfindet. (BOLTEN 2003: 69)

Beispiel

Wie bedeutsam tatsächlich das *gemeinsame Handeln* in Gesellschaften mit ‚echter Multikulturalität' ist, zeigt folgendes Beispiel:

So weiß man inzwischen, dass Schüler in multikulturellen Klassen insgesamt weniger Vorurteile gegenüber Menschen anderer ethnischer Herkunft haben als Kinder aus Klassen mit einem geringeren Ausländeranteil. Zu den Bedingungen zählt allerdings, dass die Kinder zu gemeinsamen Aufgaben und Problemlösungen motiviert werden und dass sie merken, dass der häufige interkulturelle Kontakt allen Seiten Vorteile verschafft. (BOLTEN 2003: 69)

2   Interkulturalität und Interkultur

Interkulturell vs. intrakulturell

Wie in dem vorangegangenen Kapitel bereits angeklungen ist, basiert Interkulturalität auf einer spezifischen Form des Handelns in Situationen des Kulturkontakts (der innerhalb von multikulturellen Gesellschaften ebenso stattfinden kann wie etwa im Urlaub oder auf Geschäftsreise): Interkulturalität entsteht durch die Kommunikation und Interaktion zwischen Angehörigen verschiedener Kulturen. Denn genau das bedeutet die lateinische Vorsilbe ‚inter': *zwischen*. ‚Interkulturell' ist damit alles, was sich zwischen verschiedenen Kulturen ereignet. Der Begriff ‚intra-kulturell' bezeichnet hingegen alle Phänomene *innerhalb* einer Kultur.

Interkulturalität ist das Resultat von Interaktion und Kommunikation zwischen den Kulturen, zwischen Eigen- und Fremdkultur, wodurch eine kulturelle Überschneidungssituation entsteht. Wenn man ‚Kultur' (wie in Kap. 2.1.5) nicht als ein homogenes Gebilde begreift, sondern als „Bekanntheit von Differenzen" definiert, dann kann interkulturelle Interaktion als „Interaktion zwischen Individuen aus unterschiedlichen Kollektiven aufgefasst werden, die aufgrund mangelnder Bekanntheit des jeweiligen Differenzspektrums Fremdheitserfahrungen machen." (RATHJE 2006: 13)

Interkulturelle Interaktion

Es wird oft betont, dass in Situationen interkultureller Interaktion ein ‚Drittes' entsteht. Diese Vorstellung ist z. B. für die *postcolonial studies* sehr bedeutsam, in denen dieser Bereich als *contact zone* (MARY LOUISE PRATT 1992) oder *Third Space* (HOMI BHABHA 1994) bezeichnet wird (vgl. auch ANTOR 2006). Der Begriff des ‚dritten Raums' ist in der postkolonialen Theorie deutlich wertbesetzt: Der ‚dritte Raum' ermöglicht vor allem intellektuellen Weltbürgern (bzw. Kosmopoliten), wie etwa dem aus Indien stammenden britischen Erfolgsautor SALMAN RUSHDIE, eine distanzierte und kreative Perspektive auf die eigene und die fremde Kultur.

Das ‚Dritte'

LITERATURTIPP

Ein Handbuch, das alle Schlüsselkonzepte der postkolonialen Theorie darstellt:

ASHCROFT, BILL, GARETH GRIFFITHS und HELEN TIFFIN: Post-Colonial Studies: The Key Concepts. *London/New York: Routledge 2000.*

Ein Handbuch zur interkulturellen Germanistik, unter anderem mit Artikeln zu so zentralen Begriffen wie ‚Empathie', ‚Fremdheit' und ‚Toleranz':

WIERLACHER, ALOIS: Handbuch interkulturelle Germanistik. *Stuttgart/Weimar: Metzler 2003.*

In Studien zur interkulturellen Kompetenz wird dieses ‚Dritte' zumeist als ‚das Interkulturelle' oder ‚die Interkultur' bezeichnet. Alois Wierlacher, dem Gründer des ersten deutschen Universitätsstudiengangs für interkulturelle Germanistik, zufolge handelt es sich bei ‚Interkultur' um ein „Konstrukt […] das eine dritte Ordnung konstituiert, die eine interaktive und also transistorische Qualität besitzt, die immer wieder neu geschaffen werden muss und der sich die Partner in Freiheit unterwerfen." (WIERLACHER

Interkultur

2003: 216) Einen transistorischen – also vergänglichen – Charakter haben Interkulturen, weil sie nur im Vollzug, im konkreten Aufeinandertreffen von Mitgliedern unterschiedlicher Lebenswelten existieren. Das macht auch ihren Ereignischarakter aus: „Interkulturen sind dynamisch als Ereignisse des Zusammentreffens von Angehörigen unterschiedlicher Kulturen zu verstehen." (BOLTEN 2003: 22)

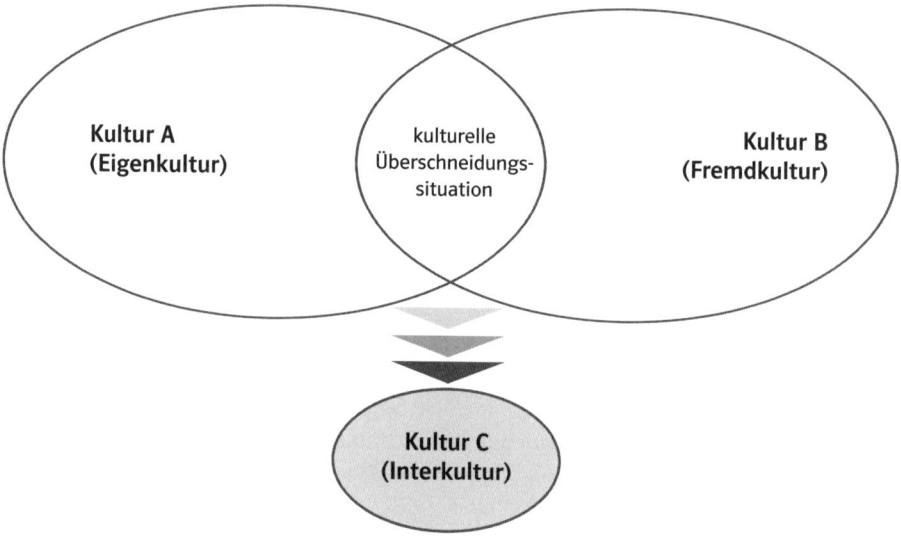

Abb. 2.3: Die Entstehung von ‚Interkultur‘ (vgl. auch THOMAS 2005: 33)

Interkultur als Synergie

Das durch Kulturkontakt entstehende ‚Dritte‘ entspricht weder der *einen* beteiligten Kultur (A) noch der *anderen* (B). Genauso wenig stellt es eine einfache Kombination (‚Synthese‘) aus beiden dar (A/B). Stattdessen weisen ‚Interkulturen‘ eine vollkommen neuartige, nicht vorhersagbare Qualität (‚Synergie‘) auf (C) (vgl. dazu Abb. 2.3). BOLTEN betont in diesem Zusammenhang: „Interkulturen stellen keine Synthesen, sondern Synergiepotentiale dar." (BOLTEN 2003: 22) Synergien resultieren aus dem Zusammenwirken von Kräften in sich selbst organisierenden Prozessen: Wie durch eine ‚unsichtbare‘ Hand entsteht Ordnung aus dem anfänglichen Chaos. Prognostizierbar ist die Art dieser Ordnung jedoch nicht.

Auf individueller Ebene lässt sich dies am Beispiel der Unvorhersagbarkeit von Handlungsausgängen demonstrieren: Wenn sich zwei Personen begrüßen, die in ihren Lebenswelten das Ritual des Händeschüttelns einerseits überwiegend (A), andererseits

> aber überhaupt nicht praktizieren (B), lässt sich nicht vorhersagen, wie sich diese Begegnung tatsächlich vollziehen bzw. wie sich die Interkultur (C) in diesem bestimmten Moment gestalten wird. Welche Form der Begrüßung man letztlich wählt (Händeschütteln, kein Händeschütteln, Zwischenlösungen oder vollkommen andere Begrüßungsformeln) hängt davon ab, welche Möglichkeit die beiden Partner in der konkreten Situation spontan aushandeln. Dieser Aushandlungsprozess wiederum ist durch eine Reihe von Variablen wie Altersunterschied, Bekanntheitsgrad, Hierarchiegefälle etc. bestimmt. Er spielt sich in Bruchteilen von Sekunden ab. (BOLTEN 2003: 18f.)

Auch in Unternehmen, in der Wissenschaft oder in der Politik kann interkulturelle Interaktion Synergieeffekte erzeugen. So können vollkommen neuartige Konzepte und Strategien entstehen, die weder die eine noch die andere Seite für sich alleine hätte entwickeln können. Hier liegt eines der größten und wichtigsten Potentiale der Begegnung von Mitgliedern verschiedener Kulturen.

3   Unterschiede zwischen Kulturen

Was muss ich wissen, wenn ich nach Japan fahre? Wie ‚ticken‘ die Brasilianer? Was muss man beachten, wenn man in den USA einen guten Geschäftsabschluss erzielen will? Zur Beantwortung solcher Fragen bietet sich der Griff zu den diversen länderspezifischen Handbüchern an. Aber Vorsicht ist geboten: Zwar enthalten solche Ratgeber eine Vielzahl interessanter Informationen, aber nicht selten gehen sie von einem ‚Kohärenzmodell‘ der Kultur aus. Die tatsächliche Vielfalt und die Unterschiede innerhalb von Kulturen werden überdeckt, und – schlimmer noch – der Stereotypenbildung wird Vorschub geleistet (zu Stereotyp und dem Stereotypenkreislauf vgl. Kap 3.2.4). Oft dienen solche Bücher daher mehr der Festschreibung von Vorurteilen als der Sensibilisierung für die interkulturelle Kontaktsituation. Bestimmte Erwartungen werden aufgebaut (‚die Chinesen wollen immer ihr ‚Gesicht‘ wahren‘, ‚die Italiener kommen immer zu spät‘), die verhindern, dass sich ‚Interkultur‘ in Form einer offenen Begegnung ‚ereignet‘ und so Synergien entstehen können. Und nicht zuletzt ist es natürlich problematisch, dass die meisten Modelle von Kulturunterschieden von einem west-

Caveat!

lichen Standpunkt aus entwickelt wurden. Damit kommen vor allem Unterschiede in den Blick, die für Westler als wichtig oder existent erscheinen. Ein wirkliches Verständnis der anderen Kultur und eine Anerkennung ihrer Perspektive gehen damit jedoch in den seltensten Fällen einher. (Im schlechtesten Fall führen solche stereotype Reduktionen zu Weltuntergangsszenarien, wie etwa SAMUEL HUNTINGTONs These vom „Kampf der Kulturen", 1996; für eine Kritik vgl. MÜLLER 1998). Dieser Problematik können sich auch die in diesem Kapitel vorgestellten Modelle (von MALETZKE, THOMAS und HOFSTEDE) nicht immer entziehen. Sie finden hier jedoch Erwähnung, weil es sich bei ihnen um einschlägige Ansätze zur Beschreibung von kulturellen Unterschieden handelt und man ihnen in der Praxis (bei der Vorbereitung für einen Auslandsaufenthalt etwa) immer wieder begegnet. Nach diesem vorangestellten *caveat* – einer Mahnung zur Vorsicht also – mögen sich die Leser in diesem Teilkapitel ihr eigenes Urteil über solche Ansätze bilden.

1   Strukturmerkmale von Kulturen (G. MALETZKE)

**Struktur-
merkmale
von Kulturen**

Will man Kulturen miteinander vergleichen, so muss man erst einmal wissen, was man denn miteinander vergleicht – welche Aspekte von Kultur also im Mittelpunkt stehen sollen. Der Kommunikationswissenschaftler GERHARD MALETZKE unterscheidet verschiedene ‚Strukturmerkmale von Kulturen' und bezeichnet diese als „die Kategorien, in denen sich Kulturen voneinander abheben und die in ihrer strukturierten Gesamtheit das spezifische Profil einer Kultur bilden" (MALETZKE 1996: 42). Neun der insgesamt zehn von MALETZKE identifizierten Strukturmerkmale sollen in diesem Teilkapitel näher vorgestellt werden: (1) Wahrnehmung, (2) Zeiterleben, (3) Raumerleben, (4) Denken, (5) Sprache, (6) nichtverbale Kommunikation, (7) Wertorientierungen, (8) Verhaltensmuster, (9) soziale Beziehungen. Wie im Folgenden noch deutlich werden wird, sind diese Merkmale auf vielfache Weise untereinander vernetzt.

Wahrnehmung

Wahrnehmung ist immer selektiv und was aus dem breiten Spektrum des Wahrnehmbaren für wichtig gehalten und daher – visuell, olfaktorisch (d.h. mit dem Geruchssinn) oder taktil (d.h. mit dem Tastsinn) – tatsächlich wahrgenommen wird, ist hochgradig kulturspezifisch (vgl. dazu auch Kapitel 3.1). Die Fähigkeit zur Wahrnehmung von Tieren im Dickicht, von unterschiedlichen Sorten von Schnee, von feinen oder weniger feinen Abstufungen im Farbspektrum oder von Veränderungen auf einem Computerbildschirm hängt maßgeblich von kulturspezifischen Lebensweisen ab.

Dass Zeitkonzepte und Zeiterleben kulturell unterschiedlich sind, zeigt schon die einfache Tatsache, dass es noch heute verschiedene Kalender gibt: In China beginnt das neue Jahr etwa am zweiten Neumond nach der Wintersonnenwende, d.h. zwischen dem 21. Januar und 21. Februar unserer Zeit. Ob der Zeitverlauf als linear (zumeist im ‚Westen') oder als zyklisch (vielerorts in ‚Asien') wahrgenommen wird oder ob Zeit als eine bruchteilssekundengenaue, kontinuierliche und objektiv messbare Kategorie oder als eine variable, diskontinuierliche und nur subjektiv erfahrbare Kategorie wahrgenommen wird, ob man sich schwerpunktmäßig an der Zukunft, der Gegenwart oder der Vergangenheit orientiert, ist ebenfalls kulturabhängig.

Zeiterleben

Bei den Saulteaux am Berens River in Manitoba wurden gewisse Ereignisse nicht auf einer Skala von Zeitpunkten eingeordnet. Sie waren nicht vorher oder nachher. Man könnte eher sagen, dass diese Indianer sich auf ‚Löcher' in der Zeit, auf Zeitloses zu- oder wieder von ihm wegbewegten. Die Zeit, die während dieser Bewegung verlief, wurde nicht gezählt, etwa in Tagen oder dergleichen, und es ist auch nicht zutreffend, zu sagen, diese Zeit sei eine Spanne zwischen *wiederkehrenden* Ereignissen gewesen. Vielmehr kamen die Indianer immer wieder auf *dasselbe* Zeitloch zu und entfernten sich wieder von ihm. (H.P. Duerr: *Traumzeit*, 1978; zit. nach Maletzke 1996: 55)

Die Unterscheidung zwischen monochronen und polychronen Kulturen findet sich bei einem der Begründer der interkulturellen Kompetenz-Forschung, E.T. Hall (1959). In vielen Kulturen Nord- und Westeuropas (z.B. Deutschland und den Niederlanden) herrscht eine rigide Zeiteinteilung, bei der äußerste Pünktlichkeit erwartet wird. Sie sind ‚monochron'. Als polychrone Kulturen hingegen gelten Hall zufolge die romanischen Kulturen Europas und Amerikas. Sie zeichnen sich durch eine flexiblere Zeiteinteilung, einen geringeren Grad der Strukturierung von Zeit aus. Der Romanist Hans-Jürgen Lüsebrink hat darauf hingewiesen, dass der kulturspezifische Umgang mit Zeit ein Grund für Konflikte am Arbeitsplatz sein kann:

Monochron vs. polychron

> Untersuchungen zum interkulturellen Management haben gezeigt, dass interkulturelle Spannungen häufig auf der zeitlichen Organisation von Arbeitsvorgängen beruhen. 70% der im Rahmen einer Studie zum deutsch-französischen Management befragten Mitarbeiter deutscher und französischer Mutter- und Tochtergesellschaften gaben an, dass dies ein Grund für Irritationen und Konflikte gewesen sei. (LÜSEBRINK 2005: 26)

Raumerleben

Wie orientiert man sich im Raum (etwa anhand von natürlichen Gegebenheiten oder von Hinweisschildern)? Wie wird Raum gestaltet (hierzu zählt die Anlage von Städten, der Hausbau und die Inneneinrichtung, etwa das berühmte Feng Shui)? Welche Bedeutung wird dem Raum zugeschrieben? Wie wird der private Raum vom öffentlichen Raum getrennt? Aber auch: Wie groß ist die räumliche Distanz zwischen den Interaktionspartnern einer Kultur (vgl. die so genannte Interaktionsdistanz oder Proxemik, Kap. 5.4)? Diese Fragen beziehen sich auf das Verhältnis von Kultur und Raum. Wie groß die Unterschiede in dem Erleben und der Bedeutung des Raums von Kultur zu Kultur sein können, zeigt das folgende Beispiel zur Raumwahrnehmung der Balinesen:

> Bei den Bewohnern von Bali ist das Alltagsleben in ungewöhnlichem Ausmaß auf den Raum und auf räumliche Orientierung hin ausgerichtet. Der Berg repräsentiert Heiligkeit, die See ist eine Zone von Gefahr und bösen Geistern, Höhe wird mit Reinheit assoziiert. Man schläft mit dem Kopf zu den Bergen und mit den Füßen zum Meer hin. Der Familienschrein steht auf der Inlandseite des Hauses in Bergrichtung, während die Küche sich auf der Seeseite, also zur Küste hin befindet. Dorffriedhöfe liegen auf der Küstenseite. (MALETZKE 1996: 60f.)

Denken

Kulturen weisen unterschiedliche Denkformen oder Denkstile auf, die Resultat der ‚Standardisierung des Denkens‘ sind (vgl. dazu Kap. 2.1.2). MALETZKE (1996: 63-7) unterscheidet hinsichtlich kulturspezifischer Denkformen vier Gegensatzpaare:

▶ logisch oder prälogisch
  (d.h. analytisches, lineares und rationales Denken vs. ganzheitliches, assoziatives und affektives Denken)
▶ induktiv oder deduktiv
  (Denken ausgehend vom empirischen Einzelfall vs. von allgemeinen, theoretischen Annahmen)

▶ abstrakt oder konkret
▶ alphabetisch oder analphabetisch
(das Denken in Schriftkulturen unterscheidet sich von dem Denken in Kulturen ohne Schriftsystem)

Hierbei handelt es sich um sehr krude Unterscheidungen, selbst wenn man die genannten Denkformen nicht als strikte Gegensatzpaare, sondern als die Extrempunkte einer Skala begreift. Zudem sind die jeweils erstgenannten Begriffe in der Geschichte immer wieder mit Attributen wie ‚fortschrittlich‘, ‚weiter entwickelt‘ oder ‚zivilisiert‘ versehen worden. Eine wertneutrale Herangehensweise an kulturelle Unterschiede scheint ein solches Modell daher kaum zu gewährleisten. Mehr Sinn macht es hingegen, sich einmal die Frage zu stellen, *warum* der Denkstil der einen Kultur sich von dem einer anderen Kultur unterscheidet. Solche Unterschiede lassen sich durch das Konzept der ‚Bezugsrahmen‘ oder *frames of reference* erklären – der im Verlauf des Heranwachsens in einer Kultur erworbenen Schemata, welche die Wahrnehmung, das Denken und die Erinnerung in bestimmte Bahnen lenken (vgl. dazu Kap. 3.1).

Sprache und Weltsicht einer Gruppe hängen auf das Engste zusammen. Sprachen sind für die gemeinsame Konstruktion von Sinnwelten bedeutsam, und zwar so sehr, dass Kulturen nicht selten nach Sprachräumen kategorisiert werden (etwa der ‚romanische Kulturraum‘). Ähnliches gilt für Formen der nonverbalen Kommunikation (Körpersprache, Gesichtsausdruck etc.), die hochgradig kulturspezifisch und für die Analyse kultureller Unterschiede außerordentlich aufschlussreich sind. Aus diesem Grund bietet dieser Band ein eigenes, linguistisch ausgerichtetes Kapitel zur interkulturellen Kommunikation (vgl. Kap. 4).

Sprache/ Nichtverbale Kommunikation

Um kulturspezifische Verwendungsweisen von Sprache voneinander zu unterscheiden, wurden von HALL (1959) die Begriffe *low-context* und *high-context* eingeführt. Dabei dreht es sich um die Frage, welche Bedeutung Sprache bei der Generierung von Bedeutung spielt – im Zusammenspiel mit bzw. im Gegensatz zu nonverbalen Faktoren und der Beziehung der Sprecher untereinander. In kontextungebundenen (*low-context*) Kulturen haben Wörter unabhängig vom jeweiligen Kontext weitgehend dieselbe Bedeutung. Daher ist eine unpersönliche Kommunikation möglich; es wird auf einer Sachebene kommuniziert. In kontextgebundenen (*high-context*) Kulturen hingegen scheint die Bedeutung in der Kommuni-

Low-context und high-context

kation nicht so sehr von den Wörtern selbst zu stammen, sondern hängt in erster Linie vom Kontext des Gesprächs und der Beziehung der Sprecher untereinander ab. HALL korreliert kontextungebundene Kulturen mit monochronischen Zeitkonzepten (z.B. Deutschland, Großbritannien), kontextgebundene Kulturen mit polychronischen Zeitkonzepten (z. B. Indien, Italien).

Wertorientierungen

Weil der (bewusste oder unbewusste) Bezug auf kulturspezifische Werte und Normen in der konkreten interkulturellen Interaktion eine besonders bedeutende Rolle spielt und nicht selten zu Konflikten zwischen Mitgliedern verschiedener Kulturen führt, konzentrieren sich viele Studien zur interkulturellen Kompetenz auf die Darlegung von Wertorientierungen, die dann bei HOFSTEDE etwa unter dem Begriff ‚Kulturdimensionen' firmieren (vgl. dazu Kap. 2.3.2). Hierbei geht es beispielsweise um den Wert, der der Familie, Hierarchien oder Traditionen beigemessen wird und der von Kultur zu Kultur stark variieren kann.

Verhaltensweisen

Wie das dreidimensionale Kultur-Modell in Kap. 2.1.3 gezeigt hat, schlagen sich die Werte und Normen einer Kultur (die zu ihrer mentalen Dimension gehören) auf sehr verschiedene Arten in konkreten Verhaltensweisen nieder (die zu ihrer sozialen Dimension gehören). Das folgende Beispiel zeigt, wie divergierende Verhaltensmuster bei der Begegnung von Menschen aus unterschiedlichen Kulturen zu Missverständnissen führen können – selbst wenn es sich dabei um sich relativ nahe stehende Kulturen, wie die USA und Großbritannien, handelt:

> Unter den während des Krieges stationierten amerikanischen Soldaten war die Ansicht weit verbreitet, die englischen Mädchen seien sexuell überaus leicht zugänglich. Merkwürdigerweise behaupteten die Mädchen ihrerseits, die amerikanischen Soldaten seien übertrieben stürmisch. Eine Untersuchung, an der u.a. MARGARET MEAD teilnahm, führte zu einer interessanten Lösung des Widerspruchs. Es stellte sich heraus, dass das Paarungsverhalten (courtship pattern) – vom Kennenlernen der Partner bis zum Geschlechtsverkehr – in England und Amerika ungefähr dreißig verschiedene Verhaltensformen durchläuft, daß aber die Reihenfolge dieser Verhaltensformen in den beiden Kulturbereichen verschieden ist. Während z.B. das Küssen in Amerika relativ früh kommt, etwa auf Stufe 5, tritt es im typischen Paarungsverhalten der Engländer relativ spät auf, etwa auf Stufe 25. Prak-

tisch bedeutet dies, daß eine Engländerin, die von ihrem Soldaten geküßt wurde, sich nicht nur um einen Großteil des für sie intuitiv ‚richtigen‘ Paarungsverhaltens (Stufe 5–24) betrogen fühlte, sondern zu entscheiden hatte, ob sie die Beziehung an diesem Punkt abbrechen oder sich dem Partner sexuell hingeben sollte. Entschied sie sich für die letztere Alternative, so fand sich der Amerikaner einem Verhalten gegenüber, das für ihn durchaus nicht in dieses Frühstadium der Beziehung paßte und nur als schamlos zu bezeichnen war. Die Lösung eines solchen Beziehungskonfliktes durch die beiden Partner selbst ist natürlich deswegen praktisch unmöglich, weil derartige kulturbedingte Verhaltensformen und -abläufe meist völlig außerbewußt sind. Ins Bewußtsein dringt nur das undeutliche Gefühl: der andere benimmt sich falsch. (WATZLWICK/BEAVIN/JACKSON 1969: 20)

Die Gliederung der Gesellschaft ist ein traditioneller Forschungsgegenstand der Kulturanthropologie und Soziologie, weil dieses äußere Ordnungssystem viel über das innere, das mentale System einer Kultur verrät. Neben der Familie gehören etwa Verwandtschaftsbeziehungen, die Existenz von Klassen und Kasten, das Verhältnis zwischen Individuum und Gruppe oder die Bedeutung von Freundschaft zu dem Gebiet der sozialen Gruppierungen und Beziehungen, welche von Kultur zu Kultur stark variieren. Man denke etwa an die Unterschiede zwischen weit verzweigten Großfamilien in Indien und der deutschen Kleinstfamilie. Mit beiden Formen sozialer Beziehungen sind sehr unterschiedliche Auffassungen von der Bedeutung von Verwandtschaft, von sozialen Rechten und Pflichten sowie den Möglichkeiten zur individualistischen Lebensgestaltung verbunden.

Soziale Beziehungen

Strukturmerkmale von Kulturen, wie sie MALETZKE (1996) aufzeigt, bieten uns ein systematisches Raster, anhand dessen wir erkennen, auf welchen Gebieten sich Kulturen womöglich voneinander unterscheiden und welche Aspekte daher die interkulturelle Interaktion beeinflussen können. Ein solches Wissen um generelle Strukturmerkmale gehört zur *kulturübergreifenden* Kompetenz. Stärker *kulturspezifisch* ist der Fokus hingegen in den folgenden beiden Teilkapiteln. ALEXANDER THOMAS und GEERT HOFSTEDE haben unter den Begriffen ‚Kulturstandards‘ und ‚Kulturdimensionen‘ Modelle entwickelt, anhand derer die typischen Eigenschaften verschiedener Nationalkulturen bestimmt werden.

Von Strukturmerkmalen zu Kulturstandards und -dimensionen

2 Fünf Kulturdimensionen (G. HOFSTEDE)

,Kulturdimensionen'

Bei HOFSTEDEs Studien zu den ,fünf Kulturdimensionen' handelt es sich um das bekannteste und am weitesten verbreitete Modell zur Erfassung kultureller Unterschiede. In umfangreichen empirischen Untersuchungen, die er in den Jahren 1968 und 1972 bei über 100.000 Mitarbeitern des IBM-Konzerns in über 70 Ländern durchführte, hat HOFSTEDE fünf zentrale Werte, die er als ,Kulturdimensionen' bezeichnet, systematisch erhoben (vgl. HOFSTEDE 2001 [1980], 2006). Im Folgenden werden diese Kulturdimensionen vorgestellt und an einigen Beispielen veranschaulicht.

(1) Machtdistanz

HOFSTEDE (2006: 59) definiert Machtdistanz als „das Ausmaß, bis zu welchem die weniger mächtigen Mitglieder von Institutionen bzw. Organisationen eines Landes erwarten und akzeptieren, dass Macht ungleich verteilt ist." Machtdistanz kann in gesellschaftlichen Institutionen wie der Familie, Schule und Staat oder in Organisationen wie in Firmen gemessen werden.

Machtdistanzindex

Der Machtdistanzindex (MDI) ist ein „Gradmesser für die Ungleichheit der Gesellschaft". (ebd.: 53) Er gibt an, welche Akzeptanz es in einer Kultur für Macht- und Autoritätsunterschiede sowie Hierarchiegefälle gibt. Die unten abgebildete Tabelle basiert auf den oben bereits erwähnten Befragungen, die HOFSTEDE und sein Team in den Jahren 1968 und 1972 durchführten. Die Tabelle zeigt sehr hohe Machtdistanzwerte in den asiatischen, osteuropäischen, lateinamerikanischen und arabischen Ländern und sehr niedrige Machtdistanzwerte etwa für Israel, Skandinavien, die deutschsprachigen Länder, Großbritannien und die USA.

Land/Region	Punktewert	Position	Land/Region	Punktewert	Position
Malaysia	104	1/2	Portugal	63	37/38
Slowakei	104	1/2	Belgien Flämisch	61	39/40
Guatemala	95	3/4	Uruguay	61	39/40
Panama	95	3/4	Griechenland	60	41/42
Philippinen	94	5	Südkorea	60	41/42
Russland	93	6	Iran	58	43/44
Rumänien	90	7	Taiwan	58	43/44
Serbien	86	8	Tschechien	57	45/46
Surinam	85	9	Spanien	57	45/46

Land/Region	Punkte-wert	Position	Land/Region	Punkte-wert	Position
Mexiko	*81*	*10/11*	*Malta*	*56*	*47*
Venezuela	*81*	*10/11*	*Pakistan*	*55*	*48*
Arabische Länder	*80*	*12/14*	Kanada Quebec	54	49/50
Bangladesh	80	12/14	*Japan*	*54*	*49/50*
China	80	12/14	*Italien*	*50*	*51*
Ecuador	*78*	*15/16*	*Argentinien*	*49*	*52/53*
Indonesien	*78*	*15/16*	*Südafrika*	*49*	*52/53*
Indien	77	17/18	Trinidad	47	54
Westafrika	77	17/18	Ungarn	46	55
Singapur	*74*	*19*	*Jamaika*	*45*	*56*
Kroatien	73	20	Estland	40	57/59
Slowenien	71	21	Luxemburg	40	57/59
Bulgarien	70	22/25	*USA*	*40*	*57/59*
Marokko	70	22/25	*Kanada gesamt*	*39*	*60*
Schweiz Franz.	*70*	*22/25*	*Niederlande*	*38*	*61*
Vietnam	70	22/25	*Australien*	*36*	*62*
Brasilien	*69*	*26*	*Costa Rica*	*35*	*63/65*
Frankreich	*68*	*27/29*	Deutschland	35	63/65
Hongkong	*68*	*27/29*	*Großbritannien*	*35*	*63/65*
Polen	68	27/29	*Finnland*	*33*	*66*
Belgien Franz.	*67*	*30/31*	Norwegen	31	67/68
Kolumbien	*67*	*30/31*	*Schweden*	*31*	*67/68*
Salvador	*66*	*32/33*	*Irland*	*28*	*69*
Türkei	66	32/33	*Schweiz Deutsch*	*26*	*70*
Ostafrika	64	34/36	*Neuseeland*	*22*	*71*
Peru	64	34/36	*Dänemark*	*18*	*72*
Thailand	*64*	*34/36*	*Israel*	*13*	*73*
Chile	63	37/38	Österreich	11	74

Die *kursiv gedruckten* Punktwerte für die Länder/Regionen wurden aus der IBM Datenbank ermittelt. Die Punktwerte für die restlichen Länder basieren auf Wiederholungsstudien oder Schätzungen.

Abb. 2.4: „Machtdistanz-Indexwerte (MDI) von 74 Ländern und Regionen" (in: HOFSTEDE 2006: 56)

Der Machtdistanzindex wurde von HOFSTEDE mit weiteren sozio-kulturellen Faktoren in Verbindung gebracht, z. B. mit verschiedenen Berufsgruppen, mit Schule und Staat. Die folgende Tabelle zeigt beispielhaft die typischen Einstellungen zu allgemeinen Normen, zu Familie und Schule in Gesellschaften mit geringer und mit großer Machtdistanz:

Machtdistanz in Familie und Schule

geringe Machtdistanz	große Machtdistanz
Ungleichheit unter den Menschen sollte so gering wie möglich sein.	Ungleichheit zwischen den Menschen wird erwartet und ist erwünscht.
Mit sozialen Beziehungen soll man sorgsam umgehen.	Sozialer Status soll nur beschränkt ausgeglichen werden.
Zwischen den weniger mächtigen und den mächtigen Menschen besteht eine Interdependenz bis zu einem gewissen Grad, und die sollte es auch geben.	Weniger mächtige Menschen sollten abhängig sein; sie befinden sich zwischen den beiden Extremen Abhängigkeit und Kontra-Dependenz.
Eltern behandeln ihre Kinder wie ihresgleichen.	Eltern erziehen ihre Kinder zu Gehorsam.
Kinder behandeln ihre Eltern und ältere Verwandte wie ihresgleichen.	Respekt gegenüber den Eltern und älteren Verwandten ist eine grundlegende Tugend, die ein Leben lang geübt wird.
Bei der Altersversorgung ihrer Eltern spielen Kinder keine Rolle.	Kinder sind eine Quelle für die Altersversorgung ihrer Eltern.
Schüler behandeln Lehrer wie ihresgleichen.	Schüler behandeln ihre Lehrer auch außerhalb des Unterrichts mit Respekt.
Lehrer erwarten von ihren Schülern Eigeninitiative.	Jede Initiative im Unterricht sollte von den Lehrern ausgehen.
Lehrer sind Experten, die losgelöstes Wissen vermitteln.	Lehrer sind Gurus, die ihr eigenes Wissen vermitteln.
Die Qualität des Lernprozesses ist abhängig vom Austausch zwischen Lehrern und Schülern und der Qualität der Schüler.	Die Qualität des Lernprozesses ist von der Professionalität des Lehrers abhängig.
Menschen mit weniger Bildung neigen zu mehr Autorität als Menschen mit höherer Bildung.	Sowohl Menschen mit mehr als auch solche mit weniger Bildung haben die gleiche Einstellung zur Autorität.
Die Bildungspolitik konzentriert sich auf weiterführende Schulen.	Die Bildungspolitik konzentriert sich auf Universitäten.

Abb. 2.5: „Hauptunterschiede zwischen Gesellschaften mit geringer und großer Machtdistanz – I. Allgemeine Norm, Familie und Schule" (in: Hofstede 2006: 71)

Die zweite Kulturdimension nach Hofstede ist das Verhältnis von Individualismus und Kollektivismus. Sie wird folgendermaßen definiert: *„Individualismus beschreibt Gesellschaften, in denen die Bindungen zwischen den Individuen locker sind; man erwartet von jedem, dass er für sich selbst und für seine unmittelbare Familie sorgt. Sein Gegenstück, der Kollektivismus, beschreibt Gesellschaften, in denen der Mensch von Geburt an in starke, geschlossene Wir-Gruppen integriert ist, die ihn ein Leben lang schützen und dafür bedingungslose Loyalität verlangen."* (ebd.: 102)

(2) Individualismus/Kollektivismus

Zur Erstellung des ‚Individualismus-Index' fand eine Erhebung statt, bei der IBM-Mitarbeiter etwa nach der Wertschätzung von persönlicher Zeit, von Freiheit und von Herausforderungen gefragt wurden. Kaum überraschend haben die USA die höchsten Individualismus-Indexwerte, gefolgt von Australien, Großbritannien und Kanada. Die niedrigsten Werte finden sich in Guatemala, Ecuador, Panama, Venezuela, Kolumbien und Pakistan. Diese Länder sind damit am Extrem-Pol des ‚Kollektivismus' angesiedelt (vgl. ebd.: 105).

Individualismus-Index

Bei der dritten Kulturdimension – Maskulinität/Femininität – geht es Hofstede nicht um biologische Unterschiede (weiblich/männlich), sondern um soziokulturelle Kategorien (maskulin/feminin): „Eine Gesellschaft bezeichnet man als *maskulin*, wenn die Rollen der Geschlechter emotional klar gegeneinander abgegrenzt sind: Männer haben bestimmt, hart und materiell orientiert zu sein, Frauen dagegen müssen bescheidener, sensibler sein und Wert auf Lebensqualität legen. Als *feminin* bezeichnet man eine Gesellschaft, wenn sich die Rollen der Geschlechter emotional überschneiden: sowohl Frauen als auch Männer sollen bescheiden und feinfühlig sein und Wert auf Lebensqualität legen." (ebd.: 165)

(3) Maskulinität/Feminität

Ermittelt wurde der Maskulinitäts-Index anhand von Fragen etwa nach der Bedeutung, die dem Einkommen, der Anerkennung oder der Möglichkeit zur Beförderung zugemessen wird (‚maskuline Werte'), im Gegensatz zur Bedeutung eines guten Arbeitsklimas, einer angenehmen Umgebung und der Sicherheit des Arbeitsplatzes (‚feminine Werte'). Japan hat demnach einen Maskulinitätsindex von 95, Deutschland einen Wert von 66, die USA von 62, Frankreich und der Iran von 43 und Schweden von 5 (vgl. ebd.: 166).

Maskulinitäts-Index

(4) Unsicherheits-vermeidung

Die vierte Kulturdimension – Unsicherheitsvermeidung – wird von HOFSTEDE folgendermaßen beschrieben: „Unsicherheitsvermeidung läßt sich [...] definieren als *der Grad, bis zu dem die Mitglieder einer Kultur sich durch uneindeutige oder unbekannte Situationen bedroht fühlen.* Dieses Gefühl drückt sich u.a. in nervösem Stress und einem Bedürfnis nach Vorhersehbarkeit aus: ein Bedürfnis nach geschriebenen und ungeschriebenen Regeln." (ebd.: 233)

Deutschland vs. Großbritannien

Interessanterweise findet sich der größte Unterschied zwischen der Kultur Deutschlands und Großbritanniens auf dem Gebiet der Unsicherheitsvermeidung: Deutschland hat einen Indexwert von 65, Großbritannien hingegen von nur 35 (ebd.: 234). Symptomatisch für diesen kulturellen Unterschied ist eine Beobachtung des britischen Soziologen PETER LAWRENCE, der im Jahr 1980 sichtlich erstaunt und erheitert Folgendes über den deutschen Pünktlichkeitswahn schrieb:

> Wenn man als Ausländer durch Deutschland reist, so fällt einem besonders die Bedeutung der Pünktlichkeit auf, ganz gleich ob sie eingehalten wird oder nicht. Nicht das Wetter, sondern die Pünktlichkeit ist das Gesprächsthema Nr. 1 zwischen fremden Reisenden im Zugabteil. In deutschen Fernzügen liegt in jedem Abteil ein Faltblatt aus, das man als Zugbegleiter bezeichnet und in dem alle Haltestellen mit Ankunfts- und Abfahrtszeiten sowie alle Umsteigemöglichkeiten auf der Strecke angegeben sind. Es ist in Deutschland schon fast ein Nationalsport, nach dem Zugbegleiter zu greifen, sobald der Zug in den Bahnhof einfährt, um mit der Digitaluhr festzustellen, ob der Zug den Fahrplan einhält. Wenn ein Zug Verspätung hat, was tatsächlich vorkommt, so wird dies durch Lautsprecheransagen in einem stoisch-tragischen Ton mitgeteilt. Die schlimmste Art der Verspätung ist die unbestimmte Verspätung (man weiß nicht, wie lange es dauern wird!), und die wird im Tonfall einer Trauerrede bekannt gegeben. (Zit. nach HOFSTEDE 2006: 229)

(5) Langzeit-und Kurzzeit-Orientierung

Die fünfte und letzte Kulturdimension nach HOFSTEDE – die Langzeit- oder Kurzzeitorientierung von Kulturen – ist eine sehr komplexe Kategorie, die in Auseinandersetzung mit dem Konfuzianismus entwickelt wurde. Tatsächlich führen ostasiatische Staaten die Liste des Langzeitorientierung-Indexes an: China, Hongkong, Taiwan, Japan, Vietnam und Südkorea. Die Definition dieser fünften Dimension lautet folgendermaßen: „*Langzeitorientierung steht für das Hegen von Tugenden, die auf künftigen Erfolg hin ausgerichtet sind, insbesondere Beharrlichkeit und Sparsamkeit. Das Gegenteil, die Kurzzeitorientierung, steht für das Hegen von Tugenden, die mit der Vergangenheit und der Gegenwart in Verbindung stehen, insbesondere Respekt für Traditionen, Wahrung des ‚Gesichts' und die Erfüllung sozialer Pflichten."* (ebd.: 292f.)

Wie sich Langzeit- und Kurzzeitorientierung im Geschäftsleben auswirken, zeigt folgende Tabelle:

Langzeit- und Kurzzeitorientierung in der Wirtschaft

Kurzzeitorientierung	Langzeitorientierung
Zu den Hauptwerten am Arbeitsplatz gehören Freiheit, Rechte, Leistung und selbstständiges Denken.	Zu den Hauptwerten am Arbeitsplatz gehören Lernen, Ehrlichkeit, Anpassungsfähigkeit, Verantwortlichkeit und Selbstdisziplin.
Freizeit ist wichtig.	Freizeit ist nicht wichtig.
Die „Bilanz" steht im Mittelpunkt.	Die Marktposition steht im Mittelpunkt.
Man legt Wert auf den Gewinn im laufenden Jahr.	Man legt Wert auf den Gewinn, den man in 10 Jahren macht.
Vorgesetzte und Mitarbeiter psychologisch in zwei Lager geteilt.	Firmeninhaber/Vorgesetzte und Mitarbeiter haben dieselben Ziele.
Meritokratie, Entlohnung nach Fähigkeiten.	Große soziale und wirtschaftliche Unterschiede sind nicht erwünscht.
Persönliche Treuepflichten richten sich nach den Bedürfnissen, die das Geschäft mit sich bringt.	Lebenslange Investition in ein persönliches Netzwerk, *guanxi*.
Langsames bzw. fehlendes Wirtschaftswachstum zwischen 1970 und 2000.	Schnelles Wirtschaftswachstum zwischen 1970 und 2000.
Niedrige Sparquote, wenig Geld für Investitionen.	Hohe Sparquote, Mittel für Investitionen stehen zur Verfügung.
Geld wird in Investmentfonds investiert.	Geld wird in Immobilien investiert.

Abb. 2.6: „Hauptunterschiede zwischen Gesellschaften mit Kurz- und Langzeitorientierung – III: Geschäft und Wirtschaft"; zit. nach HOFSTEDE (2006: 311)

3 Kulturstandards (A. THOMAS)

,Kultur-
standards'

Aus dem Bereich der kulturvergleichenden und interkulturellen Psychologie stammt das von ALEXANDER THOMAS geprägte Konzept der ,Kulturstandards' (vgl. THOMAS 2003 [1993]). Es ist differenzierter als HOFSTEDES, auf fünf Dimensionen fokussiertes Modell, weil zur Bestimmung von Kulturstandards eine Fülle verschiedener Faktoren einbezogen wird. Dabei greift THOMAS auch auf die Ergebnisse bestehender kulturvergleichender Forschung – etwa von HOFSTEDE (2006), E.T. HALL (1959, 1966, 1976) und TROMPENAARS/ HAMPDEN-TURNER (2006 [1993]) – zurück.

Definition

Kultur ist für THOMAS ein Orientierungssystem; Kulturstandards sind zentrale Orientierungsmerkmale in diesem System (vgl. THOMAS 1996: 115). Sie werden folgendermaßen definiert:

DEFINITION

Kulturstandards sind Arten des Wahrnehmens, Denkens, Wertens und Handelns, die von der Mehrzahl der Mitglieder einer bestimmten Kultur für sich und andere als normal, typisch und verbindlich angesehen werden. Eigenes und fremdes Verhalten wird auf der Grundlage dieser Kulturstandards beurteilt und reguliert. (THOMAS 2005: 45)

Ermittlung von
Kulturstandards

Wie werden solche Kulturstandards ermittelt? THOMAS und andere führten Interviews mit Menschen durch, die über langjährige Erfahrung in der interkulturellen Interaktion und Kommunikation verfügten (dabei handelte es sich vorwiegend um Fach- und Führungskräfte). Die Materialbasis ist damit also konkretes Erfahrungswissen. Ausgehend von der Analyse und dem Vergleich der Erlebnisschilderungen wurden beispielsweise folgende zentrale Kulturstandards für Deutschland, China und die USA identifiziert (vgl. THOMAS 2005: 46f.):

deutsche Kulturstandards	chinesische Kulturstandards	US-amerikanische Kulturstandards
• Sachorientierung • Regelorientierung • Zeitplanung • Trennung von Persönlichkeits- und Lebensbereichen • ‚schwacher Kontext' als Kommunikationsstil • Individualismus	• Danwei-System (Clan- und Cliquenbeziehung) • Hierarchieorientierung • List und Taktik • Soziale Harmonie • Guanxi-System (Beziehungsnetzwerke) • Bürokratie • Etikette	• Patriotismus • Gleichheitsdenken • Gelassenheit (‚easy going') • Handlungsorientierung • Leistungsorientierung • Individualismus • Bedürfnis nach sozialer Anerkennung • Interpersonale Distanzminimierung • zwischengeschlechtliche Beziehungsmuster (dating)

Abb. 2.7: Deutsche, chinesische und US-amerikanische Kulturstandards nach A. THOMAS

Im Zentrum von THOMAS' Theorie interkultureller Kompetenz steht das Konzept des ‚interkulturellen Handelns'. Handlungen werden definiert als „Formen des Verhaltens, die dadurch charakterisiert sind, daß sie bewußt, zielgerichtet, erwartungsgesteuert, motiviert und reguliert sind." (THOMAS 1996: 115) Effektives Handeln in kulturellen Überschneidungssituationen beruht THOMAS zufolge auf der Kenntnis der fremden Kulturstandards. Durch interkulturelles Lernen werden diese Standards vermittelt. THOMAS und seine Mitarbeiter haben daher verschiedene Trainingsprogramme entwickelt, wie etwa bestimmte Formen des *Culture Assimilator* (vgl. dazu auch das Beispiel in Kap. 6.2).

Interkulturelles Handeln

ALEXANDER THOMAS hat das Zusatzstudium „Interkulturelle Handlungskompetenz" an der Universität Regensburg mitbegründet. Dabei handelt es sich um einen zweisemestrigen Studiengang, der Studierende aller Fächer durch Hintergrundwissen und Übungen auf internationale Kooperation in der Arbeitswelt und Auslandsaufenthalte vorbereitet (http://www.uni-regensburg.de/Fakultaeten/phil_Fak_II/Psychologie/SIH/frame.htm). Für weitere Studiengänge im Bereich ‚interkulturelle Kompetenz' vgl. die Liste im Anhang.

Studiengang

LITERATURTIPP

Länderspezifische Führer und Trainingsprogramme
Vergnüglich zu lesen und empfehlenswert für den Erwerb von Grundlagen-
wissen über die unterschiedlichen Gepflogenheiten bestimmter Kulturen ist
die Kulturschock-Reihe des Reise Know-How Verlags – *z.B. der Band über*
Indien:

KRACK, RAINER: KulturSchock Indien. *8. Aufl. Bielefeld: Reise Know-How Ver-*
lag 2004 [1987].

Sehr empfehlenswert für alle, die beruflich für längere Zeit ins Ausland gehen,
ist die von ALEXANDER THOMAS *herausgegebene Reihe* Handlungskompetenz
im Ausland, *in der Bände zu Südkorea, Indien, Russland, Japan, Großbritan-*
nien, Mexiko, den USA, Thailand und vielen anderen Ländern erschienen sind.
Beispielhaft genannt sei der Band zu China:

THOMAS, ALEXANDER und EBERHARD SCHENK: Beruflich in China. Trainingsprogramm für Manager, Fach- und Führungskräfte. *Göttingen: Vandenhoeck &*
Ruprecht 2001.

In diesem Kapitel geht es in erster Linie um Selbstreflexivität als kognitive Teilkompetenz interkultureller Kompetenz. Ziel ist es, den Lesern bewusst zu machen, wie ihre eigene Kultur sie prägt und ihr Denken und Handeln sowie ihre Bilder vom Eigenen und Fremden vorformt. Es geht damit um eine Kernkompetenz und um ein Hauptziel bei der Beschäftigung mit Interkulturalität, sich nämlich „der Beschaffenheit des eigenkulturellen Orientierungssystems, die keinesfalls universal ist, bewusster zu werden." (SUGITANI 2003: 210)

Selbstreflexivität als kognitive Teilkompetenz

Das erste Teilkapitel („Wie Kulturen Wissen erzeugen") ist eine kognitionstheoretisch ausgerichtete Einführung in den Zusammenhang von Kultur und Wissen. Warum ist Wirklichkeit nicht gegeben, sondern kulturspezifisch? Was sind und welche Rolle spielen Schemata bei unserer Begegnung mit Fremdem? Das zweite Teilkapitel widmet sich dem Wissen über das Eigene und das Andere als einem wichtigen Teilbereich des kulturellen Wissens. Es geht um „Identität und Interkulturalität", um die Bedeutung, die interkulturelle Begegnungen für unsere Vorstellungen von uns selbst und von anderen Kulturen haben, sowie um die Frage, welche Rolle stereotype Selbst- und Fremdbilder – als Formen eines hochgradig schematisierten und ‚erstarrten' Wissens – in der interkulturellen Interaktion spielen.

Aufbau

1 Wie Kulturen Wissen erzeugen

Auch wenn wir das in Europa häufig glauben: ‚Wissen' ist nicht universal, also überall auf der Welt gleichermaßen gültig, sondern vielmehr in hohem Maße kulturspezifisch. Wissen ist immer ‚kulturelles Wissen'. Die Frage, wie dieses Wissen erzeugt wird, ist Gegenstand dieses Teilkapitels. Dazu unternehmen wir einen kleinen Ausflug in die Kognitionstheorie: Es wird um menschliche Wahrnehmung, kognitive Schemata und verschiedene Wissenssysteme gehen.

Wissen als kulturelles Phänomen

1 Die Vielfalt kultureller Wirklichkeiten

Wir haben ‚Kultur' in Kapitel 2 zwar bereits als ‚kollektive Konstruktion der Wirklichkeit' definiert, sind aber noch nicht genauer darauf eingegangen, warum Wirklichkeiten denn überhaupt ‚Konstrukte' sind. Die äußere Realität ist zwar gegeben, sie ist aber in ihrer Gesamtheit so vielfältig, chaotisch und kontingent (d.h. zufäl-

Wirklichkeit als Konstruktion

lig, nicht notwendig), dass sie für den Menschen zunächst kaum verstehbar ist. Sie muss daher auf eine bestimmte Weise ‚zugerichtet' werden. Die Auswahl von einigen Aspekten der Realität und die Zuweisung von Bedeutung gehören zu den Grundoperationen dieser Konstruktionsarbeit, aus der dann ‚Wirklichkeiten' entstehen – Wirklichkeiten, die sich von Ort zu Ort und von Gruppe zu Gruppe stark voneinander unterscheiden können, selbst wenn sie auf demselben ‚Material' basieren. Die ‚Realität' mag also kulturunabhängig gegeben sein, aber was daraus ‚gemacht' wird, ist hochgradig kulturspezifisch. Kulturelle Standardisierung (vgl. Kap. 2.1.2) ist das Verfahren, durch das ‚Realität' in ‚kulturelle Wirklichkeit' transformiert wird; und Kulturstandards (vgl. Kap. 2.3) sind das Ergebnis. Diese zunächst sehr abstrakt anmutenden Überlegungen werden im Folgenden anhand von einigen Beispielen näher erläutert.

Selektivität der Wahrnehmung: Beispiel ‚Einkaufsmeile'

Das, was uns alltäglich als ‚Realität' begegnet, ist in seiner Gesamtheit für die menschliche Wahrnehmung gar nicht erfassbar. Man stelle sich nur eine Minute auf einer belebten Einkaufsstraße vor: Gespräche von vorbeigehenden Passanten (womöglich in verschiedenen Sprachen), Musik, die aus einem Laden für junge Mode dringt, Gerüche aus dem Bäckerladen und von der Würstchenbude, die Leuchtreklame eines großen Kaufhauses, die von Tierschützern hingehaltenen Informationsbroschüren, der eisige Wind – hunderte von möglichen Sinnesreizen strömen auf uns ein, die wir theoretisch wahrnehmen könnten (einmal ganz abgesehen von all jenen Reizen, die zur äußeren Realität gehören, aber die wir wahrzunehmen nicht imstande sind, wie bestimmte Schallfrequenzen, die Fledermäuse hören, oder Teile des Lichtspektrums, das nur Schmetterlinge sehen). Doch es ist unmöglich, all dies gleichzeitig wahrzunehmen. Psychologen gehen davon aus, dass wir nur fünf bis sieben bedeutungtragende Informationseinheiten (*chunks*) gleichzeitig in unserem Arbeitsgedächtnis halten können. Daher müssen wir auswählen, d. h. eine ‚Selektion' vornehmen – sozusagen einen Filter vor unseren Wahrnehmungsapparat setzen. Je nachdem, wer in der Fußgängerzone steht, wird etwas anderes wahrnehmen: *fashion addicts* das Modekaufhaus, Hundehasser den Dobermann, Hungrige die Würstchenbude, Sprachwissenschaftler den arabischen Dialekt. Die Beispiele zeigen auch schon unsere Auswahl- bzw. Selektionsmechanismen: Vorlieben (z.B. Mode), Erfahrungen (z.B. ein Hundebiss), aktueller Zustand/Befindlichkeiten (z.B. Hunger), Wissen (z.B. Fremdsprachen).

Dass die Realität, die uns umgibt, nicht nur in ihrer Gänze unerfassbar, sondern oft auch mehrdeutig ist, kann am Beispiel von Umkehr- oder Vexierbildern gezeigt werden. Unten abgebildet ist das vielleicht bekannteste Beispiel für ein Vexierbild: die so genannte ‚Rubin'sche Vase'. Auf der Abbildung sieht man entweder eine weiße Vase (in der Mitte) oder zwei sich anblickende schwarze Gesichter (an den Rändern des Bildes). Dieses ‚Umspringen' der Wahrnehmung macht uns die Mehrdeutigkeit von Reizmustern bewusst: Ein einziges Bild kann zu mehreren Interpretationen führen. Der gleiche Gegenstand kann auf verschiedene Weise wahrgenommen werden, je nachdem, auf welche Bildelemente wir uns konzentrieren (Auswahl) und welche Schemata wir bei der Betrachtung zugrunde legen (Organisation). Auf den Begriff des ‚Schemas' werden wir unten noch näher eingehen. An dieser Stelle genügt es zu bemerken, dass man ein ‚Konzept' von Vasen im Kopf haben muss, um das mittlere Bild zu erkennen. Menschen aus ‚vasenlosen' Kulturen oder aus Kulturen, in denen Vasen immer viereckig aussehen, würden daher wahrscheinlich kein Vexierbild wahrnehmen.

> Mehrdeutig-
> keit der Rea-
> lität: Beispiel
> ‚Rubin'sche
> Vase'

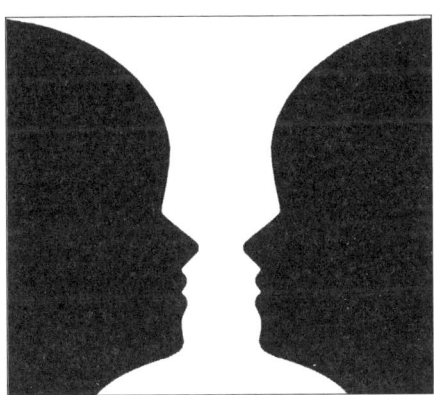

Abb. 3.1: Die „Rubin'sche Vase"

Ein gutes Beispiel für die Kulturspezifik der Wahrnehmung führt JÜRGEN BOLTEN (2003: 25) an: Bei Abb. 3.2 handelt es sich um eine Werbung für Kopfschmerztabletten. In Europa muss der Weg vom Schmerz zur Erleichterung von links nach rechts beschrieben werden. In den arabischen Ländern (in denen von rechts nach links geschrieben und gelesen wird) hingegen würde diese Anordnung dem Verkauf des Produkts jedoch kaum zuträglich sein. Hier muss die Abfolge der Smileys daher umgekehrt werden.

> Kulturspezifik
> von Wahrneh-
> mung: Beispiel
> ‚arabische vs.
> europäische'
> Leserichtung

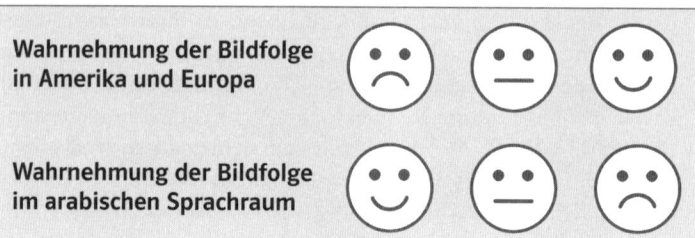

Abb. 3.2: „Wahrnehmung der Bildfolge bei Kopfschmerzmittelwerbung"
(in: BOLTEN 2003: 25)

2 Kulturspezifische Schemata

Wissens-
strukturen

Wie das im vorangegangenen Teilkapitel angeführte Beispiel einer
‚Minute auf der Einkaufsstraße' zeigt, basieren die Selektion und
Deutung von Sinneseindrücken – und damit letztlich unsere Perspektive auf und Interpretation von Realität – maßgeblich auf Erfahrung und Wissen. Neben den oben erwähnten, individuell höchst
unterschiedlichen Erfahrungen, Vorlieben und Wissensvorräten
(vom Hundebiss bis zur Fremdsprachenkenntnis), die jeder Mensch
in die Begegnung mit der Realität einbringt (als deren Teilbereich
die interkulturelle Begegnung ja zu begreifen ist), gibt es auch
kollektiv-kulturelle Wissensstrukturen: Dazu gehören kulturspezifische Wahrnehmungsweisen (etwa Leserichtungen), Konzepte von
Dingen und Phänomenen (wie etwa einer Vase oder auch einer gut
erzählten Geschichte), von Verhaltensweisen und Vorgängen (wie
etwa einem Besuch im Restaurant und dem Bestellen eines Menüs).

Schemata

Solche mentalen Wissensstrukturen, die bestimmte Aspekte der
Realität in abstrakter und generalisierter Form repräsentieren, werden in der Psychologie als ‚Schemata' bezeichnet. Schemata werden
durch Erfahrung, im Rahmen der Sozialisation erworben. Sie reduzieren Komplexität und leiten unsere Wahrnehmung in bestimmte
Bahnen. Schemata sind Bestandteile komplexer Netzwerke und
durch Assoziationsketten miteinander verbunden.

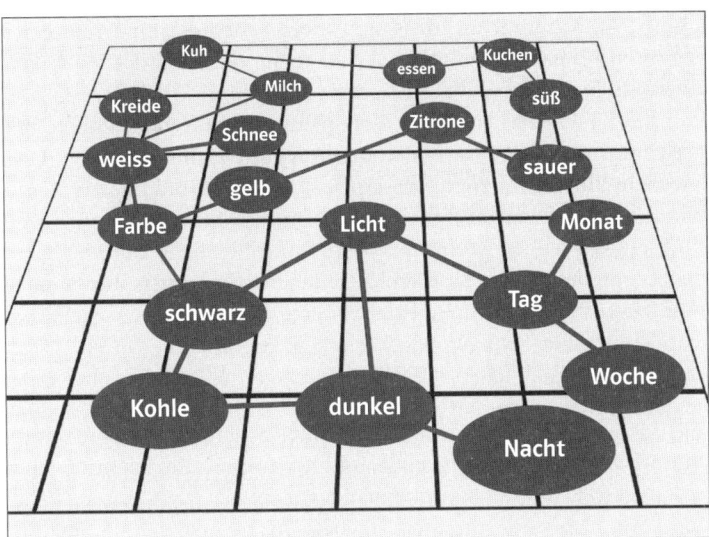

Abb. 3.3: Beispiel für ein semantisches Netzwerk

Darauf, dass Schemata stets kulturspezifisch sind, hat zuerst FREDE-RIC BARTLETT in seinem Buch *Remembering* (1932) hingewiesen – und zwar am Beispiel einer mediatisierten interkulturellen Begegnung: Er gab seinen Versuchspersonen eine fremdartige Geschichte, die den westlichen Vorstellungen von einer ‚gelungenen Erzählung‘ in vieler Hinsicht widersprach. In der Indianergeschichte *The War of the Ghosts* fanden sich viele magische Elemente, und die Erzählstruktur musste den an europäischen Erzähltraditionen geschulten Probanden unzusammenhängend und unlogisch erscheinen. Die Versuchspersonen wurden dann dazu aufgefordert, die Geschichte schriftlich nachzuerzählen, und tatsächlich fanden sich in den Nacherzählungen zahlreiche Fehler: Die magischen Elemente und unplausibel erscheinende Details wurden einfach ausgelassen, während nach westlichen Maßstäben ‚plausible‘ Details zusätzlich eingefügt wurden. Das, was in vorhandene kulturspezifische Schemata nicht passen wollte, wurde also ‚passend gemacht‘. BARTLETT sprach in diesem Zusammenhang von einem *effort after meaning*, dem Versuch, Sinn zu konstruieren, auch und insbesondere angesichts ‚sinnloser‘ Erfahrung mit kulturell Fremdartigem.

Kulturspezifik von Schemata (FREDERIC BARTLETT)

Wie genau hängen nun kulturspezifische Schemata und interkulturelle Kompetenz zusammen? JÜRGEN BOLTEN weist auf zwei Richtungen hin, die die Entwicklung unserer Denkstrukturen nehmen

Schemata und interkulturelle Kompetenz

57

kann: „Man nimmt an, dass sich diese Schemata im Laufe eines Lebens (a) ‚einschleifen‘ und (b) zu mehr oder minder stark verzweigten Netzwerken herausbilden. Ersteres geschieht auf Grund von immer wiederkehrenden Erfahrungen, während letzteres mit der Erfahrungsvielfalt zusammenhängt, der wir uns aussetzen. Dies hat nicht zuletzt einen großen Einfluss auf den Grad unserer Flexibilität und Toleranzfähigkeit: Je vielfältiger unsere Erfahrungen sind, desto weniger ‚verhärtet‘ (und damit flexibler) sind die Schemata, mit denen wir agieren. Machen wir hingegen nur wenige (und immer die gleichen) Erfahrungen, verhärten sich die Schemata, mit denen wir Wirklichkeiten interpretieren. Unsere Interpretationsmöglichkeiten sind dann geringer, sodass wir eher dazu neigen, Unbekanntes entweder gar nicht zu tolerieren oder es ‚stereotyp‘ bzw. ‚falsch‘ einzuordnen." (BOLTEN 2003: 31) Dies ist die kognitionstheoretische Erklärung für einen Sachverhalt, der im Alltag wohl jedem bereits aufgefallen ist: Je mehr Erfahrungen Menschen machen, je häufiger sie mit fremden Menschen, Orten und Situationen konfrontiert werden, desto besser können sie in der Regel auch mit Fremdheit umgehen. „Interkulturelle Kompetenz hängt folglich auch mit der Vielfalt der eigenen Fremdheitserfahrungen zusammen." (ebd.)

Schemata und Migration

Eine wichtige Frage, die sich aus der Einsicht in die Kulturspezifik von Schemata ergibt, ist die Frage nach der Entwicklung von interkultureller Kompetenz bei Migranten. Tatsächlich erwerben gerade die Kinder von Einwanderern – also die so genannte ‚Zweite Generation‘ – im Verlauf ihrer Sozialisation zwei unterschiedliche, im Detail nicht selten konkurrierende oder sich gegenseitig ausschließende Wissensstrukturen. Auf welchen kulturellen Wissensvorrat wird bei der Problemlösung zugegriffen, etwa wenn es um die Partnerwahl, um die Wichtigkeit von Werten wie Familienehre oder um Essensgebote und -verbote geht? Auf die Schemata der elterlichen Herkunftskultur oder auf die aus derjenigen Kultur, in der man aufgewachsen ist? Generationenkonflikte sind bei Personen mit einem Migrationshintergrund oft zugleich interkulturelle Konflikte: Eltern und Kinder greifen bei ihrer Interpretation der Wirklichkeit und ihren Handlungsentscheidungen auf unterschiedliche Vorräte kultureller Schemata zurück.

3   Formen von kulturellem Wissen

Kulturelles Wissen kann man zunächst unterteilen in (1) Wissen über die eigene Kultur und deren Wirklichkeitsbild und (2) Wissen über fremde Kulturen und deren Wirklichkeitsbilder. Ersteres nennen wir eigenkulturelles Wissen, letzteres fremdkulturelles Wissen. Auf beiden Ebenen (der eigen- und der fremdkulturellen) ist weiterhin zwischen bewussten und unbewussten – bzw. expliziten und impliziten – Formen des Wissens zu unterscheiden:

Eigenkulturelles und fremdkulturelles Wissen

Explizites Wissen ist das uns bewusste Faktenwissen: Wir wissen, dass die Erde rund ist, dass das Jahr 365 Tage hat und dass Goethe ein deutscher Dichter war. Es geht also stets um ‚wissen, dass‘ (*knowing that*). Mangelndes explizites fremdkulturelles Wissen kann bei Auslandsaufenthalten zu Problemen oder zumindest unangenehmen Situationen führen, etwa wenn man nicht weiß, dass man in den USA Trinkgelder von ca. 15 % gibt (und dies niemals in kleinen Münzen). Interkulturelle Kompetenz, die auf explizitem Wissen über fremde Kulturen basiert, kann durch Handbücher und so genannte informatorische Trainings erworben werden, in denen die Leser bzw. Teilnehmer beispielsweise mit den amerikanischen Kulturstandards vertraut gemacht werden (vgl. dazu Kap. 6.2).

Explizites Wissen

Implizites bzw. prozedurales Wissen ist das nicht bewusstseinspflichtige *tacit knowledge*. Es geht dabei um ‚wissen, wie‘ (*knowing how*). Wir wissen, wie man ein Rad fährt, sich die Schnürsenkel zubindet, einem Gegenüber zur Begrüßung die Hände schüttelt oder im Restaurant das Besteck korrekt benutzt. Implizites Wissen ist Norm- und Handlungswissen. Vieles, was zunächst explizites Wissen ist, taucht mit der Zeit ab in den impliziten Bereich und wird automatisiert. Man gibt beispielsweise in amerikanischen Restaurants ein Trinkgeld in bestimmter Höhe, ohne weiter darüber nachzudenken. Umgekehrt kann implizites Wissen natürlich auch (wieder) explizit gemacht werden, indem man seine Aufmerksamkeit darauf richtet. Genau dies ist sehr wichtig, wenn es um implizites Wissen im fremdkulturellen Bereich geht. Denn meist ist unser *tacit knowledge* über fremde Kulturen durchzogen von uns gar nicht bewussten stereotypen Vorstellungen (vgl. dazu Kap. 3.2.4). Um interkulturelle Kompetenz gerade auf dem Gebiet des unbewussten Norm- und Handlungswissens zu erwerben, ist Auslandserfahrung unabdingbar. Eine Simulation von Situationen des Kulturkontakts findet in so genannten interaktiven Trainings statt,

Implizites Wissen

in denen man beispielsweise Rollenspiele durchführt (vgl. auch die Unterscheidung verschiedener Trainingsformen in Kap. 6.2).

	Kulturelles Wissen	
	explizites Wissen	implizites Wissen
	= ‚wissen, dass' (*knowing that*)	= ‚wissen, wie' (*knowing how*)
... im eigenkulturellen Bereich	Weltwissen (z.B. „die Erde ist rund")	unbewusstes Norm- und Handlungswissen
... im fremdkulturellen Bereich	• Wissen über fremde Kulturstandards und Kommunikationsformen	• in fremdkulturellen Kontexten gültiges, unbewusstes Norm- und Handlungswissen • Stereotype

Abb. 3.4: Formen von kulturellem Wissen

Wissen und Verstehen

Wissen ist jedoch nicht automatisch mit ‚Verstehen' gleichzusetzen. Das gilt gerade für den Bereich der interkulturellen Interaktion. Man kann beispielsweise alle Standards der chinesischen Kultur kennen – und nichts davon verstehen. Doch, so der Philosoph THOMAS GÖLLER (2003: 176), „erst dann, wenn jemand etwas interkulturell in *adäquater* Weise versteht bzw. verstanden *hat*, kann man von ihm behaupten, er sei interkulturell *kompetent*". In noch viel höherem Maße als das bei dem Erwerb von Wissen ohnehin schon der Fall ist, ist Verstehen mit emotionalen Aspekten verknüpft. Interkulturelles Verstehen basiert auf Empathiefähigkeit und der Fähigkeit zum Perspektivwechsel. Es beruht auf einer Verbindung von kognitiven und affektiven Teilkompetenzen der interkulturellen Kompetenz.

Fremdverstehen durch Literatur

Vertreter der interkulturellen Fremdsprachendidaktik betonen die wichtige Rolle, die literarische Werke für das Verstehen fremder Kulturen spielen können (vgl. BREDELLA 2002). So kommen beispielsweise in den Romanen von SALMAN RUSHDIE, ARUNDHATI ROY oder JHUMPA LAHIRI verschiedene Facetten indischer Erfahrungsräume zur Darstellung – Innenwelten, in die man im Rahmen eines informatorischen Trainings, aber auch durch einen Auslandsaufenthalt so vielleicht nie Einblick erhalten hätte. Aber wie für jedes Element der materialen Dimension von Kultur (vgl. Kapitel 2.1.3), so gilt für literarische Fiktionen in ganz besonderem Maße, dass es sich dabei wohl um ‚Ausblickspunkte' auf die jeweiligen Kulturen handeln kann, solche Texte jedoch niemals mit diesen Kulturen gleichzusetzen sind.

2 Identität und Interkulturalität

Während ‚Identität' als das Bild vom Eigenen definiert werden kann, handelt es sich bei ‚Alterität' um das Bild vom Anderen, beispielsweise von Angehörigen fremder Kulturen (vgl. ALBRECHT/ WIERLACHER 2001). Identität und Alterität sind eng aufeinander bezogen. Erst über die Abgrenzung von anderen entwickeln wir unser Selbstbild. ‚Ich' ist in vieler Hinsicht also das, was ‚der Andere' *nicht* ist. Die Fragen, die in diesem Kapitel im Zusammenhang mit Identität und Interkulturalität gestellt werden, lauten: Wie wird Identität in kulturellen Kontexten erzeugt? Welche Gefahren und welche Chancen bieten interkulturelle Begegnungen für die Entwicklung von Identitäten? Wie genau verläuft die Anpassung an eine fremde Kultur, etwa während eines längeren Auslandsaufenthalts? Und welche Rolle spielen Stereotype bei der Konstruktion von kultureller Identität und Alterität?

Identität – Alterität

1 Die kulturelle Konstruktion von Identität

Individuelle Identität lässt sich gemäß sozialpsychologischen Identitätstheorien nicht als *„Eigenschaft im Sinne eines dauerhaften Besitzes"* (FREY/HAUSSER 1987: 11) auffassen, sondern ist „bestenfalls greifbar als momentaner, aber höchst fluktuierender Zustand" (ebd.). Bei Identitätsentwicklung handelt es sich somit um einen lebenslangen Prozess. Identität macht Individuen erst handlungs- und interaktionsfähig und wird zugleich in Interaktionen immer wieder neu abgesteckt und ausgehandelt. Interagierend stellt das Individuum fortwährend seine Identität gegenüber den Interaktionspartnern dar und reagiert psychisch wie handelnd auf die Identitätsentwürfe, die an es herangetragen werden: „Subjekte arbeiten (indem sie handeln) permanent an ihrer Identität." (STRAUS/HÖFER 1997: 273)

Interaktiv erzeugte Identität

Zwar betonen Vertreter der sozialpsychologischen Identitätstheorie, dass Identität potentiell in *jeder* Interaktion neu ausgehandelt und neu definiert werden muss, aber in bestehenden sozialen

Stabilisierende Faktoren

Strukturen sind die Reaktionen der (oft sogar vertrauten) Interaktionspartner für das Individuum bis zu einem gewissen Grad in der Regel durchaus vorhersagbar. Wenn das Individuum in der bekannten familiären oder beruflichen Umgebung oder auch im Freundeskreis über einen längeren Zeitraum hinweg identische oder doch zumindest ähnliche Rückmeldungen über die eigene Identität erhält, dann kann sich das Selbstbild verfestigen. Neben der Stabilität, welche die Identität durch die Einbindung in bestehende soziale Netzwerke erhält, liefert auch die Vertrautheit mit den Kommunikationsstrategien in der eigenen Kultur einen Beitrag zur Stabilisierung der Identität. Sie macht die Reaktionen der Interaktionspartner auf die eigenen Identitätsentwürfe zumindest partiell vorhersagbar.

Kultur und Identität

Die Identität jedes Individuums ist zu einem beträchtlichen Grad durch dessen kulturelle Herkunft geprägt, wenngleich natürlich jedes Individuum die kulturellen Einflüsse in eigener Weise verarbeitet. Die kulturelle Prägung ist dem Individuum in der Regel freilich so lange nicht bewusst, wie es lediglich von Angehörigen der eigenen Kultur umgeben ist. Kulturelle Faktoren sind in diesem Fall kein Differenzkriterium, und folglich wird auch weder die Prägung der Identität durch die Kultur noch der Einfluss der Kultur auf die Interaktionsmuster hinterfragt. In interkulturellen Begegnungen wird der eigene kulturelle Hintergrund jedoch zum Differenzkriterium und zu einem Gegenstand des Aushandelns von Identität: „Menschen sind sich der Kulturbedingtheit ihres Wahrnehmens, Interpretierens und Handelns im eigenkulturellen Umfeld selten bewusst. Meist fällt uns erst im Ausland auf, wie sehr die Kultur unser Denken und Handeln prägt." (Wiechelmann 2006: 325)

Kultur als identitätsstabilisierender Faktor

Identifikationen seitens des Individuums mit Gruppen, sei es mit einer Berufsgruppe oder mit einem Sportverein, stellen einen wesentlichen Aspekt menschlicher Identität dar und bilden vor allem einen identitätsstabilisierenden Faktor. Dies kann auch für die Zugehörigkeit zu einer Kultur gelten. Mit anderen Worten, die Kultur kann als „identitätsstiftendes Orientierungssystem" (Kumbier/ Schulz von Thun 2006: 33) fungieren: „Es definiert Zugehörigkeit; es reguliert das Verhalten der Kulturmitglieder; und es strukturiert deren Wahrnehmung und Deutung der Umwelt" (ebd.). Gerade wenn es in interkulturellen Begegnungen zu Problemen und zu Verunsicherungen der Identität kommt, kann der Rückgriff auf die kulturelle Selbstdefinition eine Stabilisierung der Identität versprechen, selbst wenn innerhalb der vertrauten Umgebung Kultur häufig keinen identitätsrelevanten Faktor darzustellen scheint.

2 Interkulturelle Begegnung als Chance für Identität

Interkulturelle Begegnungen stellen eine besondere Herausforderung an die individuelle Identität dar. In der Interaktion mit Angehörigen anderer Kulturen oder durch das Leben in einer unbekannten Kultur lernen Individuen andere Seiten ihrer Persönlichkeit kennen und sehen bisherige Selbstdefinitionen relativiert oder sogar grundsätzlich in Frage gestellt. Diese Erfahrung kann zu einer Verunsicherung oder zu einer Krise der Identität führen; die interkulturelle Begegnung kann aber auch eine Chance für die Identitätsentwicklung darstellen. Interkulturelle Begegnungen als Chance für die Identitätsentwicklung zu begreifen und zu erleben und nicht als Bedrohung ist ein Ausdruck von interkultureller Kompetenz seitens des Individuums und befähigt es zu erfolgreichem interkulturellen Handeln. Es ist insbesondere die affektive Teilkompetenz, die bei einem produktiven Umgang mit den potentiell verunsichernden oder sogar identitätsgefährdenden Aspekten interkultureller Begegnungen zum Tragen kommt. Um die möglichen Auswirkungen interkultureller Kontakte auf die Identität genauer fassen zu können, ist es erforderlich, sich zu vergegenwärtigen, wie Identitätsentwicklung bei interkulturellen Begegnungen verläuft.

Interkulturelle Begegnungen und Identität

Bei einem intensiven Kontakt mit einer anderen Kultur fehlen dem Individuum nicht nur die vertrauten sozialen Netzwerke, sondern darüber hinaus sind die Reaktionen der Interaktionspartner nicht im gleichen Maße vorhersagbar wie in der eigenen Kultur, „denn wer in eine andere Kultur geht, wird nicht nur mit anderen Gebräuchen konfrontiert, sondern auch mit vollkommen anderen Rückmeldungen über sich selbst" (KUMBIER/SCHULZ VON THUN 2006: 26). Dies hat zur Folge, dass das Aushandeln der Identität zu einem Prozess wird, der weitaus stärkere Anforderungen an das Individuum stellt als das alltägliche Aushandeln der Identität in der vertrauten Umgebung, das oft ohne größere Konflikte und Anstrengungen verläuft. In einer Umgebung, die einem Menschen nicht vertraut ist, können nun auch „weniger vertraute Seiten der eigenen Person zum Vorschein kommen" (HOPPE 2006: 175). Dies kann eine positive Erfahrung sein, wird aber vom Individuum zumeist wohl eher negativ erlebt: „Das Eintauchen in eine fremde Kultur führt also nicht nur im zwischenmenschlichen Bereich zu Irritatio-

Infragestellung der Identität

nen und Missverständnissen, sondern geht auch einher mit einer Verunsicherung über die eigene Person." (ebd.)

Identitäts-komponenten

Interkulturelle Erfahrungen wirken sich auf die unterschiedlichen Komponenten menschlicher Identität aus, auf die kognitive Komponente (Selbstbild), die emotionale Komponente (Selbstwertgefühl) und die motivationale Komponente (Kontrollüberzeugung, d.h. die Überzeugung, das eigene Handeln steuern zu können). Diese Auswirkungen lassen sich wie folgt generalisierend beschreiben:

Kognitive Komponente

Die Auseinandersetzung mit einer anderen Kultur legt ein Revidieren der bisherigen Selbstdefinition, der kognitiven Komponente der Identität, nahe, denn „[d]as eigene Selbstbild ist aus der Auseinandersetzung mit der eigenen Kultur erwachsen. Es ist entstanden durch die Positionierung in der eigenen Kultur und durch die Rückmeldungen des sozialen Umfeldes" (HOPPE 2006: 176). Dies gilt sicherlich in besonderem Maße für einen Aufenthalt im Ausland, aber unter Umständen auch für Begegnungen mit Menschen aus anderen Kulturen, die sich innerhalb der eigenen Gesellschaft abspielen. Insbesondere durch die kognitive Teilkompetenz der interkulturellen Kompetenz, vor allem durch Selbstreflexivität, können die erforderlichen Anpassungsleistungen bezüglich des Selbstbildes geleistet werden.

Emotionale Komponente

Die emotionale Komponente der Identität kann durch interkulturelle Begegnungen ebenfalls betroffen sein. Aspekte der Persönlichkeit, die in der eigenen Kultur auf positive Resonanz stoßen oder die zumindest neutrale Reaktionen hervorrufen, können beispielsweise plötzlich Ablehnung provozieren. Damit wird das Individuum nicht nur potentiell hinsichtlich seines Selbstbildes verunsichert, sondern auch im Hinblick auf das Selbstwertgefühl, d.h. „[d]ie emotionale Einschätzung des eigenen Selbstkonzepts im Sinne zum Beispiel von Stolz oder Scham, von Überlegenheit und Unterlegenheit, von Wohlbefinden und Selbstzufriedenheit, Selbstakzeptierung und Selbstachtung" (FREY/HAUSSER 1987: 20). Die affektive Teilkompetenz der interkulturellen Kompetenz, Komponenten wie Ambiguitätstoleranz und Frustrationstoleranz, tragen dazu bei, ungewohnte Rückmeldungen auf die interaktiv dargestellte eigene Persönlichkeit nicht als Gefährdung des Selbstwertgefühls, sondern als positive Herausforderung für die Identitätsentwicklung zu empfinden.

Schließlich können die Erfahrung fehlender Vorhersagbarkeit von Reaktionen und interkulturelle Kommunikationsprobleme sich auch negativ auf die motivationale Komponente der Identität – oder Kontrollüberzeugung – auswirken, d.h. auf die „generalisierte Haltung, die eigene Lage beeinflussen zu können oder ihr ausgeliefert zu sein, persönliche Pläne umsetzen zu können oder hilflos zu sein, mit der Zukunft rechnen oder sie nicht vorhersehen zu können" (FREY/HAUSSER 1987: 20). Bezüglich der Kontrollüberzeugung erweist sich insbesondere die pragmatisch-kommunikative Teilkompetenz der interkulturellen Kompetenz als zentral. Ist man sich der Kulturgebundenheit von Kommunikationsmustern bewusst und verfügt man über ein Repertoire von Strategien zur Bewältigung von Problemen, die in interkultureller Kommunikation auftreten können (vgl. Kap. 5), dann wird sich dies positiv auf die Kontrollüberzeugung auswirken: Nicht nur in der eigenen Kultur, sondern auch in interkulturellen Kontexten steht man Situationen nicht hilflos gegenüber, sondern kann sie handelnd im gewünschten Sinne beeinflussen.

Motivationale Komponente

Jene Faktoren, die in interkulturellen Begegnungen eine Verunsicherung der Identität hervorrufen können, sind paradoxerweise zugleich die Faktoren, die eine Chance für die Identitätsentwicklung darstellen. Wenn es Individuen gelingt, trotz der größeren Anforderungen in interkulturellen Begegnungen ihre Identität erfolgreich auszuhandeln, dann kann dies einen erheblichen qualitativen Zugewinn für die Identität bedeuten. Eine in interkultureller Interaktion ausgehandelte Identität basiert tendenziell auf einem besonders hohen Maß an Ambiguitätstoleranz, d.h. der Fähigkeit, auch widersprüchliche Rückmeldungen produktiv in die Identität zu integrieren. Ambiguitätstoleranz, eine Komponente der affektiven Teilkompetenz interkultureller Kompetenz, gilt aber auch grundsätzlich als Voraussetzung für Identitätsentwicklung, erfordert doch jedes Aushandeln von Identität eine Integration sehr stark divergierender Aspekte. Im interkulturellen Kontext ist Ambiguitätstoleranz in besonders starkem Maße gefordert; ihre Ausbildung wird aber auch durch die für interkulturelle Interaktion spezifischen Konstellationen in besonderem Maße gefördert. Ebenso wie interkulturelle Kommunikationsprobleme sich negativ auf die motivationale Komponente der Identität – die Kontrollüberzeugung – auswirken, kann erfolgreiches interkulturelles Handeln die Kontrollüberzeugung stärken.

Chance für die Identität: Ambiguitätstoleranz

Dauer des Kontakts

Interkulturelle Kontakte können flüchtiger und punktueller Natur sein, etwa bei einem Urlaub im Ausland oder bei einer zufälligen Begegnung mit einem Ausländer im eigenen Heimatland, oder sich über einen längeren Zeitraum erstrecken, weil man z.b. längere Zeit im Ausland studiert oder arbeitet oder auch weil man in einer interkulturellen Partnerschaft lebt. Es versteht sich von selbst, dass ein interkultureller Kontakt, der sich über einen längeren Zeitraum erstreckt, weitaus größere Herausforderungen an die Identität des Individuums stellt und unter Umständen zu einer recht gründlichen Neudefinition des eigenen Selbstbildes Anlass geben kann. Aber auch eher flüchtige interkulturelle Kontakte sollten als Möglichkeit gesehen werden, die eigene Identität kritisch selbstreflexiv weiterzuentwickeln.

Antizipation von Identitätsverunsicherung

Ein erster wichtiger Schritt in Richtung interkultureller Kompetenz besteht darin, die Verunsicherung der eigenen Identität, die bei interkulturellen Kontakten zu erwarten ist, zu antizipieren: „Eine Antizipation dieser Konflikte bereits vor der Ausreise kann die Bedrohung des eigenen Wertesystems und der eigenen Identität als weniger verunsichernd wirken lassen und somit zu einer Verringerung des anfänglichen Kulturschocks führen." (HOPPE 2006: 185) Aber auch im interkulturellen Kontakt selbst kann ein Wissen über die zu erwartenden Auswirkungen der Konfrontation mit einer fremdkulturellen Umgebung die produktive Verarbeitung der „Herausforderungen oder einer bereits bestehenden inneren Verunsicherung" (ebd.) erheblich erleichtern.

Überlappungen der Wertesysteme

Macht man sich auch angesichts von Irritationen angesichts fremdkultureller Wertesysteme konsequent bewusst, dass erstens Werte nicht absolut sind und zweitens die in der fremden Kultur dominanten Werte oft im Wertesystem der eigenen Kultur auch eine Rolle spielen, wenn auch vielleicht eine weniger dominante, dann bereitet dies wirksam eine tolerante Haltung gegenüber der anderen Kultur sowie eine produktive Erweiterung des eigenen Selbstbildes vor. Bei einer kritischen Auseinandersetzung mit den Werten und Normen der fremden Kultur lässt sich erkennen, „dass sich die Werte der fremden Kultur auch in einem selbst wieder finden und Unterschiede zwischen Personen vor allem in der Ausprägung dieser Werte liegen. Diese Einsicht erleichtert die Identifikation mit den Werten und Normen beider Kulturen und leistet somit einen Beitrag zur interkulturellen Verständigung." (HOPPE 2006: 185) Eine kritische Fähigkeit zum Vergleichen kultureller Werte unter

Bezugnahme auf das eigene Selbstbild und im interaktiven Aushandeln desselben stellt also eine Voraussetzung für interkulturelle Kompetenz dar, die zum erfolgreichen interkulturellen Handeln befähigt.

3 Vom Kulturschock zur Akkulturation: Verlaufsformen des Kulturkontakts

Wie schon bei den im vorangegangenen Teilkapitel angestellten Überlegungen zur Bedeutung der interkulturellen Begegnung für die Identität deutlich wurde, ist Kulturkontakt keine statische, unveränderbare Situation, sondern vielmehr ein Prozess, während dessen Identitätskonzepte, Wirklichkeitsbilder und Wertvorstellungen starken Veränderungen unterworfen sein können. In diesem Teilkapitel wird daher erstens mit den ‚fünf Phasen des Kulturschocks‘ ein Modell vorgestellt, das diesen Prozess genauer unter die Lupe nimmt. Allerdings sind die Resultate eines solchen Verlaufs nicht für jeden Menschen gleich. Ausgehend von der Frage, was die Menschen aus der Kontaktsituation und dem resultierenden Kulturschock ‚machen‘, werden zweitens vier verschiedene Formen der ‚Akkulturation‘ vorgestellt.

Kulturkontakt als variabler Prozess

Der Begriff ‚Kulturschock‘ wurde 1960 von dem kanadischen Anthropologen Kalvero Oberg geprägt. Oberg geht davon aus, dass grundsätzlich jede Form des Kontakts mit fremden Kulturen zunächst einmal eine ‚schockhafte‘ Wirkung (Überraschung, Verwirrung, Stress, aber auch Euphorie etc.) auf uns ausübt. Oberg hat vier verschiedene Phasen des Kulturschocks beschrieben, die er bezeichnet als (1) *honeymoon stage*, (2) *crisis*, (3) *recovery* und (4) *adjustment*. Jürgen Bolten hat dieses Modell um eine weitere Phase (die Missverständnisse vor der Krise) ergänzt. Die damit fünf Phasen lassen sich idealtypisch als ein U-förmiger Verlauf darstellen (vgl. für das Folgende Bolten 2003: 64).

Kulturschock

> **Verlauf des Kulturschocks**
> **(1) Euphorie (*honeymoon stage*):** Man freut sich auf das Neue und reagiert anfangs überschwänglich, weil man nur das (positiv) Erwartete wahrnimmt.
> **(2) Missverständnisse:** Man erkennt die Normalitätsregeln der Zielkultur teilweise nicht und erzeugt Missverständnisse, weist sich aber als Neuankömmling die Schuld selbst zu.

(3) **Kollisionen** (*crisis*): Die Ursachen der Missverständnisse bleiben einem verborgen; man weist den anderen die Schuld zu, resigniert teilweise und neigt zu einer starken Aufwertung der eigenen Kultur.

(4) **Akzeptanz der Unterschiede** (*recovery*): Unterschiede werden akzeptiert und Widersprüche ausgehalten. Man bemüht sich um ein Verstehen.

(5) **Akkulturation** (*adjustment*): Man versteht die Unterschiede weitgehend und tendiert zur Übernahme fremdkulturspezifischer Verhaltensmerkmale.

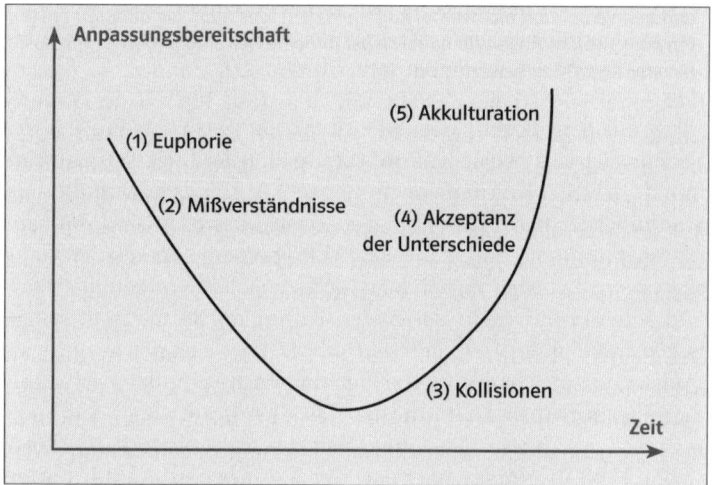

Abb 3.5: Kulturschock: Verlaufsmodell (in: BOLTEN 2003: 64)

Enkulturation – Akkulturation

Um die Bedeutung der letzten Phase des Kulturschock-Verlaufsmodells zu verstehen, muss man wissen, was mit ‚Akkulturation‘ gemeint ist und wie sich diese von ihrem Gegenpart – der ‚Enkulturation‘ – unterscheidet. Enkulturation gehört zum Bereich der Primärsozialisation im Kindesalter. Es handelt sich um das Hineinwachsen in die Herkunftskultur – ein Prozess, der ähnlich wie der Erstspracherwerb zumeist unbewusst verläuft. ‚Akkulturation‘ bezieht sich hingegen zumeist auf die Sekundär- oder Tertiärsozialisation (während der Adoleszenz oder im Erwachsenenalter) und bezeichnet das Hineinwachsen in eine fremde Kultur.

Enkulturation

Jeder Mensch wird in eine bestimmte Kultur hineingeboren und übernimmt – größtenteils unbewusst – die Sprache, die Kommunikationsstrategien, die Verhaltensweisen und die Weltanschauung, die für die betreffende Kultur kennzeichnend sind. Dies ist der Prozess der ‚Enkulturation', der von MALETZKE folgendermaßen beschrieben wird:

DEFINITION

Den Prozeß des Hineinwachsens des Individuums in seine Kultur, des Übernehmens und Verinnerlichens bezeichnet man als ‚Enkulturation' [...]. Enkulturation umfaßt u.a. das Lernen grundlegender menschlicher Fertigkeiten im sozialen Bereich, also etwa wie man soziale Beziehungen eingeht, wie man das eigene Verhalten kontrolliert und seine Emotionen angemessen nutzt, wie man Grundbedürfnisse befriedigt, wie man die Welt sieht, wie man mit anderen verbal und nichtverbal kommuniziert, was man von anderen erwarten kann, welche Rollen für einen selbst angemessen sind und was man positiv oder negativ zu bewerten hat. (MALETZKE 1996: 23)

Auch mit dem Begriff der ‚Akkulturation' wird der Prozess des Hineinwachsens in eine Kultur bezeichnet. Allerdings ist damit eine fremde, ‚zweite' Kultur gemeint. Längere Auslandsaufenthalte – im Studium oder beruflich bedingt – sowie Migration sind die häufigsten Faktoren, durch die ein Akkulturationsprozess in Gang gesetzt wird. Dabei eignet man sich zunächst Kommunikations- und Interaktionsregeln derjenigen Kultur an, in die man seinen Lebensmittelpunkt verlagert hat (diese Zwischenphase wird als ‚Akkomodation' bezeichnet). Nach und nach verändern sich dabei die ursprünglichen Kulturmuster. Dies kann allerdings auf recht verschiedene Weisen geschehen, wie der Psychologe R.W. BERRY (2001 [1990]) gezeigt hat, der vier Formen der Akkulturation unterscheidet:

Akkulturation

BERRY (2001 [1990]) zufolge stellen sich für Individuen im Verlauf des Akkulturationsprozesses zwei Fragen: (1) Will man die eigene kulturelle (Herkunfts-)Identität erhalten? (2) Will man positive interkulturelle Beziehungen zur Aufnahmegesellschaft herstellen? Aus der Beantwortung dieser Fragen ergeben sich die verschiedenen Formen der Akkulturation: Integration, Assimilation, Separation und Marginalität.

Vier Formen der Akkulturation

Erhalt der eigenen kulturellen Identität		
Herstellen positiver interkultureller Beziehungen	ja	nein
ja	Integration	Assimilation
nein	Separation	Marginalität

Abb 3.6: Arten der Akkulturation im Kulturkontakt nach BERRY (1990); zit. nach THOMAS (2005: 80f.)

Die vier Formen der Akkulturation können folgendermaßen charakterisiert werden:

(1) Integration

Integration meint die Beibehaltung der ursprünglichen kulturellen Identität bei gleichzeitiger Herstellung positiver Beziehungen zur dominanten Gruppe. Bei der Integration erfolgt also eine Synthese der beiden Kulturen in der Identität des Individuums. Integration ist gekennzeichnet durch das Streben nach „eine[r] Balance zwischen dem Bewahren eigener Kulturstandards und der Offenheit für Veränderung" (KOLLERMANN 2006: 86). Dabei sind natürlich immer wieder Konflikte aus den divergierenden Normen und Wertorientierungen zu erwarten; dennoch bildet das Bestreben, interaktiv wie auch selbstreflexiv einen individuellen Kompromiss zwischen den unterschiedlichen Kulturen auszuhandeln, eine wichtige „Möglichkeit, unsere eigene Identität kreativ weiterzuentwickeln" (ebd.: 85). Erforderlich für eine solche Integration ist interkulturelle Kompetenz mit ihren drei Teilkompetenzen.

(2) Assimilation

Unter Assimilation versteht man die Verdrängung der ursprünglichen kulturellen Identität zugunsten einer Identifikation mit der neuen kulturellen Umgebung. Im Fall einer Assimilation wird die Kultur des (fremden) Landes, in dem das Individuum lebt, zur Norm für Wertvorstellungen und Verhaltensweisen, zur ‚Leitkultur' (vgl. MOULAKIS 2006: 123), während die Kultur des Herkunftslandes an Bedeutung verliert. D.h. Assimilation „bezeichnet einen Anpassungsstil, bei dem ein Individuum seine eigene kulturelle Identität ablegt und sich an die Aufnahmegesellschaft anpasst" (KOLLERMANN 2006: 85). In einer derart definierten Identität ist gleichwohl immer wieder mit Brüchen und Spannungen zu rechnen, da die Sozialisation im Herkunftsland und die bisherige kulturelle Identität sich natürlich nicht ohne weiteres verdrängen oder ablegen lassen. Zudem ist in diesem Zusammenhang nachdrücklich zu betonen, „dass interkulturelle Kompetenz mehr bedeutet als die Nachahmung kulturtypischer Verhaltensweisen und die Übernahme neuer Gewohnheiten" (ebd.). Es geht bei interkultureller Kompetenz nicht um das Aufgeben der eigenen Kommunikationsmuster oder gar der eigenen Identität, sondern vielmehr um ein produktives Aushandeln und eine Erweiterung der Selbsterfahrung und der Kommunikationsstrategien.

Unter Separation sind eine Ablehnung der Kultur der neuen Umgebung und ein Festhalten an der Kultur des Ursprungslandes zu verstehen. Damit einher geht oft eine Weigerung, die Sprache der neuen Umgebung zu lernen und Kontakte außerhalb der eigenen Kultur zu knüpfen. Separation ist folglich ein Resultat mangelnder interkultureller Kompetenz. Diese Form der Akkulturation kann aber auch durch die gesellschaftlichen Umstände begünstigt werden, so etwa durch die Bildung von Enklaven, in denen Menschen aus einem gemeinsamen Herkunftsland zusammen leben. Die ‚Chinatowns', die in nordamerikanischen Städten wie New York, San Francisco oder Vancouver entstanden sind, sind prototypische Beispiele für solche kulturellen Enklaven, in denen ein Festhalten an Sprache und Kultur des Herkunftslandes und an etablierten Identitäten verhältnismäßig einfach ist. Aus identitätspsychologischer Sicht ist eine solche Form der Akkulturation durch Stagnation gekennzeichnet, durch eine Weigerung, neue Einflüsse produktiv in das Selbstbild einzugliedern. In gesellschaftspolitischer Hinsicht ist damit oft die Entstehung so genannter ‚Parallelgesellschaften' verknüpft. | **(3) Separation**

Der Begriff Marginalität wird verwendet, um jene Form der Akkulturation zu bezeichnen, bei der der Verlust der eigenen kulturellen Identität ohne einen Zugang zu der Kultur der neuen Umgebung erfolgt. Während Integration also allgemein als die erfolgreichste Variante der Akkulturation begriffen wird, handelt es sich bei Marginalität um die erfolgloseste Form des Kontakts mit einer fremden Kultur. Marginalität ist das Resultat eines Zusammentreffens einer Verunsicherung und Destabilisierung der Identität aufgrund der Konfrontation mit einer fremden Kultur einerseits und eines Mangels an interkultureller Kompetenz andererseits. | **(4) Marginalität**

In interkulturellen Begegnungen und insbesondere in multikulturellen Gesellschaften erfolgt Identitätsentwicklung also keineswegs nur in Abgrenzung des ‚Eigenen' von dem ‚Fremden'. Viel- | **Synthese von Eigenem und Fremdem**

71

mehr beruht Identität für viele Individuen auf einer Synthese des ‚Eigenen' und des ‚Fremden', wobei das jeweilige Gewicht der unterschiedlichen Komponenten sehr stark variieren kann und wobei es zu unaufgelösten Spannungsverhältnissen zwischen den beiden Polen kommen kann, die mittels der affektiven Teilkompetenz der interkulturellen Kompetenz bewältigt werden können. Aus der Koexistenz von Persönlichkeitskomponenten, die von unterschiedlichen Kulturen geprägt sind, lässt sich folgern, dass es „[i]nterkulturelle Spannungen [...] nicht nur zwischen unterschiedlichen Personen geben [kann], sondern auch innerhalb einer einzigen Person" (KUMBIER/SCHULZ VON THUN 2006: 25). Identitäten, die in multikulturellen Gesellschaften und im Rahmen interkultureller Begegnungen ausgehandelt werden, stellen somit einen Sonderfall jener ‚Patchwork-Identitäten' dar, die laut KEUPP ET AL. (1999) generell als charakteristisch für Identität in der spätmodernen Gesellschaft gelten.

4 Stereotype Selbst- und Fremdbilder

Abgrenzung
vom Anderen

Wenn die Zugehörigkeit zu einer Kultur in interkulturellen Begegnungen zu einem besonders identitätsrelevanten Faktor wird, dann geht damit bisweilen eine Abgrenzung von der fremden Kultur – dem ‚Anderen' – einher. Verknüpft mit einer solchen Abwehr sind zumeist positive Selbstbilder (Autostereotype) und negative Fremdbilder (Heterostereotype). Solche Abgrenzungsmechanismen, die durch mangelndes Verstehen der fremden Kultur oder auch durch das Gefühl, für den eigenen Identitätsentwurf keine Anerkennung zu finden, hervorgerufen oder verstärkt werden können, stellen ein erhebliches Hindernis für erfolgreiches interkulturelles Handeln dar. Daher ist es erforderlich, diesen Mechanismen entgegenzusteuern. Dazu muss man allerdings wissen, was stereotype Denkweisen sind und wie sie funktionieren. Ziel dieses Teilkapitels ist es, die Existenz von Stereotypen in unseren Köpfen bewusst zu machen, sie als wichtigen und bis zu einem gewissen Grad durchaus notwendigen Bestandteil kulturellen Wissens zu begreifen und zu zeigen, welche Auswege es aus der Falle der ‚Stereotypen-Kreisläufe' gibt.

Was sind
Stereotype?

Stereotype sind reduktionistische Ordnungsraster, die sich oft in formelhaften Wendungen und Gemeinplätzen äußern (der ‚fleißige Deutsche', der ‚perfide Engländer', der ‚lebensfreudige Franzose' etc.). Sie gehören zum Bereich des ‚erstarrten Denkens', d.h. es sind festgefahrene Schemata, derer wir uns häufig gar nicht bewusst sind. Schematisiert zu denken ist allerdings zunächst einmal nichts Verwerfliches, sondern vollkommen normal und im Alltag notwendig (vgl. THOMAS 2007). Mit Schemata im Kopf treten wir nicht nur der gesamten Wirklichkeit entgegen, sondern auch einem ihrer Teilbereiche: den uns fremden Menschen (vgl. dazu Kap. 3.1.2).

Der amerikanische Journalist WALTER LIPPMANN hat den Begriff des Stereotyps in den 1920er Jahren eingeführt und auf seine wichtigste Funktion hingewiesen: die Komplexitätsreduktion. Erst durch schematisiertes und stereotypisiertes Denken können wir die vielfältigen Eindrücke, die in der Realität auf uns einströmen, in Raster einordnen und verarbeiten. Hätten wir derartige Schemata nicht zur Hilfe, so würden wir der Fülle der Wahrnehmungen oft hilflos gegenüber stehen. In diesem Sinne ist Stereotypisierung ‚ökonomisch'. Sie stellt eine Orientierungshilfe dar, spart Zeit und kognitiven Aufwand.

Die ‚Ökonomie' des Stereotyps

Die Sprachwissenschaftlerin UTA QUASTHOFF (1973: 40) unterscheidet drei Funktionen von Stereotypen – kognitive, soziale und affektive:
(1) **kognitive Funktionen:** Die (Über-)Generalisierung bei der Einordnung von Informationen, wie sie auch von LIPPMANN beschrieben wurde.
(2) **soziale Funktionen:** Die Versicherung sozialer Zugehörigkeit bzw. die Stiftung von kollektiver Identität und Gruppenkohäsion durch Auto- und Heterostereotype (‚das sind wir'/‚das sind die anderen').
(3) **affektive Funktionen:** Die Erzeugung eines positiven Selbstbilds, Gemeinschaftsgefühls, Sicherheit.

Funktionen von Stereotypen

Obwohl Stereotype unvermeidbar sind, ist es wichtig, sich klarzumachen, dass sie nicht die Wirklichkeit abbilden, sondern sie (wie die unten zitierten Beispiele aus der Presse zeigen) in einem zumeist unzulässigen Maße verzerren. Stereotype sind unkritische Verallgemeinerungen. Sie sind gegen Überprüfung abgeschottet und gegen Veränderungen relativ resistent. Häufig gehören sie zum impliziten Wissen eines Einzelnen und einer Kultur, und das bedeutet, dass sie wirken, ohne dass man sich ihrer überhaupt bewusst wäre (vgl. dazu Kap. 3.1.3). Gerade stereotype Fremdbilder können daher für erfolgreiches interkulturelles Handeln außerordentlich hinderlich sein. Sie verringern den Raum, den man dem Gegenüber zum Aus-

Gefahren der Stereotypisierung

handeln der Beziehung gewährt, unterstellt man ihm doch durch die Stereotype vorgezeichnete Positionen. Wer Stereotypen entgegen wirken will, muss sie sich zunächst bewusst machen, sie also in den Bereich des expliziten, selbstreflexiv beobachtbaren Wissens überführen.

Stereotype in der Mediengesellschaft

Gerade in unserer modernen Gesellschaft gehören Fernsehen, Kino, Zeitungen, Internet usw. – ‚die Medien‘ also – zu den zentralen Umschlagsplätzen für Stereotype. Daher gilt nicht selten der scheinbar paradoxe Fall, dass sich unsere stereotypen Vorstellungen vom Fremden schon lange vor der konkreten Interaktion mit Mitgliedern anderer Kulturen etabliert und verfestigt haben: „Erst nehme ich Wissen auf, dann begegne ich dem Fremden, den ich nach der Schablone dieses Vor-Wissens zu verstehen versuche. Der Fremde ist also in der ersten Begegnung schon der Bekannte. Unverständnis kann gerade aus dieser Tatsache folgen, aus meinen bereits bestehenden Wissensbeständen; und interkulturelles Lernen besteht damit weitgehend in deren Revsion." (GEIGER 2003: 173)

Die mediale Repräsentation von Stereotypen

Gute Beispiele dafür, wie die Medien auf stereotype Vorstellungen vom Fremden zurückgreifen (die das kulturelle Gedächtnis über lange Zeiträume hinweg transportieren) und damit zugleich weiter tradieren und prägen, finden sich bei JÜRGEN BOLTEN. Das Folgende sind Ausschnitte aus der deutschen Presse zur Zeit des ersten Golfkriegs:

> (a) „Der *Hitler von Bagdad* überfällt ein wehrloses Volk im Morgengrauen" (Bild, 3.8.90); „Irak richtet *Konzentrationslager* für ausländische Geiseln ein" (Welt am Sonntag, 29.8.90)
>
> (b) „Hussein hat seinen *Krummsäbeldolch* an die Halsschlagader der westlichen Industrienationen gesetzt" (Die Zeit, 31.8.90); „Ein wildgewordener *Teppichflieger* aus dem Orient" (Westdeutsche Allgemeine Zeitung, 25.8.90)
>
> (zit. nach BOLTEN 2003: 59)

Zur Charakterisierung Saddam Husseins erfolgt also erstens der Rückgriff auf geschichtliche Erfahrung (‚Hitler‘ als stereotypes Bild für den gefährlichen Despoten) sowie zweitens auf im fiktionalen Raum erzeugte Bilder vom Fremden: Die *Märchen aus 1001 Nacht* sind eine Art ‚kultureller Blaupause‘, durch die der Orient in Europa schon seit hunderten von Jahren gesehen – und stereotypisiert – wird.

In interkulturellen Kontaktsituationen (Urlaub, Auslandsstudium, Migration usw.) zeigt sich die Gefahr der Verfestigung von stereotypen Fremdbildern in besonders drastischer Weise in den so genannten Stereotypen-Kreisläufen (vgl. REZ ET AL. 2006: 63). Interkulturelle Missverständnisse entfalten im Kontakt zwischen Angehörigen verschiedener Kulturen oftmals eine solche Eigendynamik, dass es zunehmend schwerer wird, noch ein wechselseitiges Verstehen zu erreichen. Stereotypen-Kreisläufe prägen vor allem dann das Fremdbild von Individuen, wenn ähnliche Erfahrungen in Interaktionen mit mehreren Angehörigen derselben (fremden) Kultur gemacht werden, denn letztendlich verdeutlicht das Modell vom Stereotypen-Kreislauf „die stereotypen Verallgemeinerungen, die sich nach und nach aus wiederholten gleichartigen Interaktionen nicht nur mit einem bestimmten, sondern mit verschiedenen Angehörigen einer Kultur einstellen" (REZ ET AL. 2006: 63f.).

Stereotypen-Kreisläufe

Stereotypen-Kreisläufe stellen nicht nur einen signifikanten Faktor für das Fremdbild dar, sondern nehmen auch Einfluss auf das Selbstbild. Es ist kennzeichnend für den Stereotypen-Kreislauf, dass sich in ihm das Fremdbild durch ähnliche Erfahrungen immer weiter verfestigt. Mit der wiederholten Abwertung des Anderen geht aber auch eine wiederholte Aufwertung des eigenen Selbstbildes einher, ja die Grunddynamik des Stereotypen-Kreislaufs basiert darauf, dass Fremdbild und Selbstbild vermeintlich immer klarer voneinander getrennt werden und sich gleichzeitig verfestigen. Interkulturell kompetent Handeln bedeutet, sich dieser Dynamik bewusst zu sein, sie möglichst rasch zu durchschauen oder – besser noch – zu antizipieren, um entsprechend gegensteuern zu können (für Maßnahmen zum Abbau von Stereotypen vgl. auch THOMAS 2007).

Stereotypen-Kreisläufe und Identität

Interkulturelle Kompetenz und Kommunikation

In der bisherigen Forschung zu interkultureller Kompetenz liegt der Schwerpunkt sehr häufig auf interkultureller Kommunikation. Bisweilen entsteht sogar der Eindruck, als könne man interkulturelle Kompetenz und interkulturelle Kommunikation geradezu als Synonyme betrachten. Streng genommen handelt es sich bei interkultureller Kommunikation jedoch nicht um eine Kompetenz, sondern um Performanz – um die konkreten Interaktionen, in denen interkulturelle Kompetenz erstens zum Einsatz kommt und zweitens erworben oder doch zumindest vertieft und erweitert wird. Interkulturelle Kompetenz ist also zugleich Voraussetzung und Ergebnis interkultureller Kommunikation. Konkrete Erfahrungen in Interaktionen motivieren, stimulieren und regulieren die Entwicklung interkultureller Kompetenz – und zwar die kognitive und affektive Teilkompetenz ebenso wie die pragmatisch-kommunikative.

Pragmatisch-kommunikative Teilkompetenz

Nachdem in den vorhergehenden Kapiteln der Schwerpunkt auf der kognitiven Teilkompetenz der interkulturellen Kompetenz lag, steht in diesem Kapitel die pragmatisch-kommunikative Teilkompetenz im Mittelpunkt. Wenngleich, wie soeben erläutert, in jeder interkulturellen Interaktion auch die kognitive und die affektive Teilkompetenz zum Tragen kommen, so bietet es sich doch an, in besonderem Maße das Augenmerk auf die pragmatisch-kommunikative Teilkompetenz zu richten. Im Vergleich zu den beiden anderen Teilkompetenzen interkultureller Kompetenz lässt sich die pragmatisch-kommunikative Teilkompetenz sehr viel stärker konkretisieren. Diese Teilkompetenz umfasst explizites und implizites, eigen- und fremdkulturelles Wissen (vgl. Kap. 3.1.3) über verbale und nonverbale Kommunikationsmuster und kommunikative Konfliktlösungsstrategien. Es ist also erst die pragmatisch-kommunikative Teilkompetenz, die es erlaubt, die kognitive und affektive Kompetenz in konkreten Interaktionen umzusetzen.

Aufbau

Im Folgenden sollen zunächst einige für das Verständnis interkultureller Kommunikation zentrale Begriffe eingeführt werden (Teilkapitel 1), darunter auch das Konzept des Kommunikationsmodells. In einem zweiten Teilkapitel wird das Kommunikationsmodell aus kommunikationspsychologischer Sicht neu perspektiviert. Damit wird eine Grundlage dafür geschaffen, die besondere innere Dynamik interkultureller Kommunikation und vor allem interkultureller Missverständnisse differenzierter zu analysieren und zu beschreiben. Einige der seitens der Linguistik und Kommunikationstheorie immer wieder aufgestellten Grundprinzipien oder Maximen menschlicher Kommunikation werden in Teilkapitel 3 skizziert und zudem im Hinblick auf ihre (vermeintliche) Universalität kritisch hinterfragt. Wie zu zeigen sein wird, erweisen sich nämlich zumindest einige der diesen Modellen mit universalistischem Anspruch zugrunde liegenden Annahmen bei genauerem Hinsehen durchaus als kulturell geprägt. Gleichwohl können diese Modelle den Blick für einige der bei interkultureller Kommunikation zu erwartenden Probleme schärfen.

1 Grundbegriffe und Fragen der interkulturellen Kommunikation

1 Enger vs. weiter Begriff von interkultureller Kommunikation

Der Begriff ‚intercultural communication', der 1959 in E.T. HALLS ethnologischer Studie *The Silent Language* geprägt wurde und seit den späten 1960er Jahren Eingang in die öffentliche Diskussion gefunden hat, ist bereits seit einiger Zeit zum Gegenstand eines eigenständigen Forschungszweiges geworden. Beschäftigt man sich mit der Forschung zu interkultureller Kommunikation, dann fällt rasch auf, dass konkurrierende, unterschiedlich weit gefasste Definitionen des Begriffs existieren. Diese Begriffe sind auf unterschiedliche Auffassungen davon, was unter ‚Kommunikation' zu verstehen ist, zurückzuführen.

Unterschiedliche Begriffe

Gemäß einer engen Definition von interkultureller Kommunikation, wie sie insbesondere von Sprachwissenschaftlern verwendet wird, lässt sich interkulturelle Kommunikation auf solche Situationen beschränken, in denen zwei oder mehr Individuen mit unterschiedlichem kulturellen Hintergrund mittels Sprache oder nonverbalen Ausdrucksmitteln unmittelbar (= Face-to-Face) miteinander kommunizieren. Die Forschung zu interkultureller Kommunikation im engeren Sinne beschäftigt sich mit den Kommunikationsmustern, Strategien zur Verständnissicherung und interkulturellen Missverständnissen, die bei der Face-to-Face Kommunikation zwischen Angehörigen verschiedener Kulturen auftreten können. Durch eine Analyse der Kommunikationsmuster und der Gründe für ein Missverstehen wird die Voraussetzung für die Entwicklung von Strategien zur Bewältigung von Kommunikationsproblemen geschaffen.

Enger Begriff

Weiter Begriff

Während unter interkultureller Kommunikation ausgehend von einem engen Begriff lediglich Face-to-Face Kommunikation zwischen Angehörigen unterschiedlicher Kulturen gefasst wird, beinhaltet ein weiter Begriff von interkultureller Kommunikation „neben der *interpersonalen* Interaktion auch die Ebene der mediatisierten Interkulturellen Kommunikation in ihren verschiedenen Facetten" (LÜSEBRINK 2005: 8). D.h. ausgehend von einem weiten Begriff von interkultureller Kommunikation sind auch „die medialen Darstellungsformen Interkultureller Kommunikation in Film, Fernsehen, Radio, Internet und anderen Medien, die Formen der alltagsweltlichen Interkulturellen Kommunikation gleichermaßen darstellen, stilisieren und prägen, sowie die interkulturelle Ausbreitung von Kommunikationstechnologien und -medien" (ebd.) Gegenstand der Forschung zu interkultureller Kommunikation. Fasst man interkulturelle Kommunikation in diesem weiten Sinne, dann ergeben sich interessante Möglichkeiten interdisziplinärer Zusammenarbeit zwischen Fächern wie Linguistik, Medienwissenschaft, Soziologie und Literaturwissenschaft.

Enger Begriff	Weiter Begriff
Face-to-Face Kommunikation	Mediatisierte Kommunikation
Gespräche zwischen Angehörigen unterschiedlicher Kulturen	Film, Fernsehen, Radio, Internet, Literatur
Interkulturelle Kommunikation = vorwiegend Forschungsgegenstand der Linguistik	Interkulturelle Kommunikation = Gegenstand für interdisziplinäre Forschungsprojekte

Begriffe von interkultureller Kommunikation

Praxisbezüge

Ein beträchtlicher Teil der Forschung zur interkulturellen Kommunikation im engeren Sinne zeichnet sich durch eine vergleichsweise geringe theoretische Ausrichtung und ein starkes Interesse an Praxisbezügen aus. Das Spektrum der Praxisbezüge, die in der Literatur zu interkultureller Kommunikation hergestellt werden, ist beachtlich; es reicht von konkreten Hinweisen für diverse Alltagssituationen über Ratschläge für internationale Geschäftsbeziehungen bis zur Entwicklung von Lösungsansätzen für politische und diplomatische Konflikte (vgl. MOULAKIS 2006: 121). Mehr als bei manchen anderen Forschungszweigen ist auch das ursprüngliche Interesse an interkultureller Kommunikation, das zur Herausbildung eines eigenständigen Forschungszweigs zur interkulturellen Kommunikation in den 1960er Jahren in den USA geführt hat, in dem Streben nach einer praktischen Nutzbarmachung der Forschungsergebnisse begründet. Gerade „geplatzte Verhandlungen und der dadurch bedingte Zeit- und Geldverlust" (AUERNHEIMER 2006: 146), also konkret greifbare ökonomische Anliegen, werden immer wieder als Motivation für die Beschäftigung mit interkultureller Kommunikation generell und speziell für die Entwicklung interkultureller Trainingsprogramme angeführt. Aber auch in Bereichen wie dem Schulunterricht in multikulturellen Gruppen ist ein Wissen über jene Mechanismen, die für interkulturelle Kommunikation kennzeichnend sind, unerlässlich (vgl. dazu auch die Ziele interkulturellen Lernens in Kap. 6.1).

2 Interkulturelle Kommunikation und Sprache

Es scheint auf den ersten Blick nahe zu liegen, interkulturelle Kommunikation mit einer Verwendung von Fremdsprachen in Verbindung zu bringen. CLAUS EHRHARDT (2003: 139) zieht die Verwendung von Fremdsprachen sogar als grundlegendes Kriterium für die *Definition* von interkultureller Kommunikation heran: „Offensichtlich ist die Verwendung von Fremdsprachen charakteristisch (vielleicht sogar das relevanteste Charakteristikum) für Situationen, von denen man sagt, dass in ihnen IKK stattfindet". Doch bei interkultureller Kommunikation kommen keineswegs immer Fremdsprachen zum Einsatz. So handelt es sich bei der Kommunikation zwischen einem Australier und einem Jamaikaner, die beide Englisch als Muttersprache sprechen, oder zwischen einem Portugiesen und einem Brasilianer, die beide Portugiesisch sprechen, ohne Zweifel um interkulturelle Kommunikation. Dennoch ist EHRHARDT insofern zuzustimmen, als bei interkultureller Kommunikation zumindest sehr häufig Fremdsprachen verwendet werden. Setzt man sich mit den Auswirkungen des Gebrauchs von Fremdsprachen bei interkultureller Kommunikation auseinander, so stellt sich die Frage, ob alle Gesprächspartner sich einer Fremdsprache bedienen müssen oder ob lediglich einer (oder einige) der Gesprächspartner eine Fremdsprache verwenden, während andere Gesprächspartner ihre Muttersprache sprechen. Jene Gesprächspartner, die von ihrer Muttersprache Gebrauch machen, verfügen aufgrund ihrer größeren sprachlichen Kompetenz tendenziell über eine vorteilhaftere Position in der Kommunikationssituation.

Interkulturelle Kommunikation und Fremdsprachen

Interkulturelle Kommunikation und sprachliche Varietäten	Wie bereits erläutert, greift eine Definition von interkultureller Kommunikation als Kommunikationssituation, in der notwendig eine Fremdsprache zum Einsatz kommt, erheblich zu kurz. Was jedoch selbst in Kommunikationssituationen, in denen die Beteiligten dieselbe Muttersprache sprechen, oft zum Tragen kommt, sind Unterschiede hinsichtlich der verwendeten regionalen Varietäten der jeweiligen Sprache. So sprechen etwa Australier, Engländer, Kanadier und Iren Englisch, verwenden aber unterschiedliche Varietäten der Sprache. Diese können – ähnlich wie die Verwendung unterschiedlicher Sprachen – zu interkulturellen Missverständnissen führen. Nicht nur Wörter, die in einer Varietät verwendet werden, aber dem Gesprächspartner nicht bekannt sind, können Verständigungsprobleme nach sich ziehen. Auch bestimmte Konventionen – beispielsweise, wie Höflichkeit mittels sprachlicher Strukturen zum Ausdruck gebracht wird – können in unterschiedlichen Dialekten ganz erheblich variieren.
Sprachliche Relativität	Die Diskussion über die Zusammenhänge zwischen Sprache und Weltsicht, die in der Linguistik vor allem unter dem Stichwort ,sprachliche Relativität' (*linguistic relativity*) geführt worden ist, ist durchaus kontrovers verlaufen. Das Konzept der sprachlichen Relativität wurde maßgeblich durch die Arbeiten des Linguisten und Anthropologen EDWARD SAPIR und seines Schülers BENJAMIN LEE WHORF geprägt und wird deshalb oft auch als ,Sapir-Whorf-Hypothese' bezeichnet. Die Theorie der sprachlichen Relativität versucht, die Zusammenhänge zwischen sprachlichen und kulturellen Unterschieden zu erfassen.
Grundannahmen	Die Grundannahme der Theorie der sprachlichen Relativität besteht darin, dass die Sprache einen erheblichen Einfluss auf die Wahrnehmung und Kategorisierung der Welt durch das Individuum ausübt. Folglich erschließe jede Sprache dem Individuum spezifische Zugänge zur Erfahrung und Kategorisierung der Welt, verstelle aber zugleich andere Zugänge. Die Sprache liefert Schemata, gemäß derer wir unsere Wahrnehmung der Welt strukturieren. Diese Einflussnahme der Sprache auf die Strukturierung der Wahrnehmung ist es, die für SAPIR die Existenz kulturspezifischer Bedeutungsunterscheidungen begründet, die sich darin niederschlägt, dass zwischen den durch sprachliche Zeichen begründeten Kategorien vielfach keine 1:1-Entsprechungen in zwei Sprachen bestehen. Kategorien, die für eine Kultur besonders relevant sind, sollten auch durch ein Wort benannt werden können. Für Phänomene, die

in einer Kultur keine Bedeutung haben, existieren hingegen oft auch keine sprachlichen Benennungen. Untersuchungen konkreter Sprachen verweisen jedoch rasch auf die Gefahren eines allzu stark simplifizierenden Umgangs mit dem Konzept der sprachlichen Relativität, denn häufig wiederholte Klischees über den Zusammenhang zwischen Sprache (insbesondere Wortschatz) und Welt halten genauerer Prüfung oft nicht stand: „Eskimosprachen haben keine bis zu 400 Wörter für die Bezeichnung von Schnee (wie behauptet wurde), sondern – bei großzügiger Zählung – höchstens 12; auf eine annähernd so hohe Zahl würden begeisterte Wintersportler in der deutschen Sprache sicherlich auch kommen." (EHRHARDT 2003: 143)

Die Sprache strukturiert laut SAPIR die Wahrnehmung der Welt durch das Individuum in ganz erheblichem Maße, ohne dass dies dem Individuum jedoch notwendig bewusst ist. Da die Sprache zum unbewussten Wissen von Sprechern zählt, ist auch die durch die Sprache erfolgende Strukturierung der Weltsicht im Wesentlichen ein unbewusst ablaufender Prozess. Sicherlich ist nicht auszuschließen, dass die Tatsache, dass die Zeichensysteme menschlicher Sprachen sich hinsichtlich der den Sprechern bereitgestellten Kategorien unterscheiden, mitunter zur Ursache von interkulturellen Missverständnissen wird. Im Vergleich zu anderen Faktoren der Kommunikation, so etwa der nonverbalen Kommunikation, wird die Auswirkung sprachlicher Relativität auf interkulturelle Kommunikation aber doch eher gering einzuschätzen sein.

Relevanz für interkulturelle Kommunikation

Der Prozess des Erstspracherwerbs, des Erlernens der Muttersprache, ist in vielfältiger Hinsicht mit dem Prozess der Enkulturation verknüpft. Beide Prozesse verlaufen gleichzeitig, greifen ineinander und sind im Prinzip nicht unabhängig voneinander denkbar. Die Sprache ist nicht nur das Medium, das für die Aufnahme sozialer Beziehungen jeglicher Art erforderlich ist, sondern die Sprache selbst kann auch als Repertoire der Kategorien, die in einer Kultur als relevant erachtet werden, betrachtet werden. Der Ansatz der oben erläuterten linguistischen Relativität betont, dass der Sprache ein ganz erheblicher Einfluss auf die Weltsicht eines Individuums beigemessen werden kann. Im Erstspracherwerb eignen sich Individuen aber auch, größtenteils unbewusst, die Kommunikationsstile an, die für diejenige Kultur, in der sie aufwachsen, charakteristisch sind. Im Erstspracherwerb, in der Kommunikationserfahrung mit der Umgebung in der Kindheit, lernt man so beispielsweise je nach den kulturellen Normen, eigene Wünsche oder Kritik eher direkt

Spracherwerb und Kultur

oder indirekt zum Ausdruck zu bringen und eignet sich die in der Kultur üblichen Begrüßungsrituale an.

Interkulturelle Pragmatik

Probleme bei der Kommunikation zwischen Angehörigen unterschiedlicher Kulturen können aus der mangelnden Beherrschung einer Sprache im Hinblick auf Aussprache, Wortschatz und Grammatik (bei einem oder allen Kommunikationspartnern) resultieren. Zumindest ebenso häufig jedoch sind interkulturelle Verständigungsprobleme und Missverständnisse die Folge eines kulturspezifischen Umgangs mit Sprache als Handlungsinstrument. Sie sind also im Bereich der Pragmatik angesiedelt, die davon ausgeht, dass Sprechen immer zugleich auch ein interaktives Handeln ist. Verwendet man etwa beim Formulieren einer Bitte unabsichtlich – d.h. aufgrund von mangelnder pragmatisch-kommunikativer Kompetenz – eine Konstruktion, die vom Gegenüber als unhöflich aufgefasst wird, so kann dies mitunter Folgen haben, die sehr viel weitreichender sind als die fehlerhafte Aussprache eines Wortes. Während eine falsche Aussprache tendenziell (korrekt) als Folge mangelnder sprachlicher Kompetenz interpretiert wird, kann ein (vermeintlich) unhöfliches Verhalten als Beleidigung gewertet werden, wiewohl es letztlich ebenso auf einen Mangel an sprachlicher Kompetenz zurückzuführen sein mag: „Fehler im pragmatischen Bereich führen nicht nur auf der weltpolitischen Bühne zu internationalen Verwicklungen, sondern stellen auch im Alltag der IKK eine größere Bedrohung des kommunikativen Gleichgewichts dar als phonetische, morphologische, syntaktische oder lexikalische Fehler." (EHRHARDT 2003: 156) Dass im pragmatischen Bereich begründete Missverständnisse zu einem besonders schwerwiegenden Problem interkultureller Kommunikation werden können, ist nicht zuletzt darauf zurückzuführen, dass sich Sprecher einer Sprache in der Regel der Kulturabhängigkeit der pragmatischen Dimension nicht im gleichen Maße bewusst sind wie der Unterschiede hinsichtlich Aussprache, Wortschatz oder grammatischen Strukturen. Die pragmatische Dimension interkultureller Kommunikation hat seitens der Linguistik in den letzten Jahrzehnten so große Aufmerksamkeit gefunden, dass sich die interkulturelle und kontrastive Pragmatik zu einem eigenständigen Zweig der Sprachwissenschaft entwickelt hat.

3 Das Kommunikationsmodell: Das Zusammenspiel von verbaler und nonverbaler Kommunikation

Um das Phänomen der interkulturellen Kommunikation und die dabei auftretenden Probleme differenziert besprechen zu können, ist es zunächst erforderlich, sich bewusst zu machen, was eigentlich unter Kommunikation zu verstehen ist bzw. was im Prozess der Kommunikation geschieht. Die drei grundlegenden Konstituenten menschlicher Kommunikation sind der Sender, der Empfänger und die Nachricht, die verbal oder nonverbal codiert ist. Die Rollen von Sender und Empfänger wechseln in der Regel im Verlauf der Kommunikation. Das klassische ‚Transportmodell der Kommunikation‘, das davon ausgeht, dass in der Kommunikation eine Nachricht von einem Sender zu einem Empfänger übermittelt wird, mag auf den ersten Blick einleuchtend erscheinen, erfasst jedoch letztlich nicht umfassend, was im Prozess der Kommunikation abläuft. Von einem simplen Informationstransfer, wie er bei dem ‚Transportmodell‘ angenommen wird, ist nämlich bei der Kommunikation keineswegs auszugehen. Vielmehr müssen sowohl der Prozess des ‚Sendens‘ wie auch der des ‚Empfangens‘ einer ‚Nachricht‘ als *Konstruktionsprozesse* aufgefasst werden. Eine solche, konstruktivistische Auffassung von Kommunikation erklärt auch, weshalb es bei der Kommunikation zu Missverständnissen kommen kann. In interkultureller Kommunikation resultiert das Missverstehen vor allem daraus, dass die Gesprächspartner bei der Konstruktion der Nachricht ihr eigenes kulturelles Wissen zugrunde legen. In dem Maße, in dem sie jedoch interkulturelle Kompetenz erwerben, sinkt die Gefahr von Missverständnissen oder zumindest wird es unwahrscheinlicher, dass Missverständnisse unentdeckt bleiben und zu einem Konflikt führen.

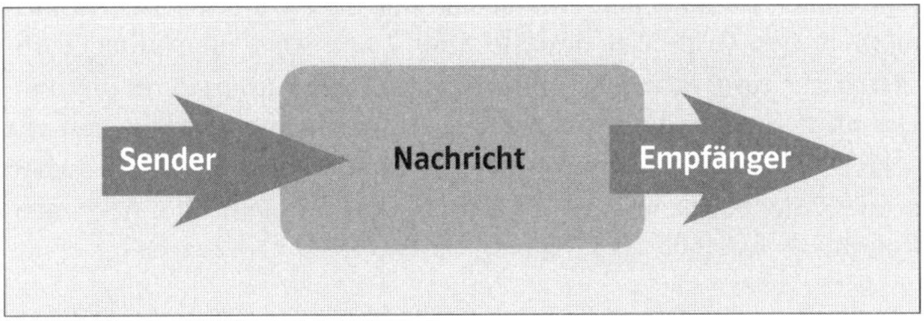

Das Kommunikationsmodell

Abb. 4.1: Kommunikationsmodell

Verbale und
nonverbale
Kommunika-
tion

Bei Kommunikationsprozessen können verschiedene Kanäle genutzt werden; d.h. die Nachricht kann sich aus verbalen und nonverbalen Zeichen zusammensetzen und akustisch, optisch oder
taktil empfangen werden. Kommunikation ist also ein Prozess, der
eine verbale und eine nonverbale Ebene umfasst. Die ‚Nachricht‘,
die in einem Kommunikationsprozess übermittelt wird, kann vom
Sender sowohl mittels Sprache als auch durch Gestik, Mimik sowie
die Körpersprache generell zum Ausdruck gebracht werden. Die
verbale und die nonverbale Dimension von Kommunikation können prinzipiell unabhängig voneinander Bedeutung erzeugen. So
dient in schriftlichen Texten ausschließlich die sprachliche Dimension als Ausdrucksmittel. Dass es möglich ist, allein über eine Geste
oder einen Gesichtsausdruck eine Nachricht zu übermitteln, de-
monstriert ebenfalls die Unabhängigkeit von verbaler und nonverbaler Kommunikation. Für komplexere Nachrichten sind in der
Regel verbale Mittel erforderlich. Die nonverbale Ebene kann sich
aber auch als sehr ausdrucksstark und damit als zentral für die
Kommunikation erweisen. Der Gesichtsausdruck des Senders etwa
kann dem Empfänger eine ebenso wichtige Nachricht übermitteln
wie eine sprachliche Äußerung.

Zusammenspiel

Wenngleich verbale und nonverbale Kommunikation grundsätzlich
unabhängig voneinander sein können, wirken sie doch in den
meisten Kommunikationssituationen eng zusammen. Als Norm ist
anzusetzen, dass verbale und nonverbale Kommunikation sich gegenseitig stützen oder sogar verstärken. So kann die Mimik die
Emotionen eines Senders im Hinblick auf das, worüber er gerade
spricht, zum Ausdruck bringen und damit der verbal übermittel-
ten Nachricht zusätzliches Gewicht verleihen. Wie oben bereits
erwähnt, lässt sich mit verbalen Mitteln zweifellos ein weitaus
komplexerer Inhalt artikulieren als mit nonverbalen Mitteln. Den
nonverbalen Codes ist deshalb aber keineswegs eine untergeord-
nete Bedeutung in der Kommunikation zuzuweisen, denn die nonverbale Kommunikation ist oftmals entscheidend dafür, wie die
verbale Nachricht vom Empfänger interpretiert wird. Zwischen
nonverbaler und verbaler Kommunikation sind die folgenden
Relationen möglich (vgl. Neuliep 2006: 287):

Ergänzen	Betonen	Ersetzen	Wiederholen	Widersprechen

Diskrepanzen

Wie wichtig die nonverbale Kommunikation für die Übermittlung
einer Nachricht sein kann, wird besonders dann ersichtlich, wenn

die nonverbal gesendete Botschaft nicht zur verbalen Nachricht passt oder zu passen scheint, wenn also beispielsweise eine traurige Nachricht mit einem Lächeln kombiniert wird. Derartige Diskrepanzen zwischen verbaler und nonverbaler Ebene in der Nachricht des Senders lösen in der Regel beim Empfänger der Nachricht Verwirrung aus. Bei Versuchen, der wahrgenommenen Diskrepanz einen Sinn zuzuschreiben, spielt die nonverbale Kommunikation mitunter die dominante Rolle. So kann etwa eine mit einem Lächeln kombinierte traurige verbale Nachricht beim Empfänger den Eindruck erwecken, dass es dem Sender an Mitgefühl mangelt oder dass er sogar Schadenfreude empfindet. Gerade bei interkultureller Kommunikation stellen (vermeintliche!) Diskrepanzen zwischen verbaler und nonverbaler Ebene eine häufige Ursache für Missverständnisse dar. Das Zusammenspiel zwischen diesen beiden Ebenen unterliegt, ebenso wie alle anderen Aspekte der Kommunikation, kulturspezifischen Regeln. Dies heißt, dass z.B. ein Gesichtsausdruck, der in einer Kultur als unangemessen für eine bestimmte verbale Nachricht empfunden wird, in einer anderen Kultur bei derselben Nachricht als völlig adäquat wahrgenommen wird. So gilt es etwa in Japan als höflich, das Überbringen einer traurigen Nachricht mit einem Lächeln zu kombinieren, was bei Gesprächspartnern aus dem westlichen Kulturkreis zu Fehlinterpretationen führen kann. Das (kulturspezifische) Zusammenspiel von verbaler und nonverbaler Kommunikation eignen sich Kinder im Prozess des Erstspracherwerbs und der Enkulturation an. In der Interaktion mit Angehörigen anderer Kulturen kommt das durch die eigene Kultur geprägte Zusammenspiel zwischen verbaler und nonverbaler Kommunikation – oftmals unbewusst – zum Einsatz, was zu Fehlinterpretationen hinsichtlich der Einstellung des Sprechers zur verbalen Nachricht und der Intention bei der Äußerung führen kann.

Ein entscheidender Unterschied zwischen verbaler und nonverbaler Kommunikation besteht auch darin, dass bei verbaler Kommunikation im Prinzip stets ein Wechsel der Sprecher erforderlich ist, auch wenn es zu partiellen Überlappungen des Sprechens kommen kann. Nonverbale Kommunikation hingegen erfolgt nicht nur parallel zum Sprechen; auch der Empfänger einer verbalen Nachricht wird durch nonverbale Codes zum Sender, indem er mit Mimik, Gestik und Körpersprache insgesamt seine Reaktionen auf die (verbale und nonverbale) Nachricht des Senders zum Ausdruck bringt. Wie entscheidend die Reaktion des Empfängers mittels nonverbaler

Nonverbale Signale des Empfängers

Codes auf die Nachricht des Senders für den erfolgreichen Verlauf einer Kommunikation ist, kann man sich leicht vor Augen führen, wenn man sich vorstellt, dass ein Empfänger während des Empfangs der Nachricht entweder völlig regungslos bleibt oder sich sogar vom Sprecher abwendet. Durch eine Körpersprache, die Teilnahmslosigkeit und Desinteresse zum Ausdruck bringt, kann der Empfänger recht bald das Ende der Kommunikation herbeiführen. Setzt ein Empfänger also durch Mimik, Gestik oder Körperhaltung Signale, die Desinteresse oder Ablehnung zum Ausdruck bringen, dann kann dies zu einer schwerwiegenden Störung der Kommunikation führen. Für den Einsatz nonverbaler Codes auf Empfängerseite sind kulturabhängig sehr stark divergierende Normen zu identifizieren. So unterscheiden sich etwa die Regeln für den Blickkontakt zwischen Sender und Empfänger ganz erheblich.

Verbale Kommunikation	Nonverbale Kommunikation
verbal übermittelte Nachricht wird von den Gesprächspartnern konstruiert	nonverbal übermittelte Nachricht wird von den Gesprächspartnern konstruiert
kann komplexere Nachrichten übermitteln	bleibt hinsichtlich des Spektrums möglicher Nachrichten begrenzt
erfordert Sprecherwechsel	verläuft zeitgleich zur verbalen Kommunikation

Merkmale verbaler vs. nonverbaler Kommunikation

Interkulturelles Verstehen

Das Ziel einer erfolgreichen interkulturellen Kommunikation – verbaler und/oder nonverbaler Art – besteht in interkulturellem Verstehen. Mit LÜSEBRINK (2005: 36) lässt sich interkulturelles Verstehen definieren als „hermeneutische[r] Vorgang [...], der sowohl eine wissensbasierte (kognitive) als auch eine emotionale (affektive) Dimension aufweist." Interkulturelles Verstehen betrifft insofern auch emotionale Reaktionen der Gesprächspartner. Diese können sowohl mit spezifischen Reaktionen auf die jeweilige fremde Kultur und deren Angehörige zusammenhängen als auch mit grundsätzlichen Einstellungen gegenüber allem, was nicht vertraut ist. Ein interkulturelles Verstehen kann weder allein aus der Kultur der Interaktanten heraus noch ausschließlich aus der Kultur, der man begegnet, heraus erfolgen. Vielmehr setzt interkulturelles Verstehen ein „Vergleichen voraus und impliziert geradezu konstante interkulturelle Vergleichsvorgänge zwischen Eigenem und Fremdem, eigener und anderer Kultur" (ebd.).

4 Direkter vs. indirekter Kommunikationsstil

Zu den wichtigsten (und zugleich umstrittensten) Konzepten im Kontext interkultureller Kommunikation zählt zweifellos das Konzept der ‚Höflichkeit‘, zu dem eine breite Forschungsliteratur existiert. Verstöße gegen ein kommunikatives Verhalten, das vom Gegenüber als höflich empfunden wird, gehören zu den häufigsten Gründen für interkulturelle Missverständnisse. Personen tendieren dazu, ihre eigenen Vorstellungen von Höflichkeit als universell gültig zu betrachten. In vergleichenden Studien zu Höflichkeit in verschiedenen Kulturen ist jedoch immer wieder nachgewiesen worden, dass ein Verhalten, das in einer Kultur als höflich gilt, in einer anderen als unhöflich empfunden werden kann. D.h. jede Kultur verfügt über ein spezifisches Repertoire an Regeln für einen höflichen Umgang miteinander. Das kulturspezifische Repertoire verbaler und nonverbaler Strategien, Höflichkeit (oder auch Unhöflichkeit!) gegenüber einem Interaktionspartner zum Ausdruck zu bringen, eignen sich die Angehörigen einer Kultur im Prozess der Enkulturation an. Dieser Erwerbsprozess wird teilweise durch negative Sanktionen (in Form von Ermahnungen durch Eltern, Lehrer usw.) gesteuert, in erster Linie beruht er aber auf Nachahmung der Verhaltensweisen der Umgebung (vgl. SIFIANOU 2000: 78). Was als höflich empfunden wird und was nicht, hängt maßgeblich davon ab, ob der Sprecher sich im Prozess der Enkulturation an einen direkten oder einen indirekten Kommunikationsstil gewöhnt hat.

Höflichkeit

Kulturen lassen sich dahingehend unterscheiden, ob sie zu direkter oder indirekter Kommunikation tendieren. Unter einem *direkten* Kommunikationsstil wird eine relativ unverblümte Äußerung der Intentionen der Interaktionspartner in der Gesprächssituation verstanden. Wenn Personen aus Kulturen mit eher direkten und eher indirekten Kommunikationsstilen aufeinander treffen, dann kann dies zu erheblichen Kommunikationsproblemen führen. Den Deutschen wird im Allgemeinen ein äußerst direkter Kommunikationsstil nachgesagt, der von ausländischen Gesprächspartnern leicht als unhöflich empfunden wird: „So kann die eher direkte Art deutscher Kommunikationspartner zu widersprechen, Kritik zu äußern und konträre Meinungen zu formulieren zum Beispiel bei französischen Gesprächspartnern unhöflich wirken. Sie tendieren dazu, Meinungen indirekter zum Ausdruck zu bringen, beispielsweise durch Relativierungen in Form von Konjunktivgebrauch." (LÜSE-

Direktheit

BRINK 2005: 53) Zu den Ländern, für die ein direkter Gesprächsstil als charakteristisch gilt, zählen auch die USA, Großbritannien, Australien und Israel (vgl. NEULIEP 2006: 261).

Indirektheit

Während in manchen Kulturen Sprecher dazu tendieren, ihre Gesprächsabsicht sehr klar zum Ausdruck zu bringen, neigen andere Kulturen, vor allem ostasiatische wie Japan oder China, dazu, auf indirekte Formen der Artikulierung ihrer Gesprächsabsichten zurückzugreifen. So „gilt es in verschiedenen Ländern als unfein, explizit zu widersprechen, Behauptungen aufzustellen oder auch Aussagen mit einer bestimmten Präzision zu machen" (MÜLLER-JACQUIER 1999: 60). In Japan etwa erwartet man „die Vermeidung einer direkten Ausdrucksorientierung im Sinne des *tatemae* [...] nicht nur für die Formulierung einer Bitte, sondern ebenso eines Wunsches, einer Absage, einer Meinung oder von Kritik: Was ich brauche, möchte oder meine, darf nicht ich ausdrücken, sondern sollte der andere erkennen" (REZ ET AL. 2006: 53). Die für das Verstehen der Botschaft notwendigen Hinweise liefert die Situation. Ein indirekter Kommunikationsstil ist also kennzeichnend für *high-context* Kulturen (vgl. Kap. 2.3.1). Ist das Gegenüber an diesen indirekten Sprachstil gewöhnt und weiß daher die Äußerung im Sinne des Sprechers zu deuten, dann ist diese indirekte Form der Kommunikation ohne Zweifel ebenso effizient wie ‚westliche Direktheit'. Für Kommunikationspartner aus *low-context* Kulturen, die nicht an diesen indirekten Kommunikationsstil gewöhnt sind und deshalb die kulturspezifische Verweisstruktur nicht zu interpretieren wissen, ist allerdings die Gefahr groß, Aussagen nicht gemäß der Intention des Sprechenden zu interpretieren. Erwartet der Sprechende dennoch eine Reaktion auf die indirekte Nachricht, so wird die ausbleibende Reaktion des Gesprächspartners als Unhöflichkeit erscheinen.

Konflikt-management

Bezüglich des Konfliktmanagements werden die Unterschiede zwischen Direktheit oder Indirektheit bevorzugenden Kulturen besonders deutlich, erfordern die jeweiligen Kulturen doch einen unterschiedlichen Umgang mit Konflikten. Sich die divergierenden Stile des Konfliktmanagements bewusst zu machen, ist schon deshalb von großer Bedeutung, weil in emotional aufgeladenen Konfliktsituationen ein konstruktiver Umgang mit unerwarteten Reaktionen des Gegenübers sicherlich noch schwerer fällt als in weniger emotionalen Situationen. Selbstreflexivität kann in Bezug auf Konflikte unter Umständen nicht unmittelbar, sondern erst verzögert, mittel- und langfristig zu einem veränderten Konfliktverhalten führen. So betont etwa WIECHELMANN (2006: 334): „Selbst wenn ich erkenne, dass meine emotionale Reaktion in einer gegebenen Situation kulturbedingt ist, gibt es für mich aufgrund der Automatik meiner Reaktion möglicherweise gar keine bewusst steuerbare Alternative." Eine offene Thematisierung von Konflikten unter den Beteiligten gilt in Deutschland oder auch den USA grundsätzlich als akzeptable (und effiziente) Form des Umgangs mit Konflikten, in einigen Kulturen Asiens hingegen kommt man mit dieser Strategie nicht weiter, sondern löst lediglich weitere negative Reaktionen aus, da das explizite Ansprechen von Konflikten den Höflichkeitsregeln und dem Respekt, den man dem Gegenüber schuldet, zuwiderläuft (vgl. KOLLERMANN 2006: 74). In interkulturellen Kontakten mit Chinesen oder Japanern etwa bedarf es also subtilerer, impliziter Formen des Konfliktmanagements. Aber auch etwa in Südamerika und Spanien wird ein indirekter Stil der Konfliktbearbeitung bevorzugt: „unter ‚guter‘ und ‚konstruktiver‘ Konfliktlösung versteht der deutsche Geschäftsmann offensives und direktes, der spanische oder lateinamerikanische Partner hingegen indirektes Verhalten" (BARRIOS 2006: 254). Zu bedenken ist freilich, dass man in Deutschland mit impliziten Formen des Konfliktmanagements unter Umständen auch weiter kommen kann als mit expliziter Kritik. Den „Gesichtsverlust" (KOLLERMANN 2006: 74), den man durch explizite Kritik gemäß den gängigen Meinungen in der Diskussion über interkulturelle Kommunikation einem japanischen oder chinesischen Gegenüber zufügt, wird unter Umständen auch der deutsche Arbeitskollege oder Angestellte spüren.

Direkter Kommunikationsstil	Indirekter Kommunikationsstil
weitgehend unabhängig vom Kontext	hochgradig kontextabhängig
low-context Kulturen	*high-context* Kulturen
charakteristisch für ‚westliche‘ Kulturen	charakteristisch für asiatische Kulturen
offenes Ansprechen von Konflikten möglich	offenes Ansprechen von Konflikten wird vermieden

Direkter vs. indirekter Kommunikationsstil

Für Migranten stellt es vielfach ein erhebliches Problem dar, dass sie aus ihrem Herkunftsland an einen Stil des Konfliktmanagements

Konfliktmanagement bei Migranten

gewöhnt sind, der sich potentiell sehr stark von dem in ihrer neuen Umgebung üblichen unterscheidet. Ist ihr Konfliktverhalten sehr indirekt und stark auf Harmoniebildung ausgerichtet, wird ihnen unter Umständen mangelndes Durchsetzungsvermögen unterstellt; wird ihr Konfliktverhalten als zu direkt und aggressiv empfunden, werden sie in Interaktionen immer wieder anecken. Die kulturell divergierenden Stile des Konfliktmanagements sind bisweilen sogar noch bei der so genannten ‚Zweiten Generation‘, bei den Kindern von Migranten festzustellen: „In multikulturellen Teams in Deutschland tendieren viele (nicht alle!) ansonsten sehr ‚eingedeutschte‘ Ausländer der zweiten Generation eher zu dem in ihrer jeweiligen Ursprungskultur üblichen Konfliktverhalten: Sie sprechen in Andeutungen oder harmonisieren.“ (BARRIOS 2006: 254) Dieses Phänomen erklärt sich daraus, dass die Einübung des Verhaltens in Konflikten bereits in der Sozialisation in der Familie in den ersten Lebensjahren erfolgt (vgl. BARRIOS 2006: 254) und daher oft den Einfluss der Ursprungskultur der Eltern erkennen lässt (vgl. dazu auch Kap. 3.1.2).

2 Kommunikationspsychologische Modelle

Kommunikations-psychologische Ansätze

Kommunikationspsychologische Ansätze zum Umgang mit Problemen interkultureller Kommunikation, wie sie u.a. in den Beiträgen in dem von DAGMAR KUMBIER und FRIEDEMANN SCHULZ VON THUN herausgegebenen Sammelband *Interkulturelle Kommunikation* (2006) vorgestellt werden, eignen sich hervorragend dazu, die Dynamik und die spezifischen Schwierigkeiten interkultureller Kommunikation zu erfassen. Die kommunikationspsychologischen Ansätze erlauben einen analytischen Zugriff auf die Implikationen von Kommunikation, die auch vom Interaktanten selbst als Stütze bei selbstreflexiven Prozessen genutzt werden können, um den Ursachen von interkulturellen Missverständnissen und Kommunikationsproblemen auf den Grund zu gehen. Gerade für einen konstruktiven Umgang mit Schwierigkeiten auf der Beziehungsebene bieten diese Ansätze ein ausgezeichnetes Instrumentarium.

Das Kommuni-kationsquadrat

Beschäftigt man sich mit konkreten Beispielen interkultureller Kommunikation, so erscheint es besonders sinnvoll, das von FRIEDE-MANN SCHULZ VON THUN entwickelte ‚Kommunikationsquadrat‘ zugrunde zu legen. Das Kommunikationsquadrat, das zum Ziel hat, die verschiedenen impliziten Aspekte einer sprachlichen Äußerung zu differenzieren, umfasst vier Felder. Grundsätzlich kann jede Äußerung neben dem Sachinhalt auch eine Selbstkundgabe, einen Appell und einen Beziehungsaspekt umfassen, wobei freilich je nach Äußerung die Gewichtung dieser vier Komponenten durchaus unterschiedlich ausfallen kann. So steht etwa bei einer Begrüßungsformel der Beziehungsaspekt deutlich im Vordergrund, während der Sachinhalt eher zu vernachlässigen ist. Bei der Interpretation einer sprachlichen Äußerung können auch innerhalb einer Kultur Schwierigkeiten auftauchen, wenn „die vier Botschaften, die der Sender gemeint hat, und die vier Botschaften, die beim Empfänger ankommen, unterschiedlich sind, auch wenn die Verständigung akustisch einwandfrei ist" (KUMBIER/SCHULZ VON THUN 2006: 13). In interkultureller Kommunikation werden die Schwierigkeiten bei der Interpretation noch dadurch gesteigert, „dass verschiedene Kulturen die vier Seiten höchst unterschiedlich gestalten" (ebd.). Eine Sensibilisierung für die vier Komponenten der Kommunikation stellt somit einen wichtigen Schritt zu pragmatisch-kommunikativer Kompetenz dar, zur Auseinandersetzung mit dem „Unterschied zwischen dem Gesagten und dem Gemeinten" (PORSCHKE 2006: 91), denn: „Wer ein Gefühl für die Klärungsbedürftigkeit aller vier Seiten der Kommunikation entwickelt hat, kann manches Missverständnis aufklären." (KUMBIER/SCHULZ VON THUN 2006: 14)

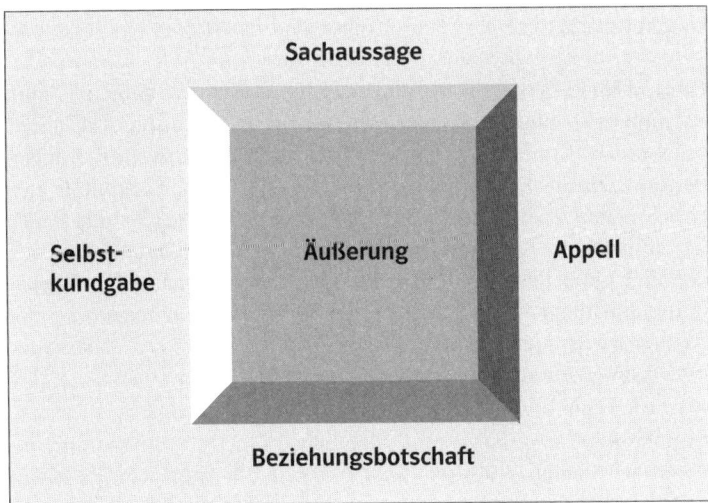

Abb. 4.2: Kommunikationsquadrat

Der Sachinhalt

Die relative Gewichtung der vier Komponenten einer Äußerung kann von Kultur zu Kultur variieren. In manchen Kulturen wird dem Sachinhalt von Äußerungen tendenziell ein besonders starkes Gewicht beigemessen. Dies sind in der Regel jene Kulturen, für die auch ein direkter Kommunikationsstil kennzeichnend ist. Deutsche und US-Amerikaner beispielsweise stehen in dem Ruf, den Sachinhalt von Äußerungen in den Mittelpunkt zu stellen – und damit Angehörige von Kulturen, die den Beziehungsaspekt stärker gewichten, immer wieder vor den Kopf zu stoßen. Die große Bedeutung, die Deutsche dem Sachinhalt beimessen, kann beispielsweise in der Kommunikation mit Japanern nicht nur deshalb zu einem Problem werden, weil die Deutschen aus Sicht der Japaner zu schnell ‚zur Sache kommen‘, also zu direkt kommunizieren. Darüber hinaus haben Deutsche unter Umständen Schwierigkeiten damit, den Beziehungsaspekt, der hinter vermeintlich rein auf den Sachinhalt ausgerichteten Äußerungen von Japanern stehen kann, zu erkennen. So ist es z.B. wahrscheinlich, dass wiederholte Fragen von Japanern bezüglich der Organisation des Arbeitsablaufs von deutschen Kollegen als Zeichen von Unsicherheit oder sogar Inkompetenz und als Appell um Hilfe gewertet werden. Gemäß japanischen Kommunikationsregeln ist jedoch „häufiges Fragen [...] der kulturtypisch implizite Ausdruck der Beziehungsorientierung und bedeutet erst einmal ‚Ich möchte Sie nicht übergehen‘, letztlich aber: ‚Ich arbeite gerne mit Ihnen zusammen‘, ‚Ich erkenne Sie als Chef an‘, ‚Ich schätze Sie als Kollegen‘ usw." (REZ ET AL. 2006: 55)

Der Beziehungs-aspekt

Dass manche Kulturen den Beziehungsaspekt im Vergleich zum Sachinhalt stärker gewichten, führt häufig zu Irritationen bei interkulturellen Kontakten. Gerade bei geschäftlichen Beziehungen decken sich die Erwartungen von stärker auf den Sachinhalt ausgerichteten Deutschen oder US-Amerikanern oft nicht mit denen der stärker am Beziehungsaspekt orientierten Südamerikaner, die vor den geschäftlichen Unterredungen im engeren (sachorientierten) Sinne einen – zumindest aus der Sicht von Deutschen oder US-Amerikanern – recht langen Prozess der Beziehungs- und Vertrauensbildung erwarten (vgl. GUIRDHAM 1999: 175). Auch in Japan wird die Etablierung der Beziehung als Voraussetzung für die Sachdiskussion gesehen und nicht umgekehrt: „In Deutschland und anderen westlichen Kulturen genügt meist ein gemeinsames Sachinteresse, um eine Beziehung einzugehen und fortbestehen zu lassen. Wenn die Interessenübereinstimmung auf der Sachebene entfällt, wird die Beziehung insgesamt häufig obsolet. Umgekehrt in Japan und in anderen östlichen Kulturen: In der Regel ist dort der ausgeprägte Aufbau und das Bestehen einer positiven formellen Beziehung *Voraussetzung* für das Verfolgen gemeinsamer Sachinteressen." (REZ ET AL. 2006: 46)

Hinsichtlich Selbstkundgabe und Appell (d.h. der kommunikativen Selbstdarstellung und der Aufforderung an das Gegenüber mittels der Nachricht) bestehen in unterschiedlichen Kulturen ebenfalls sehr stark divergierende Konventionen. In Kulturen, die zu indirekten Formen der Kommunikation tendieren, unterliegen Selbstkundgabe und Appell tendenziell stärkeren Restriktionen als in Kulturen, die direkte Formen der Kommunikation bevorzugen. Treffen Gesprächspartner aufeinander, die an sehr unterschiedliche Formen der Selbstkundgabe und des Appells gewöhnt sind, so kann dies zu Irritationen und Missverständnissen führen. Ausgehend von den Maximen der Selbstdarstellung, die von dem Linguisten GEOFFREY LEECH in *Principles of Pragmatics* (1983) formuliert wurden, lassen sich die zu erwartenden Probleme genauer fassen:

Selbstkundgabe und Appell

LEECH hat mit seinen Maximen der ‚Anerkennung' (*approbation*) und ‚Bescheidenheit' (*modesty*) Prinzipien für die Regulierung der interaktiven Selbstdarstellung und des Appells formuliert, die oft als kulturübergreifend angesehen werden, die aber den Anspruch auf Allgemeingültigkeit letztlich nicht erfüllen können, wie die Linguistin ANNA WIERZBICKA (1991) gezeigt hat. Zugleich eignen sich die beiden Maximen aber hervorragend, um die Kulturabhängigkeit kommunikativer Strategien der Selbstdarstellung näher zu beleuchten. Die beiden Maximen lauten wie folgt (nach WIERZBICKA 1991: 68):

Maximen der Selbstdarstellung

Maxime der Anerkennung
(a) Minimise dispraise of *other*; [(b) Maximise praise of *other*.]

Maxime I

Diese Maxime fordert, den Gesprächspartner in der Kommunikation durch (unter Umständen übertriebenes) Lob ‚gut aussehen' zu lassen. Während dieses kommunikative Verhalten in der deutschen oder US-amerikanischen Kultur als Norm gelten kann, ist es etwa in der japanischen Kultur keineswegs die Norm, sondern wird sogar eher vermieden (vgl. ebd.). Ein Deutscher oder US-Amerikaner mag das erwartete explizite positive ‚Feedback' seitens eines japanischen Gesprächspartners vermissen und übersehen, dass positives Feedback in anderer Form erfolgen kann, etwa durch die oben bereits erwähnten Fragen, die leicht als sachinhaltsorientiert fehlinterpretiert werden.

Maxime II

Maxime der Bescheidenheit
(a) Minimise praise of *self*; [(b) Maximise dispraise of *self*.]

Diese Maxime verhält sich komplementär zur ersten Maxime, trägt doch die zurückhaltende Selbstdarstellung dazu bei, das Gegenüber in einem noch vorteilhafteren Licht erscheinen zu lassen. Auch diese Maxime hat keineswegs universelle Gültigkeit. Sie kann sowohl völlig fehlen als auch in unterschiedlicher Intensität auftreten. WIERZBICKA (ebd.) betont, dass etwa in Bezug auf die afroamerikanische Kultur nachgewiesen worden ist, dass diese Maxime nicht zutrifft und ‚unbescheidene‘ Formen der Selbstdarstellung durchaus positiv beurteilt werden. In der japanischen und chinesischen Kultur hingegen kommt die Maxime der Bescheidenheit in einer derart ausgeprägten Form zum Tragen, dass dies beispielsweise auf Deutsche oder US-Amerikaner befremdlich wirken kann.

Missverständnisse

Ausgehend vom Kommunikationsquadrat lassen sich (interkulturelle, aber auch sonstige) Missverständnisse prägnant neu definieren, als ‚verlorene Botschaften‘ und ‚imaginierte Botschaften‘ (vgl. REZ ET AL. 2006: 50). Von einer ‚verlorenen Botschaft‘ kann man sprechen, wenn eine der vier Komponenten einer Äußerung „ihr Ziel nicht erreich[t], weil sie der Empfänger nicht oder nur entstellt wahrnimmt" (ebd.). Im Falle einer ‚imaginierten Botschaft‘ dagegen interpretiert der Angesprochene eine der Komponenten in einer Weise, die vom Sprecher nicht intendiert war, unterschiebt dem Sprecher also eine Botschaft. Das ‚Verlieren‘ und ‚Imaginieren‘ von Botschaften kann Hand in Hand gehen, denn es „ist durchaus möglich, dass eine Botschaft verloren geht (z.B. die Selbstkundgabe des Senders) und gleichzeitig eine andere Botschaft vom Empfänger imaginiert wird (z.B. eine Beziehungsbotschaft)" (ebd.).

Das Innere Team

Ein weiteres kommunikationspsychologisches Modell, das sich für die Analyse und produktive Verarbeitung interkultureller Kommunikationsprobleme anbietet, ist das ebenfalls von SCHULZ VON THUN entwickelte Modell vom ‚Inneren Team‘. Das Modell vom Inneren Team basiert auf der Annahme, dass jedes Individuum unterschiedliche, durchaus auch widersprüchliche, Persönlichkeitskomponenten in sich trägt, die hinsichtlich ihrer jeweiligen Dominanz divergieren. Die Aufstellung der ‚Spieler‘ des Inneren

Teams, d.h. die Zusammensetzung der Persönlichkeitsanteile und deren jeweilige Dominanzverhältnisse, variieren auf individueller Ebene; die Aufstellung kann aber auch zumindest teilweise durch die Kultur des Individuums geprägt werden: „[E]s ist sehr wahrscheinlich, dass das Aufwachsen in einem gesellschaftlichen System zu einer typischen ‚inneren Mannschaftsaufstellung‘ führt, die in dieser Kultur adäquat und überlebensdienlich ist“ (KUMBIER/SCHULZ VON THUN 2006: 16). Dies bedeutet, dass jene Persönlichkeitsanteile, die bei einem Gegenüber aus einer anderen Kultur dominant sind, oft auch in der eigenen Persönlichkeit angelegt sind, wenn auch unter Umständen nur als marginale Aspekte.

Macht man sich das Vorhandensein von sonst eher marginalen Persönlichkeitskomponenten bewusst, die den beim Gegenüber dominanten entsprechen, so bietet dies eine Möglichkeit, interkulturelles Verstehen herzustellen. Das Gegenüber erscheint dann nicht mehr so ‚fremd‘ wie zunächst vielleicht angenommen. In Anlehnung an KUMBIER/SCHULZ VON THUN (ebd.: 36) lassen sich diese marginalen Mitspieler im Inneren Team als ‚kleiner Ausländer‘ (‚kleiner Japaner‘, ‚kleiner Spanier‘, ‚kleiner Australier‘ usw.) bezeichnen. Macht man sich bei interkulturellen Konflikten bewusst, dass man diese Anteile der Persönlichkeit besitzt, auch wenn sie nicht dominant sind, dann bietet dies eine sehr gute Voraussetzung für die Entwicklung von Toleranz und für interkulturelles Verstehen: „Tatsächlich schlummert […] im Hintergrund oder Untergrund ein Stück von der anderen Kultur: der ‚Kleine Japaner‘ und die ‚Kleine Deutsche‘, die den Dialog aufnehmen könnten“ (ebd.: 40).

Der ‚kleine Ausländer‘ im Inneren Team

Gerade bei längerfristigen interkulturellen Kontakten bleibt es häufig nicht bei punktuellen Missverständnissen, sondern es entwickelt sich ein Teufelskreis des Missverstehens, in dem die Interaktionspartner durch ihre divergierenden internalisierten Kommunikationsstrategien den Konflikt fortwährend verschlimmern, statt ihn zu lösen; es kann also dazu kommen, dass „jeder durch sein Verhalten ungewollt und unbewusst das Verhalten des anderen geradezu provoziert – obwohl er doch mit größter Sicherheit glaubt, lediglich darauf zu *reagieren*“ (KUMBIER/SCHULZ VON THUN 2006: 22). Zwar treten solche kommunikativen Teufelskreise auch innerhalb einer Kultur auf, aber „[d]er Verdacht liegt nahe, dass interkulturelle Unterschiede häufig zum Ausgangspunkt und zum Motor von Teufelskreisen werden – und dass diese Teufelskreise

Teufelskreise

womöglich besonders schwer zu durchschauen sind, weil das Verhalten von Menschen aus einer anderen Kultur besonders fremd und unverständlich erscheint" (ebd.: 22f.). Das Kommunikationsquadrat und das Modell von Inneren Team sind zwei mögliche Ansatzpunkte, um solche Teufelskreise zu durchbrechen. Die folgenden Erläuterungen zu Konventionen der nonverbalen Kommunikation sollen ebenfalls dazu beitragen, Teufelskreise der interkulturellen Kommunikation zu vermeiden oder zu durchbrechen.

3 Prinzipien menschlicher Kommunikation

Universelle
Kommunikations-
prinzipien?

In der Kommunikationsforschung sind immer wieder Versuche unternommen worden, grundlegende Prinzipien und Maximen menschlicher Kommunikation zu definieren, die als universell, d.h. als kulturübergreifend gültig, betrachtet werden können. An diesem universalistischen Anspruch ist jedoch gerade durch die interkulturelle Pragmatik massive Kritik geübt worden. Wie WIERZBICKA (1991) und andere betont haben, bleiben die Versuche, allgemein gültige Prinzipien menschlicher Kommunikation zu bestimmen, letztlich doch zumeist in den Wahrnehmungskategorien und Wertungen jener Kultur gefangen, der derjenige angehört, der die Prinzipien formuliert. Dennoch lohnt es sich, die verschiedenen Modelle zu Kommunikationsprinzipien bei einer Beschäftigung mit interkultureller Kommunikation heranzuziehen, denn sie können durchaus den Blick für einige der Probleme interkultureller Kommunikation schärfen. Im Folgenden sollen zwei besonders einflussreiche Modelle – PAUL WATZLAWICKS Axiome der Kommunikation und PAUL GRICES Kommunikationsmaximen – kurz vorgestellt werden, wobei jeweils insbesondere die Implikationen für interkulturelle Kommunikation sowie die Möglichkeit einer kulturell verzerrten Wahrnehmung beim Aufstellen der Prinzipien berücksichtigt werden sollen.

WATZLAWICKS
Axiome

WATZLAWICK hat mit seinen fünf Axiomen der Kommunikation eines der einflussreichsten Modelle der Kommunikationswissenschaft etabliert. Wie u.a. HERINGER (2004: 18-22) gezeigt hat, haben diese Axiome der Kommunikation unmittelbare Implikationen für interkulturelle Kommunikation bzw. verweisen indirekt auf Probleme, die speziell bei interkultureller Kommunikation auftreten können. Letztlich gilt es bei jedem der Axiome abzuwägen, inwieweit es kulturabhängig ist oder doch kulturübergreifend

Gültigkeit beanspruchen kann, wie im Folgenden zu erläutern sein wird.

Das erste und wohl bekannteste der Watzlawickschen Kommunikationsaxiome lautet ‚Man kann nicht nicht kommunizieren‘. Dieses Axiom, dem durchaus kulturübergreifende Gültigkeit zugeschrieben werden kann, besagt, dass nicht nur verbale oder nonverbale Signale, sondern auch deren Unterlassen als kommunikativer Akt, als sprachliches Handeln gedeutet werden kann – und meist auch wird. So kann Schweigen in einer Kommunikationssituation bekanntlich auch ‚beredt‘ sein. Welche Bedeutung Schweigen in einer konkreten Kommunikationssituation hat, hängt freilich von verschiedenen Faktoren ab, beispielsweise von der bereits existierenden Beziehung zwischen den Gesprächspartnern. Zudem ist die Bedeutung von Schweigen auch kulturabhängig, denn es existieren „kulturell verschiedene Ausführungsbestimmungen dafür [...], was als Schweigen zählt und als was Schweigen zählt." (HERINGER 2004: 19) Ab welcher Länge eine Gesprächspause von den Gesprächspartnern als unangenehm empfunden wird, kann ganz erheblich variieren. Für Deutsche wird angenommen, dass die Grenze, ab der Gesprächspausen als unangenehm empfunden werden, in der Regel zwischen 20 Sekunden (vgl. ebd.: 19) und 30 Sekunden (vgl. LÜSEBRINK 2005: 51) liegt. Ähnliches gilt auch für den angloamerikanischen Kulturkreis und Frankreich, wo längere Gesprächspausen „als kommunikative Störung empfunden und dementsprechend interpretiert [werden], etwa als fehlende Anteilnahme am Gespräch oder aber als Einsilbigkeit, Schüchternheit oder Verlegenheit des Kommunikationspartners" (ebd.: 51). In Schweden oder Finnland hingegen werden beispielsweise durchaus auch etwas längere Pausen toleriert, ohne als unangenehm wahrgenommen zu werden. Auch in Japan hat ein Schweigen in einer Interaktion andere Bedeutungen als etwa in Deutschland:

> Japaner sehen das Schweigen weitaus mehr als Kommunikationsinstrument an als Europäer und Amerikaner. Außerdem können Japaner miteinander oft und lange schweigen und sich dabei sehr behaglich fühlen, während in Europa und Nordamerika ein etwas längeres Nichtssagen bald zu Unsicherheit und Verlegenheit führt. Europäern ist das Schweigen der Japaner unheimlich, während die Japaner ihre europäischen und nordamerikanischen Partner häufig als allzu redselig kritisieren. (MALETZKE 1996: 148)

1. Axiom: ‚Man kann nicht nicht kommunizieren‘

Beispiel: Japan

2. Axiom:
Beziehung und
Bedeutung

Das zweite Axiom WATZLAWICKs besagt, dass *die Beziehung zwischen den Kommunikationspartnern die Bedeutung des Gesagten* beeinflusst. Auch dieses Axiom kann sicherlich Anspruch auf universelle Gültigkeit erheben. In welchem Maße und in welcher Weise die Beziehung zwischen den Kommunikationspartnern die Bedeutung beeinflusst, variiert freilich in Abhängigkeit von der Kultur der Kommunikationspartner ganz erheblich. Die deutsche und die US-amerikanische Kultur sind dafür bekannt, dass in ihnen der Ausrichtung auf den Sachinhalt der Kommunikation große Bedeutung beigemessen wird. Im Vergleich dazu legen andere Kulturen, etwa die südamerikanischen Kulturen oder auch die japanische Kultur, sehr viel mehr Wert auf die Beziehungspflege in der Kommunikation, so dass es „selbstverständlich [ist], zunächst die Entwicklung der Beziehung in den Mittelpunkt der Kommunikation zu stellen" (HERINGER 2004: 20). Wie sich dies in der Kommunikation konkret niederschlagen kann, wird weiter unten am Beispiel kulturspezifischer Begrüßungsrituale ausgeführt.

3. Axiom:
Regeln der
Sequenzierung

Gemäß dem dritten Axiom unterliegt auch die Sequenzierung des Kommunikationsablaufs, d.h. die Abfolge von kommunikativen Handlungen und Themen, bestimmten Regeln. Diese Regeln können ebenfalls von Kultur zu Kultur variieren. So sind etwa „[d]ie Fragen, wer darf ein Gespräch beginnen, was soll zuerst und was erst am Schluss gesagt werden, […] in unterschiedlichen Kulturen unterschiedlich geregelt" (ebd.: 21). Kulturelle Unterschiede hinsichtlich der Sequenzierung des Kommunikationsablaufs werden in Kap. 5 im Zusammenhang mit Begrüßungssequenzen und dem Übergang von der Begrüßung zum eigentlichen Thema des Gesprächs aufgezeigt werden.

4. Axiom:
digitale und
analoge Kommunikation

Das vierte Axiom der Kommunikation lenkt die Aufmerksamkeit einerseits auf die Unterschiede zwischen verbaler und nonverbaler Kommunikation, andererseits auf die zentrale Bedeutung der nonverbalen Kommunikation. Verbale Kommunikation verläuft digital, beruht sie doch auf der Verwendung von „Wörter[n], die distinkt sind, für die wir diskrete Muster der Wahrnehmung besitzen" (ebd.); nonverbale Kommunikation hingegen erfolgt analog. Dass gerade im Bereich des Zusammenspiels von verbaler und nonverbaler Kommunikation häufig Probleme in der interkulturellen Kommunikation auftreten, wurde bereits angedeutet. Unten wird ausführlicher auf diese Problemfelder einzugehen sein. Verbale und nonverbale Kommunikation stehen nicht nur in einer komplementären Beziehung zueinander, sondern die Kommunikation bestimmter Inhalte kann mitunter auch nur einer der beiden Ebenen vorbehalten sein; d.h. manches darf in einer Kultur unter Umständen nicht verbal ausgedrückt werden. Dies kann in interkultureller Kommunikation ebenfalls Missverständnisse verursachen.

Das fünfte Axiom menschlicher Kommunikation besagt, dass Kommunikation symmetrisch oder komplementär verlaufen kann. „In symmetrischer Kommunikation sind die Handlungsmöglichkeiten der Partner gleich verteilt. Beide sind bestrebt, keine Ungleichheiten und Unterschiede aufkommen zu lassen. In komplementärer Kommunikation ergänzen sich die Handlungsmöglichkeiten der Partner. Dabei kann die Asymmetrie in verschiedenen Positionen manifest werden: Ein Partner nimmt die überlegene Stellung ein, der andere die entsprechende inferiore." (HERINGER 2004: 22) Es liegt auf der Hand, dass gerade in Bezug auf dieses Axiom oft Probleme bei interkultureller Kommunikation beobachtet werden können. So kann ein Gesprächspartner unwissentlich Signale aussenden, die von dem Gegenüber aufgrund von dessen kultureller Prägung als Indikatoren für eine inferiore oder dominante Gesprächsposition gedeutet werden, ohne dass vom Sender tatsächlich die Etablierung einer asymmetrischen Kommunikationssituation intendiert ist. Aber nicht nur die verbalen und nonverbalen Signale für das Beanspruchen einer dominanten Kommunikationsposition bzw. das Einnehmen der unterlegenen Position variieren von Kultur zu Kultur. Kulturabhängig ist auch die Frage, ob das Verhältnis zwischen den Kommunizierenden eine symmetrische Kommunikation zulässt oder eine asymmetrische Kommunikation erfordert. Wichtig ist in diesem Zusammenhang nicht zuletzt die Bedeutung der Machtdistanz, also einer der von HOFSTEDE definierten Kulturdimensionen, in einer bestimmten Kultur. Eine wichtige Rolle als Indikatoren für die Beziehung zwischen den Gesprächspartnern spielen etwa die Anredeformen. WATZLAWICKS Axiome der Kommunikation lassen sich also sehr gut zu Fragen der interkulturellen Kommunikation in Bezug setzen und vermögen den Blick für Probleme interkultureller Kommunikation zu schärfen.

Neben WATZLAWICKS Axiomen der Kommunikation bilden PAUL GRICES Maximen der Kommunikation einen der einflussreichsten Ansätze zur Kommunikationsanalyse, der auch bereits wiederholt im Rahmen der Forschung zur interkulturellen Kommunikation herangezogen wurde (vgl. u.a. EHRHARDT 2003). Die Grundlage

> 5. Axiom: symmetrische und komplementäre Kommunikation

> GRICES Maximen

von GRICES (1975) Überlegungen ist das Kooperationsprinzip, d.h. die Annahme, dass Kommunikationsteilnehmer bemüht sind, ihren Redebetrag den Erfordernissen der aktuellen Gesprächssituation anzupassen. Darüber hinaus setzt er vier grundlegende Maximen der Kommunikation an, die die Informationsvergabe regeln und die Voraussetzung für eine erfolgreiche Kommunikation darstellen. Eine Verletzung einer dieser vier Maximen führt laut GRICE zu Kommunikationsproblemen:

(1) *Maxime der Quantität*: ,Erbringe die Menge der von dir verlangten Informationen, weder mehr noch weniger'
(2) *Maxime der Qualität*: ,Versuche einen wahrheitsgemäßen Beitrag zu leisten' – Sage nichts Falsches, und sage nichts, wofür du keine passenden Belege hast
(3) *Maxime der Relation*: ,Sei bei der Sache' – Rede den Gesprächsthemen gemäß oder wechsle mit gutem Grund das Thema
(4) *Maxime des Modus*: ,Sei deutlich' – Meide Unklarheit, Mehrdeutigkeit, Weitschweifigkeit und Unordnung. (zit. nach VOLLI 2002: 264)

Relevanz für interkulturelle Kommunikation

In interkultureller Kommunikation werden die aus der Verletzung dieser vier Maximen resultierenden Kommunikationsschwierigkeiten insofern potenziert, als zwischen Kulturen keineswegs Einigkeit darüber vorauszusetzen ist, was beispielsweise als ausreichende Information (Maxime der Quantität) oder als relevant für einen bestimmen Gesprächsgegenstand oder Gesprächsanlass (Maxime der Relation) erachtet wird. Im Folgenden sollen die vier Maximen deshalb kurz im Hinblick auf ihre besondere Bedeutung für interkulturelle Kommunikation erläutert werden.

Quantität

Was als ,ausreichende' Information in einer bestimmten Gesprächssituation empfunden wird, kann nicht nur von Sprecher zu Sprecher durchaus variieren, sondern ist auch kulturabhängig. So erwarten manche Kulturen unter Umständen ausführlichere Informationen zu bestimmten Aspekten als andere.

Qualität

Die Forderung nach verlässlichen Informationen wird sicherlich z.B. deutschen Lesern unmittelbar einleuchten. Die Bedeutung, die der Verlässlichkeit beispielsweise im deutschen oder angloamerikanischen Kulturkreis beigemessen wird, resultiert aber zum Teil auch aus der für diese Kulturen kennzeichnenden Sachorientierung und Direktheit. Für Kulturen, die dem Beziehungsaspekt bei der

Kommunikation stärkeres Gewicht beimessen und die zu indirekten Formen der Kommunikation tendieren, stellt sich die Maxime der Qualität vermutlich etwas anders dar. Wichtiger als die Forderung nach verlässlichen Informationen kann es in solchen Kulturen sein, Respekt vor dem Gegenüber dadurch zu bezeugen, dass z.b. keine direkte Kritik an ihm geäußert wird, sondern dass diese entweder unterbleibt oder aber nur implizit zum Ausdruck kommt. Während sachorientierte Kulturen in einem solchen Kommunikationsverhalten eine Verletzung der Forderung nach verlässlichen Informationen sehen mögen, ist die scheinbar mangelnde Verlässlichkeit in manchen Kulturen ein Gebot der Höflichkeit (vgl. etwa die Ausführungen zum Kommunikationsverhalten in Peru von PORSCHKE 2006).

Welche Informationen in einer Gesprächssituation als relevant erachtet werden, kann ebenfalls von Kultur zu Kultur erheblich variieren. So wird in manchen Kulturen größerer Wert auf ritualisierte Formen der Kommunikation gelegt, die mit einem Ausdruck von Informationen einhergehen, die in anderen Kulturen unter Umständen als nicht notwendig für die Kommunikation angesehen werden. Einige kulturspezifische Unterschiede hinsichtlich der als relevant erachteten Informationen werden z.b. bei Begrüßungsritualen deutlich. Eine Information, die z.B. Deutsche bei einer Begrüßung als relevant erachten, sind die Namen der Anwesenden. Folglich erwarten Deutsche in der Regel bei einer Begrüßung eine Vorstellung der ihnen unbekannten Anwesenden. Araber hingegen erachten diese Information offenbar als weniger wichtig, weshalb die Vorstellung unbekannter Anwesender anders als im deutschen Begrüßungsritual im arabischen nicht verankert ist (vgl. BOUCHARA 2002). | Relation

Die Forderung nach der ‚Klarheit' der in der Kommunikation vergebenen Informationen lässt recht deutlich das zugrunde liegende Wertesystem des angloamerikanischen (aber auch des deutschen) Kulturkreises erkennen. Logik, Transparenz und Direktheit gelten in sachorientierten Kulturen als positive Werte und als Voraussetzung für eine erfolgreiche und effiziente Kommunikation. In beziehungsorientierten Kulturen, die indirekte Formen der Kommunikation privilegieren, kann hingegen eine ‚klare' (sprich: direkte) Form der Informationsvergabe in der Kommunikation einen Bruch der Konventionen und einen Verstoß gegen grundlegende Höflichkeitsregeln darstellen. | Modalität

Ethnozentrik der Vorannahmen

Wie oben bereits betont wurde, wurde sowohl den Axiomen der Kommunikation von WATZLAWICK als auch den Kommunikationsmaximen von GRICE traditionell eine universelle Gültigkeit unterstellt. D.h. es wurde und wird oft angenommen, dass die obigen Feststellungen über kommunikatives Verhalten unabhängig von den Kulturen der am Gespräch beteiligten Personen seien. Für WATZLAWICKs Axiome scheint sich diese Annahme weitgehend aufrechterhalten zu lassen. Die Axiome können zwar dazu beitragen, die Aufmerksamkeit auf Probleme interkultureller Kommunikation zu lenken, sie scheinen aber in sich relativ wenig kulturspezifisch zu sein. Bei den Griceschen Kommunikationsmaximen wird hingegen rasch deutlich, dass sie auf Vorannahmen basieren, die nicht für alle Kulturen zutreffend sind, sondern die recht deutlich einen kulturspezifischen Blickwinkel erkennen lassen. Die Anwendung der Kommunikationsmaximen auf interkulturelle Kommunikation erscheint also problematisch, setzen sie doch Werte als Norm, die keineswegs in allen Kulturen dieselbe zentrale Rolle spielen. Im interkulturellen Vergleich entpuppen sich die oft als universell betrachteten Maximen als durchaus kulturabhängig, als „ethnocentric illusion" (WIERBZBICKA 1991: 25).

Nachdem im vorangegangenen Kapitel der Akzent auf den Grundlagen interkultureller Kommunikation lag, wobei freilich auch schon immer die spezifischen Probleme interkultureller Kommunikation berücksichtigt wurden, stehen in diesem Kapitel die Kommunikationsprobleme und mögliche Strategien zur Bewältigung dieser Probleme im Vordergrund. Erneut geht es insbesondere um die pragmatisch-kommunikative Teilkompetenz der interkulturellen Kompetenz. Im Folgenden sollen Anregungen zur Weiterentwicklung dieser Teilkompetenz gegeben werden. Dazu werden zunächst vier unterschiedliche Ebenen, auf denen Probleme interkultureller Kommunikation auftreten können, näher beleuchtet: die Ebene der sprachlichen Kompetenz (Teilkapitel 1), die Inhaltsebene (Teilkapitel 2), die Beziehungsebene (Teilkapitel 3) und schließlich die Ebene der nonverbalen Kommunikation (Teilkapitel 4). Daran anschließend werden aus der Vielzahl der möglichen *critical incidents*, der Situationen, in denen die pragmatisch-kommunikative Teilkompetenz in besonderem Maße auf die Probe gestellt wird, exemplarisch vier herausgegriffen, die von besonders großer praktischer Relevanz sind: (1) die Gesprächsorganisation, d.h. das kommunikative Aushandeln des Sprecherwechsels; (2) die Begrüßung als besonders stark ritualisierter Teil der Kommunikation; (3) Anredeformen; und (4) Bitten und Aufforderungen. Am Ende des Kapitels wird schließlich eine Palette genereller Strategien zur Bewältigung von Problemen interkultureller Kommunikation aufgezeigt und hinsichtlich ihrer jeweiligen Vor- und Nachteile ausgewertet.

Aufbau

Um mögliche Probleme interkultureller Kommunikation – wie auch Lösungsstrategien für diese Probleme – anschaulich darstellen zu können, wird im Folgenden auf Beispiele aus der Forschungsliteratur zur interkulturellen Kommunikation zurückgegriffen. Selbstverständlich können die nachfolgenden Kapitel keine umfassende ‚Anleitung zum erfolgreichen Kommunizieren in fremden Kulturen' bieten. In erster Linie sollen sie den Lesern helfen, Sensibilität für jene Bereiche der Kommunikation zu entwickeln, in denen Probleme und Missverständnisse bei interkultureller Kommunikation gehäuft auftreten. Gleichwohl wurde bei der Auswahl der Beispiele aus der Fülle der vorliegenden Untersuchungen zu interkultureller Kommunikation bewusst darauf geachtet, bevorzugt auf solche Kulturen einzugehen, mit denen vermutlich viele Leser in Kontakt kommen, um zumindest exemplarisch auch eine ganz konkrete Hilfestellung für interkulturelle Kommunikation geben zu können.

Beispielwahl

1 Probleme auf der Ebene der sprachlichen Kompetenz

Sprachliche
Kompetenz

Eine erste, häufige Ursache von Schwierigkeiten bei interkultureller Kommunikation ist sicherlich auf sprachlicher Ebene angesiedelt. Eine mangelnde sprachliche Kompetenz eines oder mehrerer Gesprächspartner kann ohne Zweifel zu einer erheblichen Hürde der Kommunikation werden. Kommuniziert man in einer Sprache, in der man nicht über muttersprachliche Kenntnisse verfügt, dann wird man sowohl beim Sprechen als auch beim Zuhören früher oder später an die Grenzen der eigenen sprachlichen Möglichkeiten stoßen. Ein begrenztes sprachliches Ausdrucksrepertoire macht es wahrscheinlich, dass nicht alles, was man sagen möchte, in den gewünschten Nuancierungen deutlich wird. Zudem können dem Empfänger bisweilen Feinheiten der Botschaft des Sprechers entgehen (vgl. GUIRDHAM 1999: 169). So erscheint es beispielsweise relativ wahrscheinlich, dass Ironiesignale beim Empfänger nicht ankommen – schließlich sind Ironiesignale selbst innerhalb einer Kultur und Sprache eine recht häufige Ursache von Missverständnissen. Aber auch die Verwendung unterschiedlicher Varietäten ein und derselben Sprache kann zu Kommunikationsproblemen führen, wie oben bereits erläutert.

Sprachliche
Konstellationen

Auf sprachlicher Ebene ist in Bezug auf die Probleme, die bei interkultureller Kommunikation auftreten, zwischen verschiedenen möglichen Gesprächskonstellationen zu differenzieren, die jeweils unterschiedliche typische Probleme nach sich ziehen. Bei der nachfolgenden Systematisierung solcher Konstellationen wird von der Basisannahme einer Kommunikation zwischen zwei Gesprächspartnern ausgegangen. Da interkulturelle Kommunikation natürlich oft mehr als zwei Gesprächspartner betrifft, stellen sich reale interkulturelle Kommunikationssituationen zwar komplexer als die unten aufgeführten Konstellationen dar. Die Basiskonstellationen sind jedoch als ‚Bausteine' für komplexere Konstellationen aufzufassen. Ausgehend vom Kriterium der sprachlichen Kompetenz der Gesprächspartner sind die folgenden drei Basiskonstellationen denkbar:

Konstellation 1: Sprecher 1 und 2 verfügen nicht über eine gemeinsame Muttersprache, sondern verständigen sich in einer Sprache, die für beide eine Fremdsprache darstellt.

Konstellation 2: Sprecher 1 und 2 kommunizieren in einer Sprache, in der Sprecher 1 über muttersprachliche Kompetenz verfügt, Sprecher 2 jedoch nur über fremdsprachliche.

Konstellation 3: Sprecher 1 und 2 sprechen dieselbe Muttersprache, verwenden aber unterschiedliche Varietäten dieser Sprache.

Wenn Sprecher 1 und 2 in einer Sprache kommunizieren, in der keiner der beiden Sprecher über muttersprachliche Kompetenz verfügt, also bei beiden Gesprächspartnern die sprachliche Kompetenz begrenzt ist, dann ist die Gefahr von Kommunikationsschwierigkeiten aufgrund von begrenztem Wortschatz wie auch durch Mängel bei der Beherrschung von Grammatik und Aussprache im Prinzip besonders groß. Wie stark die auftretenden Probleme sind, steht in proportionaler Relation zur sprachlichen Kompetenz der beiden Sprecher, die natürlich sehr stark variieren kann. Diese Konstellation dürfte jedoch grundsätzlich dazu geeignet sein, beide Sprecher für die Probleme zu sensibilisieren, die der Gesprächspartner in der Kommunikationssituation hat. Das Suchen nach dem passenden Wort, eine falsche Aussprache oder das Verwenden einer ungrammatischen Wendung sind Erfahrungen, die aller Wahrscheinlichkeit nach beide Gesprächspartner teilen, was die Bereitschaft zu Toleranz gegenüber Ausdrucksschwierigkeiten des Gegenübers tendenziell steigern sollte. Somit wird diese Gesprächskonstellation oft gute Voraussetzungen für das gemeinsame Streben nach Bewältigungsstrategien für Probleme interkultureller Kommunikation liefern.

Konstellation 1

Wenn Sprecher 1 über muttersprachliche Kompetenz in der zur Verständigung gewählten Sprache verfügt, Sprecher 2 hingegen nur über fremdsprachliche, dann lassen sich aus diesem Gefälle hinsichtlich der sprachlichen Kompetenz ebenfalls spezifische Probleme ableiten. Sprecher 2 sind durch seine begrenzte aktive und passive Kompetenz in der zur Verständigung gewählten Sprache Grenzen hinsichtlich seiner Ausdrucks- und Verstehensmöglichkeiten gesetzt, die in der Kommunikation zum Hindernis werden können. Selbst wenn Sprecher 2 über eine sehr gute fremdsprachliche Kompetenz in der verwendeten Sprache verfügt, so ist es doch wahrscheinlich, dass ihm Nuancen entgehen oder dass er sprachlich nicht immer exakt das zum Ausdruck bringt, was er sagen möchte. Für Sprecher 1 bietet die muttersprachliche Kompetenz zwar im Prinzip ein breites Ausdrucksspektrum, aber wenn dieses

Konstellation 2

genutzt wird, potenziert dies die Gefahr, dass die Äußerungen für Sprecher 2 unverständlich sind. Von Sprecher 1 ist also in dieser Konstellation die Sensibilität gefordert, aus dem breiten Spektrum an Ausdrucksmöglichkeiten, das die Sprache zur Verfügung stellt, in Hinblick auf Vokabular und Strukturen eine Auswahl zu treffen, die das Verstehen erleichtert.

Konstellation 3

Auf den ersten Blick scheint die sprachliche Komponente in jenen Fällen, in denen Sprecher 1 und 2 lediglich unterschiedliche Varietäten derselben Sprache verwenden, von zu vernachlässigender Bedeutung zu sein. Tatsächlich zeigen aber etwa vergleichende Studien zum amerikanischen und britischen Englisch, dass die Varietäten einer Sprache hinsichtlich Wortschatz und Grammatik so stark voneinander divergieren können, dass es auch in einem solchen Fall zu sprachlich bedingten interkulturellen Kommunikationsproblemen kommen kann. Vor allem Unterschiede im Wortschatz und der Grammatik, bisweilen auch in der Aussprache (vor allem der Intonation) können durchaus unter Muttersprachlern aus unterschiedlichen Kulturen zu Missverständnissen und Verständigungsschwierigkeiten führen. Eine besondere Gefahr stellen die so genannten ‚false friends‘ dar, Wörter oder komplexere Ausdrücke, die zwar vertraut aussehen, sich aber hinsichtlich Bedeutung oder Konnotationen in den Varietäten unterscheiden.

2 Probleme auf der Inhaltsebene

Inhaltsebene

Probleme interkultureller Kommunikation, die auf der Inhaltsebene angesiedelt sind, erwachsen im Wesentlichen aus Diskrepanzen hinsichtlich des kulturellen Wissens oder des Werte- und Normensystems der Gesprächspartner. GEORG AUERNHEIMER (2006: 147) geht davon aus, dass im Prinzip nur dann schwerwiegende Probleme auf der Inhaltsebene zu erwarten sind, „wenn ein komplexeres Hintergrundwissen relevant wird, sei es das Verständnis eines gesellschaftlichen Teilsystems oder eines Glaubenssystems." Hingegen erscheint „[b]ei einfachen Sachverhalten im Alltag [...] die Sachklärung unproblematisch, solange das sprachliche Repertoire der Kommunikationspartner einigermaßen ausreicht" (ebd.). Auch wenn eine Verständigung auf inhaltlicher Ebene vergleichsweise leicht sein mag, so kommen doch etwa bei der Wahl der Themen, die für ein Gespräch überhaupt bzw. für eine bestimmte kommunikative Situation als angemessen betrachtet werden, durchaus erhebliche kulturelle Unterschiede zum Tragen. Zu beachten ist hinsichtlich der Inhaltsebene zudem, dass bei asymmetrischen Machtverhältnissen zwischen den Sprechern in der Regel der Gesprächspartner, der überlegen ist, auch in der Position ist, zu „bestimmen […], was Thema sein darf und was Tabu ist" (ebd.: 152).

In wohl jeder Kultur gibt es bestimmte Tabuthemen, also Themen, die in persönlicher Kommunikation wie auch in mediatisierter Kommunikation nicht angesprochen werden sollen. Die Tabuthemen können sich im Verlauf der Zeit erheblich wandeln: Themen können ‚enttabuisiert' werden ebenso wie zuvor nicht tabuisierte Themen infolge gesellschaftlicher Wandlungsprozesse mit einem Tabu belegt werden können. Zudem variieren Tabuthemen von Kultur zu Kultur, schlagen sich in ihnen doch die Wertvorstellungen einer Kultur und oft auch religiöse Überzeugungen nieder. Dass im islamischen Kulturkreis Körper und Sexualität im öffentlichen Raum zu den Tabuthemen zählen, ist hinlänglich bekannt. Aber auch etwa zwischen Deutschland und Frankreich sind hinsichtlich der Thematisierung des Körpers Unterschiede zu verzeichnen: „Themen wie Tampons und Zahnfleischbluten, die in der deutschen Werbung präsent sind, werden in der französischen Werbung im Allgemeinen vermieden bzw. nur in sehr indirekter Weise angesprochen." (LÜSEBRINK 2005: 53)

Tabuthemen

Zu den Tabuthemen können in manchen Gesellschaften auch private Probleme gezählt werden. Im westlichen Kulturkreis setzt eine Thematisierung privater Probleme voraus, dass zwischen den Gesprächspartnern ein relativ vertrautes Verhältnis besteht. In geschäftlichen Kommunikationen werden Informationen über das Privatleben, insbesondere über persönliche Probleme, hingegen nicht erwartet, gelten also weitgehend als Tabuthemen. Umso überraschender (und unter Umständen auch befremdlich) mag es deshalb wirken, wenn ein japanischer Geschäftspartner in einem dienstlichen Kontext vermeintlich schwerwiegende private Probleme wie einen Ehestreit erwähnt. Gelten Japaner nicht gemeinhin als besonders zurückhaltend und tendieren zu indirekter Kommunikation? Was die unerwarteten Äußerungen scheinbar sehr privater Natur erklärt, ist die große Bedeutung, die der Beziehungskomponente der Kommunikation seitens der Japaner beigemessen wird. Äußerungen über einen Ehestreit oder finanzielle Probleme dienen der Etablierung der Beziehungsebene mit dem Gesprächspartner und nicht etwa der Selbstkundgabe. Erwartet wird vom Gegenüber

Tabuthema private Probleme

eine „Rückanerkennung [...] in vergleichbarem Code" (REZ ET AL. 2006: 60) – eine Erwartung, der westliche Gesprächspartner aus Unkenntnis der japanischen Kommunikationskonventionen wohl oft nicht gerecht werden. Liefern sie stattdessen einen (vermutlich durchaus hilfreich gemeinten) Ratschlag, so haben sie den Japaner gründlich missverstanden und ihn wahrscheinlich beleidigt, indem sie ihm durch ihre Reaktion eine Selbstkundgabe unterstellt haben, die dem Sprecher peinlich sein kann. Der Kern des Kommunikationsproblems besteht darin, dass deutsche und japanische Sprecher geradezu diametral entgegengesetzt mit der Artikulation privater Probleme in geschäftlichen Kontexten umgehen:

Beispiel: Thematisierung privater Probleme im geschäftlichen Kontext (Deutschland vs. Japan)

Während in geschäftlichen oder ähnlichen Kontexten ein Deutscher kleinere persönliche Probleme kaum erwähnen würde (‚unerheblich, Privatsphäre, geht den anderen nichts an'), aber bei schwerwiegenden Problemen womöglich durchaus Andeutungen machte (z.B. um Terminprobleme oder seine Niedergeschlagenheit zu erklären), würde umgekehrt sein japanisches Pendant kleinere Probleme als ‚Aufhänger' für die Bekräftigung ihrer sozialen Beziehung sehr wohl gebrauchen, sich jedoch bei tatsächlich ernsthaften Problemen nichts anmerken lassen. (REZ ET AL. 2006: 60)

3 Probleme auf der Beziehungsebene

Beziehungs-
ebene

Weitaus häufiger als auf der Inhaltsebene sind laut AUERNHEIMER (2006: 147) die Ursachen von Schwierigkeiten bei interkultureller Kommunikation auf der Beziehungsebene zu suchen. Dies veranschaulichen etwa die so genannten *critical incidents*, die auch immer wieder zum Gegenstand interkultureller Schulungen werden: z.B. Begrüßungen, Gesprächsorganisation und Strategien der Konfliktbewältigung. Der Kern der Probleme und Missverständnisse auf der Beziehungsebene ist darin zu sehen, dass in einer Interaktion jeder Gesprächspartner im Verhalten des anderen eine Einschätzung seiner eigenen Person zu erkennen glaubt. Entsprechen die Signale, die das Gegenüber sendet, nicht den Erwartungen, so „kommt [es] zu Irritationen nach dem Muster ‚Wie behandelt der mich?', ‚Als was sieht der mich?'." (AUERNHEIMER 2006: 148) Der

Grund für das vermeintlich unpassende Verhalten des Gegenübers ist zum einen in den kulturell divergierenden Beziehungsstrukturen zu sehen. So kann beispielsweise das Verhalten gegenüber älteren Menschen von Kultur zu Kultur recht stark variieren. Zum anderen resultieren aber auch Missverständnisse aus einer Fehlinterpretation der verbalen und nonverbalen Kommunikationsstrategien des Gegenübers.

Spielt die Beziehungsebene bereits grundsätzlich eine zentrale Rolle bei Problemen interkultureller Kommunikation, so werden diese Schwierigkeiten besonders eklatant, wenn zwischen den Gesprächspartnern asymmetrische Machtverhältnisse bestehen (vgl. ebd.: 149). Unter ‚Macht' lässt sich AUERNHEIMER (ebd.: 152) zufolge, kommunikationstheoretisch gedacht, „die Überlegenheit hinsichtlich von Handlungsmöglichkeiten" verstehen. Asymmetrische Machtverhältnisse müssen also keineswegs notwendig aus sozialen Faktoren wie beruflicher Position, Alter etc. resultieren, sondern können auch aus der interkulturellen Begegnung selbst resultieren, denn „[e]ine Asymmetrie ergibt sich allein schon dann, wenn ein Kommunikationspartner nicht ausreichend über die verwendete Sprache oder die üblichen kulturellen Scripts verfügt" (ebd.: 152). Die Machtverhältnisse, die in interkultureller Kommunikation durch divergierende sprachliche und kulturelle Kompetenz erzeugt werden, können im krassen Gegensatz zu den Machtverhältnissen stehen, die der unterlegene Gesprächspartner in der ihm vertrauten Umgebung gewöhnt ist: „Wenn man sein Anliegen nicht differenziert genug vortragen oder auch sich selbst nicht angemessen darstellen kann – man stelle sich einen Akademiker aus Afghanistan im Ausländeramt vor –, kommt es zu Frustrationen. Eine gewisse Infantilisierung stellt sich ein." (ebd.)

Machtverhältnisse

Asymmetrische Machtverhältnisse machen ein Aushandeln von Beziehungsdefinitionen nahezu unmöglich oder erschweren es doch zumindest sehr (vgl. ebd.: 153); symmetrische Machtverhältnisse hingegen bieten eine gute Voraussetzung für das interaktive Aushandeln von Beziehungsdefinitionen. Beziehungsdefinitionen werden in der Regel implizit vorgenommen, d.h. durch Anredeformen, Proxemik und ähnliche Faktoren (vgl. ebd.). Der Gesprächspartner vermag die vom Gegenüber vorgenommenen Beziehungsdefinitionen aber „durch die Art seiner Reaktion [zu] korrigieren" (ebd.). Bei der Korrektur steht dem Gesprächspartner im Prinzip das gesamte Repertoire sprachlicher und nonverbaler Ausdrucksmittel

Aushandeln von Beziehungsdefinitionen

zur Verfügung. Im Fall von asymmetrischen Machtverhältnissen
dagegen verfügt der unterlegene Gesprächspartner häufig nicht
über ausreichende interaktive Autorität, um die Beziehungsdefinition neu auszuhandeln: „Der Unterlegene muss in der Regel, ob er
will oder nicht, die meist nonverbal – durch unangebracht vertrau-
liches Verhalten, durch die Wahl der Sprachvarietät, zum Beispiel
foreigner talk – vermittelte Beziehungsdefinition des Überlegenen
akzeptieren. Sogenannte ‚Beziehungsmanöver‘, mit denen versucht
wird, spontan Symmetrie herzustellen, dürften in solchen Konstellationen scheitern." (ebd.: 153) In einer Kommunikation mit Menschen aus Kulturen, für die kennzeichnend ist, dass der Machtdistanz (vgl. auch Kap. 2.3.2) eine große Bedeutung beigemessen wird,
erweist sich das Aushandeln der Beziehung als besonderes Problem.

4 Probleme auf der Ebene der nonverbalen Kommunikation

Relevanz

Wie bereits erläutert wurde, stellen nonverbale Codes einen wichtigen Teil der Kommunikation dar und stehen in vielfältiger Weise in
Wechselwirkung zur verbalen Kommunikation, können aber auch
unabhängig von dieser als Bedeutungsträger fungieren. Hinsichtlich ihrer Bedeutung für die Kommunikation sind nonverbale Codes kaum zu überschätzen. Laut EHRHARDT (2003: 148) ist „davon
aus[zu]gehen, dass man nur dann richtig verstehen kann, was ein
Sprecher sagt, wenn man auch diese ‚Begleiterscheinungen‘ der
verbalen Signale richtig interpretieren kann." In interkultureller
Kommunikation können die nonverbalen Codes sogar in besonders
starkem Maße als Bedeutungsträger ins Gewicht fallen, wird auf sie
doch recht häufig zurückgegriffen, um ein defizitäres Verstehen einer Sprache partiell zu kompensieren (vgl. EHRHARDT 2003: 148)
oder Unsicherheiten zu überbrücken. Zugleich stellen gerade nonverbale Codes eine häufige Quelle von Fehlinterpretationen und Missverständnissen bei interkultureller Kommunikation dar (vgl. ebd.).

Angeborene Körpersprache?

Zum besonderen Problem wird nonverbale Kommunikation bei interkultureller Kommunikation auch deshalb, weil es oft an Bewusstsein für die kulturelle Variabilität nonverbaler Codes mangelt. So werden häufig „[g]estische und mimische Kommunikation
[…] weitgehend für natürlich und universell gehalten. Sie sind es
aber nicht." (HERINGER 2004: 86) Während im Bereich der ver-

balen Kommunikation recht schnell einsichtig ist, dass im Prozess des Spracherwerbs kulturelle Unterschiede etabliert werden, wird häufig diskutiert, ob zumindest ein Teil des nonverbalen Ausdrucksrepertoires angeboren – und damit auch unabhängig von kulturellen Differenzen – ist. Die Ansicht, dass ein beträchtlicher Teil des nonverbalen Ausdrucksrepertoires, vor allem die Darstellung von Emotionen, angeboren und damit nicht kulturabhängig ist, wird von vielen Wissenschaftlern vertreten (vgl. Neuliep 2006: 286). Aber selbst wenn man einräumt, dass vielleicht ein Teil des nonverbalen Ausdrucksrepertoires angeboren sein mag, so lässt sich doch leicht zeigen, dass zahlreiche Komponenten der nonverbalen Kommunikation hochgradig kulturspezifisch sind und im Prozess der Enkulturation erworben werden.

Die nonverbale Kommunikation umfasst verschiedene Bereiche. **Bereiche** Alle kommen innerhalb einer Kultur als Teil nonverbaler Kommunikation zum Tragen. In einem komplexen Wechselspiel sowohl miteinander als auch mit verbaler Kommunikation etablieren sie im Idealfall eine Atmosphäre für die Kommunikation, die von den Sprechern als angenehm bzw. ‚natürlich' empfunden wird. Für alle Bereiche gilt aber auch, dass sie von Kultur zu Kultur sehr stark variieren können, „in hohem Maße kulturell überformt" sind (Maletzke 1996: 77). Die kulturelle Überformung impliziert auch, dass „[e]ine und dieselbe Form […] in verschiedenen Kulturen etwas Verschiedenes, manchmal sogar Gegensätzliches bedeuten" kann (ebd.). Bezüglich der nonverbalen Kommunikation werden vor allem die folgenden Bereiche unterschieden, auf die nachfolgend ausführlicher eingegangen werden soll:

▶ **Gestik** (Bewegungen von Fingern, Händen, Armen und Kopf)
▶ **Mimik** (Bewegungen der Gesichtsmuskeln, vor allem im Bereich des Mundes, der Augen, der Augenbrauen und der Stirn)
▶ **Blickverhalten**
▶ **Proxemik** (der körperliche Abstand zwischen den Gesprächspartnern)
▶ **Haptik** (das Berührungsverhalten)
▶ **paralinguistische Codes** (der Gebrauch der Stimme, des Stimmvolumens, der Stimmlage, der Intonation etc.)

Im Prozess der Enkulturation eignen sich Individuen nicht nur die **Erwerb** Sprache einer Kultur an, sondern sie erwerben auch ein Repertoire **non-verbaler** nonverbaler Codes. Ist schon der Erwerb der Muttersprache ein **Codes**

Prozess, der größtenteils unbewusst abläuft, so trifft dies in wohl noch stärkerem Maße auf den Erwerb nonverbaler Codes zu. Den als angemessen betrachteten Körperabstand oder das als passend empfundene Blickverhalten in Kommunikationssituationen eignen sich Individuen im Prozess der Sozialisation weitgehend unbewusst, durch Erfahrungen in konkreten Interaktionen, an.

Das Erfassen von Körpersprache

Ein exaktes Erfassen nonverbaler Kommunikationssignale, insbesondere von Gestik und Mimik ist mittels traditioneller deskriptiver Verfahren kaum möglich, und selbst unter Zuhilfenahme von visuellen Aufzeichnungen in Form von Fotografien oder Filmmaterial ist der Prozess der Auswertung von Gestik und Mimik eher eine (subjektiv gefärbte) Interpretation als eine wissenschaftlich präzise Beschreibung. „Erst in jüngster Zeit ist es mit Hilfe der Computer-Technologie gelungen, Notationssysteme zu entwickeln, mit denen man zumindest einige Teilbereiche der nichtverbalen Kommunikation exakt analytisch erfassen kann." (MALETZKE 1996: 76)

1 Gestik und Mimik

Variation

Gestik und Mimik variieren von Kultur zu Kultur ganz erheblich. Dies heißt zum einen, dass einzelne Gesten und Gesichtsausdrücke in unterschiedlichen Kulturen eine völlig andere Bedeutung besitzen können. Zum anderen kann auch die Häufigkeit von Gestik und Mimik, die in der Kommunikation in der Regel zum Einsatz kommt (und daher von den Kommunikationspartnern als angemessen betrachtet wird), kulturabhängig sehr stark variieren: „So spielen Gestik und Mimik beispielsweise in maghrebinischen und lateinamerikanischen Kulturen, aber auch in der französischen und italienischen Kultur eine weitaus größere Rolle in der interpersonalen Kommunikation als in der deutschen Kultur." (LÜSEBRINK 2005: 43) Es steht scheinbar im Widerspruch zur Deutung von Gestik als Ausdruck von Emotionalität und Spontaneität, dass Gesten unter Umständen auch hochgradig konventionalisiert sein können.

Gestik, Mimik und Nationalstereotype

Die Unterschiede hinsichtlich des Einsatzes an Gestik und Mimik, der als angemessen betrachtet wird, führen in der interkulturellen Kommunikation leicht zu negativen Reaktionen und zu Fehleinschätzungen der Intentionen und Emotionen des Kommunikationspartners. Durch Gestik und Mimik können nicht zuletzt auch Nationalstereotype abgerufen werden. So mag ein Italiener in einer Kommunikation mit einem Deutschen oder Schweden durch einen vergleichsweise starken Einsatz von Gestik und Mimik das Stereotyp vom temperamentvollen Südeuropäer evozieren, während der Nordeuropäer durch die geringere Gestik leicht als unterkühlt erscheinen wird.

Die Bewegung der Gesichtsmuskeln fungiert in der Kommunikation als wichtiges nonverbales Zeichen. Da Mimik insbesondere als „Anzeichen der Gemütsverfassung und der Einstellung zum Partner" (HERINGER 2004: 81) aufgefasst wird, hat die Mimik anders als die Sprache oder auch die Gestik in einer Kommunikationssituation oftmals nicht nur eine punktuelle Ausdrucksfunktion, sondern prägt über längere Zeiträume hinweg die Atmosphäre zwischen den Gesprächspartnern. Ausgehend vom Kommunikationsquadrat lässt sich feststellen, dass die Mimik vor allem für drei der vier Felder von zentraler Bedeutung ist: die Selbstkundgabe, den Beziehungsaspekt und auch den Appell. In jeder Kultur gibt es einen Gesichtsausdruck, der als weitgehend ‚neutral‘ oder ‚unmarkiert‘ gewertet wird, der also nicht als Signal einer bestimmten Emotion gedeutet wird – und daher auch vom Gegenüber keine Reaktion fordert. Was in Bezug auf die Mimik als ‚neutral‘ oder ‚unmarkiert‘ gilt, kann, ebenso wie die Verwendung von Mimik als nonverbalem Zeichen, von Kultur zu Kultur erheblich variieren.

Mimik als nonverbales Zeichen

Lächeln ist ein kommunikatives Zeichen, das in unterschiedlichen Kulturen eine divergierende Bedeutung hat und daher leicht Missverständnisse auslösen kann. Die kulturell divergierenden Bedeutungen dieses mimischen Zeichens lassen sich unter Rückgriff auf das Kommunikationsquadrat differenziert beschreiben. Der Aspekt des Selbstausdrucks kann in Bezug auf das Lächeln bereits sehr unterschiedlich belegt sein. Im westlichen Kulturkreis gelten Lächeln und Lachen in erster Linie als Ausdruck von positiven Emotionen, von Freude und Heiterkeit, wenngleich ein ‚trauriges Lächeln‘ durchaus nicht unbekannt ist. In vielen asiatischen Ländern hingegen dient Lächeln oder Lachen auch als Ausdruck eines Gefühls von Scham oder Befangenheit, was von Kommunikationspartnern aus dem westlichen Kulturkreis leicht als Ausdruck von Vergnügen oder Zustimmung fehlinterpretiert wird (vgl. GUIRDHAM 1999: 170).

Lächeln und Lachen

Beispiel:
Lächeln in
asiatischen
Kulturen

> Für den asiatischen Raum, wo man darauf bedacht ist, dass der Partner sein Gesicht wahren kann, gelte es als völlig normal, wenn man (in einer bestimmten Weise) lächelt in Gesprächssituationen, in denen man etwas Belastendes berichtet, aber auch, wenn man mit dem, was der andere äußert, nicht einverstanden ist. Dies führt häufig zu Fehlinterpretationen durch westliche Gesprächspartner, die von der Annahme ihrer eigenen Kultur geleitet sind: Lächeln = Freude, Zustimmung usw. (HERINGER 2004: 26)

Westliche
Fehlinter-
pretationen
von Lächeln

Die für Angehörige des westlichen Kulturkreises sonderbar erscheinende Verwendung des Lächelns erklärt sich aus Grundpositionen interaktiver Strategien, die REZ ET AL. (2006: 43) für Japaner wie folgt umreißen: „Konflikte vermeiden und in Diskussionen nicht auf der eigenen Meinung zu beharren, sondern zu überlegen, wie man eine Angelegenheit mit anderen harmonisch erörtern könnte; unangenehme Gefühle nicht expressiv, sondern indirekt auszudrücken durch Strategien wie Themenwechsel, Schweigen, unklare Ausdrucksweise oder Mehrdeutigkeit; negative Gefühle wie etwa Wut und Trauer nicht zu zeigen, sondern sie hinter einem Lächeln zu verbergen." Die Unterschiede hinsichtlich der Bedeutung von Lächeln und Lachen können folglich auch dazu führen, dass ein Problem in der interkulturellen Kommunikation nicht einmal entdeckt wird: Der asiatische Gesprächspartner glaubt ja, durch sein Lächeln oder Lachen sein Unbehagen zum Ausdruck gebracht zu haben, aber der westliche Gesprächspartner reagiert darauf nicht angemessen, weil er die Mimik diametral entgegengesetzt deutet.

2 Blickkontakt

Blickkontakt

Ähnlich wie die Mimik prägt auch der Blickkontakt die Atmosphäre während eines Gesprächs ganz nachhaltig, denn „[m]it dem Blick kann man Sympathie und Antipathie zeigen, Zuneigung, Misstrauen oder Einverständnis ausdrücken" (HERINGER 2004: 82). Blickkontakte variieren in Hinblick auf „Häufigkeit, Dauer und Intensität" (ebd.) und weisen in Abhängigkeit von diesen drei Variablen unterschiedliche Bedeutungen auf. Wie lang und intensiv ein Blickkontakt sein darf, hängt maßgeblich mit der Beziehung zwischen den Gesprächspartnern zusammen. Zwischen Fremden wird im westlichen Kulturkreis in der Regel allenfalls ein flüchtiger Blickkontakt als akzeptabel erachtet, gilt es doch als unhöflich und aufdringlich, Fremde ‚anzustarren'. Gleichwohl ist ein Blickkontakt im westlichen Kulturkreis im Wesentlichen positiv besetzt; er gilt vor allem als Indikator von Aufrichtigkeit. Viele asiatische Kulturen hingegen, z.b. die japanische Kultur, fassen einen Blickkontakt als unhöflich, als Verletzung der Privatsphäre auf (vgl. BEAMER/VARNER 2001 [1995]: 160, 164). Im arabischen Kulturkreis wiederum ist tendenziell ein intensiverer Blickkontakt festzustellen als im westlichen (vgl. ebd.: 163). Dass die kulturtypischen Regeln für Blickkontakte im Prozess der Sozialisation erworben werden, wird schon dadurch deutlich, dass Kinder im westlichen Kulturkreis oft noch gegen das Verbot des ‚Anstarrens' verstoßen.

Innerhalb einer Kultur variiert die als angemessen empfundene Häufigkeit und Intensität des Blickkontakts in Abhängigkeit von weiteren soziokulturellen Faktoren. Soziale Hierarchien können das Blickverhalten beeinflussen, ist es doch in manchen asiatischen Kulturen sehr stark negativ sanktioniert, mit Vorgesetzten Blickkontakt zu suchen. Blickkontakt zwischen andersgeschlechtlichen Kommunikationspartnern ist zudem tendenziell stärker semantisch aufgeladen als Blickkontakte zwischen Gesprächspartnern des gleichen Geschlechts. Besonders deutlich wird dies in Bezug auf den arabischen Kulturraum, wo Blickkontakte zwischen Personen gleichen Geschlechts zwar tendenziell länger und intensiver sind als im westlichen Kulturkreis, wo aber gleichzeitig Blickkontakte zwischen Männern und Frauen aufgrund der rigiden Sexualmoral sehr stark negativ sanktioniert sind. Einfluss-
faktoren

Die Bedeutung von Blickkontakten variiert auch in Abhängigkeit davon, ob der Blickkontakt zeitgleich mit verbaler Kommunikation erfolgt. In einem Gespräch signalisiert ein langer und intensiver Blickkontakt etwa in Deutschland das Interesse des Empfängers an dem, was der Sender sagt. Ein Abschweifen des Blicks des Empfängers hingegen lässt mangelndes Interesse oder einen Verlust der Aufmerksamkeit im Gesprächsverlauf erkennen. Der Blickkontakt beeinflusst auch insofern die verbale Kommunikation, als diese nonverbale Kommunikationsform auch „bei der Organisation des Sprecherwechsels wichtig" (HERINGER 2004: 82) ist (vgl. Kap. 5.5.1). Blickkontakt
und verbale
Kommunika-
tion

3 Proxemik und Haptik

Mit dem Begriff ‚Proxemik' bezeichnet man die „Regelung der räumlichen Entfernungen zwischen Menschen" (VOLLI 2002: 235). Proxemik

Proxemik hat u.a. mit der von MALETZKE betonten Kulturabhängigkeit des Raumerlebens zu tun (vgl. Kap. 2.3.1). Innerhalb einer Kultur nehmen Gesprächspartner zumeist intuitiv den vom Gegenüber als ‚richtig‘ empfundenen Abstand von einander ein, (vgl. BEAMER/VARNER 2001 [1995]: 172). Wird der ‚richtige‘ Abstand überschritten oder unterschritten, so hat dies zur Folge, dass die Gesprächspartner sich unwohl fühlen und sich deshalb vielfach auch bemühen, den Abstand zu ‚korrigieren‘. Der von Gesprächspartnern als angemessen und angenehm wahrgenommene Abstand variiert kulturabhängig ganz erheblich. So ist festzustellen, „dass der Körperabstand in den eher kollektivistischen Gesellschaften Lateinamerikas, Afrikas, des Vorderen Orients, Indiens und Pakistans [...] signifikant geringer ist als in stärker individualistischen Gesellschaften" (LÜSEBRINK 2005: 57; vgl. zu dieser Unterscheidung auch Kap. 2.3.2). Begegnen sich beispielsweise ein Japaner und ein Südamerikaner, die intuitiv in einer Kommunikation sehr stark divergierende Körperabstände wählen, dann wird es ihnen unmöglich sein, eine Entfernung voneinander zu finden, bei der sich beide Gesprächspartner wohl fühlen. Ein zu nahes Heranrücken des Lateinamerikaners an den Japaner wird von letzterem wohl als aufdringlich, unverschämt und Verstoß gegen Höflichkeitsnormen gewertet, ein Wegrücken des Japaners hingegen seitens des Südamerikaners als Ablehnung. Das folgende Diagramm zeigt die Unterschiede hinsichtlich der als angenehm empfundenen Abstände in verschiedenen Kulturen:

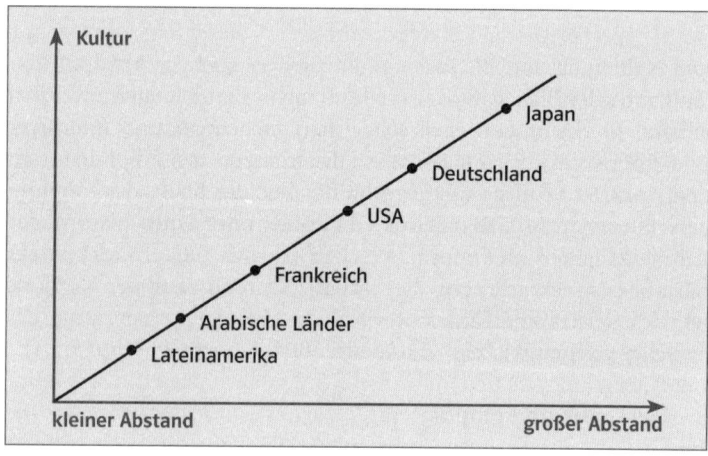

Abb. 5.1: Bevorzugter Abstand im Gespräch nach Ländern
(nach BEAMER/VARNER 2001 [1995]: 173)

Welche räumliche Entfernung voneinander in einer Face-to-Face Kommunikation von den Interaktionspartnern als angemessen und angenehm empfunden wird, hängt natürlich nicht allein von der Kulturzugehörigkeit ab, sondern wird darüber hinaus von verschiedenen weiteren Faktoren beeinflusst (vgl. u.a. NEULIEP 2006: 306), insbesondere der hierarchischen Relation zwischen den Beteiligten und deren Vertrautheit miteinander. Durch den körperlichen Abstand, den man von einem Gesprächspartner einnimmt, definiert man die Art der Beziehung und speziell den Grad an Intimität bzw. Distanz. Auch die Geschlechtszugehörigkeit und das Alter können Einfluss auf die akzeptable Nähe zwischen Gesprächspartnern nehmen. Welche Auswirkungen die Variablen Geschlecht, Alter und Art der Beziehung auf den Abstand der Gesprächspartner voneinander haben, variiert jedoch wieder von Kultur zu Kultur, was erneut die kulturelle Prägung der Proxemik unterstreicht. Neben dem Abstand der Sprechenden voneinander im engeren Sinne werden mitunter auch Aspekte wie Blickkontakt, Berührung und Lautstärke des Sprechens unter dem Begriff Proxemik subsumiert. Im Folgenden sollen diese Aspekte jedoch separat behandelt werden.

Weitere Einflussfaktoren

Ebenso wie die Proxemik ist auch die Haptik, das Berührungsverhalten, durch eine beträchtliche Zahl von Variablen beeinflusst. Vom Geschlecht der Interaktionspartner und vor allem von deren Beziehung zueinander hängt es maßgeblich ab, welche Formen der Berührung erlaubt sind. Darüber hinaus kann eine ganze Reihe weiterer Faktoren Auswirkungen darauf haben, ob eine Berührung als akzeptabel betrachtet wird. Für jeden dieser Faktoren gelten kulturabhängig unterschiedliche Regeln. So sind etwa in Deutschland im öffentlichen Raum weitaus mehr Berührungen zwischen Männern und Frauen erlaubt als in manchen anderen Kulturen, und die Tabuzonen des Körpers variieren zu einem Teil ebenfalls von Kultur zu Kultur. Die Regeln, die das Berührungsverhalten in einer Kultur regulieren, resultieren zu einem beträchtlichen Teil aus der jeweiligen Sexualmoral, erschöpfen sich jedoch keineswegs darin. So ist etwa in manchen asiatischen Kulturen der Kopf als Sitz des Geistes eine Tabuzone. Auch die kulturell variierenden Einstellungen gegenüber dem Händedruck, auf die im Zusammenhang mit Begrüßungsritualen in Kapitel 5.5.2 noch einzugehen sein wird, gehören in den Bereich der Haptik. Die wichtigsten Faktoren, die Einfluss auf das Berührungsverhalten nehmen, sind (nach NEULIEP 2006: 308):

Haptik

▸ die Umgebung, in der die Berührung erfolgt
(öffentlicher oder privater Raum);
▸ die Körperstelle, an der die Berührung erfolgt;
▸ die Dauer der Berührung;
▸ der bei der Berührung ausgeübte Druck;
▸ die Frage, ob die Berührung beabsichtigt oder zufällig erfolgt.

4 Paralinguistische Signale

Paralinguistische
Signale

Zu den paralinguistischen Signalen zählen Sprechtempo, Lautstärke, Stimmhöhe und Intonation. Paralinguistische Signale werden insbesondere als Indikatoren für die Einstellung zum Gesprächsgegenstand sowie zum Gesprächspartner und als Hinweis auf die emotionale Verfassung des Sprechenden interpretiert (vgl. Neuliep 2006: 286). Paralinguistische Signale variieren sicherlich zu einem beträchtlichen Teil auf individueller Ebene. Sprechtempo, Lautstärke, Stimmhöhe und Intonation gelten häufig als typisch für einen bestimmten Sprecher. Dennoch sind paralinguistische Signale auch hochgradig kulturabhängig. Das heißt z.B., dass von Kultur zu Kultur variiert, was überhaupt als lautes Sprechen oder schnelles Sprechen empfunden wird. In höherem Maße als andere Aspekte der nonverbalen Kommunikation entziehen sich paralinguistische Signale der Kontrolle des Sprechenden. Da man ausgehend von den Konventionen der eigenen Kultur aus paralinguistischen Signalen darauf schließt, ob ein Sprecher beispielsweise selbstbewusst oder unsicher ist (vgl. Neuliep 2006: 286), sind interkulturelle Missverständnisse auch in diesem Bereich geradezu vorprogrammiert.

Intonation

Die Intonation ist ein eigenständiger Bedeutungsträger, der für die Bedeutung einer Äußerung maßgeblich sein kann. Ein und dieselbe Äußerung kann beispielsweise in Abhängigkeit von der Intonation als Frage oder als Feststellung interpretiert werden. Die Regeln für die Bedeutung der Intonation variieren nicht nur in verschiedenen Sprachen, sondern mitunter auch zwischen Varietäten einer Sprache. So dient etwa im britischen Englisch – ebenso wie im Deutschen – eine steigende Intonation als Indikator für eine Frage. Im indischen Englisch hingegen fehlt die steigende Intonation bei Fragen, was leicht zu Missverständnissen führt, kann doch eine als Aussage missverstandene Frage als unhöflich empfunden werden – ebenso wie das Ausbleiben der erwarteten Antwort selbstverständlich unhöflich wirken wird. Im Französischen enden Aussagesätze auf einer höheren Tonlage als im Deutschen oder Englischen üblich. Folglich besteht die Gefahr, dass Aussagesätze von deutschen oder englischen Muttersprachlern als Frage interpretiert werden, obwohl sie von einem französischen Sprecher als bloße Feststellung intendiert waren, was zu Missverständnissen und Irritationen führen kann (vgl. Beamer/Varner 2001 [1995]: 162). Ein Übertragen der aus der Muttersprache vertrauten Intonationsmuster auf eine Fremdsprache ist eine Form von Transferfehlern, die zu einem Kommunikationshindernis werden kann. Die Bedeutung der Intonation in der Kommunikation und ihre Rolle als Quelle für interkulturelle Missverständnisse wird in der folgenden Anekdote deutlich:

> So fragt eine pakistanische Bedienung im Schnellrestaurant vom Flughafen Heathrow bei manchen Speisen nach, ob die Gäste noch Soße dabei haben wollen. Dazu stellt sie nur die einfache kleine Frage ,Soße?' (,gravy?'). Aber sie sagt es in der Intonation ihrer Muttersprache und da geht bei einer Frage nicht die Stimme nach oben, wie es im Englischen oder Deutschen der Fall ist, sondern leicht nach unten. Daraus schließen die Kunden anstelle des wohlgemeinten ,Möchten Sie noch Soße dazu?' etwa so was wie ,Nun nehmen Sie schon Soße!' Solche Mißverständnisse sind natürlich kaum zu erkennen. In Seminaren mit dem Personal und den Vorgesetzten wurde diese Art von Problemen dann diskutiert und alle Teilnehmer wurden für die Wichtigkeit der kulturellen Unterschiede sensibilisiert. (Hall, zit. nach Maletzke 1996: 147f.)

Beispiel: Intonation Englisch vs. Urdu

5 *Critical incidents*

Die Gesetzmäßigkeiten, die das Gesprächsverhalten innerhalb einer Kultur bestimmen, lassen sich mit dem in der Konversationsanalyse gebräuchlichen Konzept der ,Scripts' (= Drehbücher) erfassen, denn Kommunikation verläuft gemäß „konventionell vorgegebenen Drehbüchern [...], die uns in der Regel nicht bewusst sind, weil sie nicht thematisiert werden" (Auernheimer 2006: 151). Scripts sind komplexe, kulturspezifische Schemata für typische Handlungs- und Ereignisabfolgen in bestimmten Situationen, wie ,Restaurant-Scripts' oder ,Begrüßungs-Scripts' (vgl. Kap. 3.1.2). Sie haben einen ähnlichen Status wie die Muttersprache: Sie werden im Prozess der

Scripts

Enkulturation internalisiert, in der Regel ohne dabei zum Gegenstand bewusster Reflexion zu werden. Über Scripts herrscht daher zumeist ein unausgesprochener Konsens: „Sie [die Scripts] brauchen nicht thematisiert zu werden, weil jede(r) sie kennt, aber eben nur jeder, der zur gleichen Kulturgruppe, zum gleichen Milieu, zur selben Institution gehört." (ebd.) Scripts haben normgebende Bedeutung; Abweichungen von den Scripts erregen Aufmerksamkeit, rufen oft negative Reaktionen hervor oder führen zu Missverständnissen. „Beispiele für Kommunikationsstörungen durch unterschiedliche Scripts wären Begrüßungsrituale, kulturspezifische Ausdrucksformen für Respekt, Dankbarkeit, für Leid oder Freude, außerdem Formen der Gesprächsorganisation." (ebd.) Nicht nur aus der Unkenntnis kultureller Scripts resultieren Kommunikationsstörungen, sondern auch aus der – freilich damit eng verbundenen – Unfähigkeit, aus der Vielzahl der verfügbaren Scripts das passende zu wählen: „Oft ist es für Kulturfremde bereits schwierig, eine Kommunikationssituation richtig einzuschätzen, den Gesprächstyp zu identifizieren. Handelt es sich beispielsweise um *small talk* oder um ein formelles Beratungsgespräch?" (ebd.)

Definition

Der Begriff *critical incident* wird im Rahmen der Forschung zu interkultureller Kommunikation für solche Gesprächssituationen verwendet, in denen mit besonderer Häufigkeit Probleme auftauchen, weil bei ihnen verschiedene Kulturen oft sehr stark divergierende Scripts aufweisen. Im Folgenden sollen zumindest einige der *critical incidents* näher erläutert werden. Dabei dienen vor allem die obigen Ausführungen zu nonverbalen Codes und das Kommunikationsquadrat als Bezugsfolie. Aus der Vielzahl der *critical incidents* werden die folgenden vier herausgegriffen:

▸ Gesprächsorganisation
▸ Begrüßungen
▸ Anredeformen
▸ Einladungen und Aufforderungen

1 Gesprächsorganisation

Praxisbezug

Die Gesprächsorganisation, d.h. der Wechsel der Sprecher im Verlauf der Kommunikation, unterliegt kulturspezifischen Unterschieden. Wenn man sich die Regeln für die Gesprächsorganisation bewusst macht, dann kann man damit zahlreiche Missverständnisse und Probleme interkultureller Kommunikation vermeiden. Weiß man beispielsweise, dass Überlappungen der Redeanteile der Sprecher (also gleichzeitiges Sprechen) keineswegs in allen Kulturen als (unhöfliche) Unterbrechungen aufgefasst werden, sondern in manchen Kulturen auch als Ausdruck von Interesse und Solidarität bewertet werden, dann fällt es leichter, bei einer vermeintlichen Unterbrechung in einer interkulturellen Kommunikation nicht gleich verärgert oder beleidigt zu reagieren – und so unter Umständen die Intention des Gesprächspartners gründlich falsch zu verstehen. Für eine harmonische und produktive Gesprächsatmosphäre stellt die Gesprächsorganisation einen ganz entscheidenden Faktor dar.

Unter dem Begriff ‚Regulatoren' werden solche nonverbalen Handlungen subsumiert, die den Verlauf einer Kommunikation beeinflussen. Zu den Regulatoren zählen Blickkontakt, zustimmendes Kopfnicken oder auch der Abstand der Gesprächsteilnehmer voneinander (vgl. NEULIEP 2006: 301). Die zulässigen Regulatoren können sehr stark variieren, wie bereits bei den obigen Erläuterungen zur nonverbalen Kommunikation deutlich geworden sein dürfte. So wird in den USA oder auch in Deutschland ein direkter Blickkontakt als Ermunterung zum Fortführen der Kommunikation aufgefasst, während in vielen asiatischen Kulturen (z.B. in Japan, Südkorea und Vietnam) Blickkontakt zwischen Gesprächspartnern vermieden wird. Dies gilt insbesondere, wenn ein Statusunterschied zwischen den Gesprächspartnern existiert (vgl. NEULIEP 2006: 301).

Regulatoren

Der so genannte *turn* stellt eine zentrale Kategorie für die Analyse der Strukturierung von Kommunikation dar; er ist die „Grundeinheit der Konversationsanalyse" (HERINGER 2004: 53), „der Gesprächsbeitrag, eine neue linguistische Einheit" (ebd.). In quantitativer Hinsicht kann der *turn* sehr stark variieren; er kann einem Satz entsprechen, kann aber auch eine kleinere oder eine wesentlich größere Einheit in der Kommunikation ausmachen. Der Wechsel des *turn* wird in der Kommunikation von den Gesprächspartnern ausgehandelt. Ein *turn* beginnt, wenn einer der Anwesenden mit dem Sprechen einsetzt, und endet, wenn der Sprecher verstummt. In der Regel beginnt dann der *turn* eines weiteren Gesprächspartners.

Definition turn

Der Sprecherwechsel in einem Gespräch, das so genannte *turn taking*, unterliegt bestimmten Gesetzmäßigkeiten, die von Kultur zu Kultur sehr stark variieren können. Jede Kultur bietet jedoch ein Repertoire von Signalen, die die Möglichkeit für ein *turn taking*

Sprecherwechsel

anzeigen (*transition relevant places*). Als *transition relevant places* gelten erstens syntaktisch-semantische Struktureinheiten, d.h. „Satzeinschnitte, Phraseneinschnitte" (ebd.: 54). Zweitens markiert die Intonation in sehr starkem Maße mögliche *transition relevant places*; hier kommen u.a. das Senken der Stimme oder Gesprächspausen zum Tragen. Drittens schließlich können nonverbale Aspekte *transition relevant places* anzeigen: „Haltung, (Hinwendung), Gestik, Mimik, vor allem der Blick" (ebd.: 54). Beim *turn taking* unterscheidet man zwischen Fremdwahl, Selbstwahl und ‚turn-Behauptung'.

Transition relevant places:
▶ **Syntaktisch-semantische Struktureinheiten**
   (Satz- und Phraseneinschnitte)
▶ **Intonation**
▶ **Nonverbale Signale**
   (Gestik, Mimik, Blickverhalten, Körpersprache)

Fremdwahl

Bei der Fremdwahl lädt der Sprechende den Gesprächspartner zum *turn taking* ein bzw. „gibt den turn frei" (ebd.: 55). Da die Signale für die Freigabe des *turn* kulturell variabel sein können, kann es bei der Fremdwahl leicht zu interkulturellen Missverständnissen kommen. (Miss)deutet etwa ein Gesprächspartner ein kommunikatives Signal seines Gegenübers als Freigabe des *turn* und beginnt deshalb zu sprechen, obwohl der Gesprächspartner den *turn* nicht freigeben wollte, so wird ein solches Verhalten leicht als unhöflich gewertet. Zu den Signalen für das Freigeben des *turn* zählen u.a.:

▶ **Fragen,** die das Gegenüber zu einer Antwort – und damit zur Übernahme des *turn* – auffordern;
▶ **Stimmqualität, Intonation**: z.B. abnehmende Lautstärke; abnehmendes Sprechtempo; Intonation, die eine Frage zu erkennen gibt;
▶ **Gestik und Mimik**: Signale durch Blickkontakt; Gesten, die dem Gegenüber ‚das Wort erteilen';
▶ **inhaltliche Aspekte**: Abschluss eines Themas/einer Geschichte;
▶ **Gesprächspausen.**

Gesprächs-pausen

Dass es bei der Fremdwahl bei interkultureller Kommunikation besonders leicht zu einer Fehlinterpretation der vom Sprecher gesendeten Signale kommen kann, soll am Beispiel der Gesprächspausen exemplarisch erläutert werden. Wie bereits oben erörtert, können Gesprächspausen hinsichtlich ihrer Länge in unterschiedlichen Kulturen sehr stark variieren. Dies hat auch Auswirkungen auf die (interkulturelle) Dynamik des Sprecherwechsels. In manchen Kulturen gilt bereits eine sehr kurze Gesprächspause als Freigabe des *turns*; in anderen Kulturen hingegen ist die Pause, die den ‚turn' freigibt, signifikant länger. Dies kann zu erheblichen interkulturellen Problemen im Gesprächsmanagement führen. Treffen Gesprächspartner aufeinander, in deren Kulturen die zur Freigabe des *turns* erforderlichen Gesprächspausen deutlich unterschiedlich lang sind, so kann dies Missverständnisse auslösen. Geht ein Gesprächspartner, in dessen Kultur bereits kurze Pausen zur Freigabe des *turn* ausreichen, davon aus, dass durch eine Gesprächspause der *turn* freigegeben wird, obwohl dies von seinem Gegenüber nicht intendiert war, so wirkt die vermeintlich zugelassene (oder sogar geforderte!) Übernahme des *turn* in den Augen des Gesprächsteilnehmers aus der Kultur mit den längeren Gesprächsphasen als Unterbrechung. Der Sprecher, der in der Überzeugung, den *turn* erhalten zu haben, mit dem Sprechen begonnen hat, erscheint dem Gegenüber durch dieses Gesprächsverhalten als unhöflich oder uninteressiert an dem, was der Unterbrochene zu sagen hat.

Bei der Selbstwahl entscheidet der Empfänger der Nachricht über den Sprecherwechsel und wartet nicht auf eine Freigabe des *turn* seitens des Senders. Zu den Signalen für die Selbstwahl, die den Übergang zum nächsten *turn* ebnen sollen, zählen das „Einklinken (ja aber, na gut, ach ja, ja)" (HERINGER 2004: 55), aber auch Gestik und Mimik. In Bezug auf die Selbstwahl können nicht nur die zum Einsatz kommenden Strategien von Kultur zu Kultur variieren, sondern auch die grundsätzliche Akzeptanz gegenüber der Selbstwahl kann sehr unterschiedlich ausfallen. Zudem wird das Recht auf Selbstwahl in jeder Kultur durch Faktoren wie die hierarchische Relation zwischen den Gesprächspartnern, deren Alter und Geschlecht oder auch die Situation, in der die Kommunikation erfolgt, reguliert. **Selbstwahl**

Der Sprecher hat unterschiedliche Möglichkeiten, auf eine Selbstwahl seines Gegenübers zu reagieren. Im Fall einer ‚turn-Behauptung' lehnt der Sprechende einen Sprecherwechsel ab. Als kommunikative Strategie kommt dabei zumeist ein schnelleres Sprechen zum Einsatz (vgl. ebd.); es ist aber auch möglich, die ‚turn-Behauptung' explizit zu thematisieren (‚Würden Sie mich bitte aussprechen lassen?'). Es liegt auf der Hand, dass die ‚turn-Behaup- **Turn-Behauptung**

tung' in zumindest ebenso starkem Maße wie die Selbstwahl von Faktoren wie soziale Hierarchie, Geschlecht, Alter und Situation abhängig ist. Inwieweit eine ,turn-Behauptung' generell als akzeptable Kommunikationsstrategie gilt und von welchen sozialen Faktoren ihre Akzeptanz jeweils abhängt, variiert ebenfalls von Kultur zu Kultur.

Ritualisierte
Formen des
Sprecher-
wechsels

Bestimmte Formen des Sprecherwechsels müssen nicht von den Gesprächspartnern ausgehandelt werden, da sie sehr stark konventionalisiert und ritualisiert sind. Bei diesen ritualisierten Formen des Sprecherwechsels handelt es sich um die so genannten *adjacency pairs*, auf Deutsch ,Paarsequenzen'. Zu den wichtigsten Beispielen für *adjacency pairs* zählen „Gruß – Gegengruß, Einladung – Akzeptieren, Verabschiedung – Verabschiedung" (ebd.). Wie unten am Beispiel der Begrüßung noch deutlich werden wird, geht die für *adjacency pairs* kennzeichnende starke Ritualisierung mit einem hohen Grad an kultureller Variation einher. Gerade bei *adjacency pairs* kann ein Sprecher in einer ihm nicht vertrauten Kultur also sehr leicht die Konventionen der Kommunikation verletzen. Andererseits eignen sich *adjacency pairs* aufgrund ihrer hochgradigen Ritualisierung auch in besonderem Maße für länder- bzw. kulturspezifische interkulturelle Trainings. *Adjacency pairs* weisen nach HERINGER (2004: 55) folgende Merkmale auf:

Adjacency pairs
▸ folgen einander;
▸ sind nicht umkehrbar;
▸ bilden eine inhaltliche Einheit;
▸ sind von verschiedenen Sprechern produziert;
▸ haben konventionellen inhaltlichen Zusammenhang.

Formen des
Sprecher-
wechsels

Wie oben bereits erläutert, wird der Sprecherwechsel – abgesehen von *adjacency pairs* – im Gesprächsverlauf von den Gesprächspartnern ausgehandelt, wobei Sender und Empfänger Signale senden, die den ,turn-Wechsel' zu steuern vermögen und ihre Absicht, die Sender- oder Empfängerrolle zu übernehmen, erkennen lassen. Ein glatter ,turn-Wechsel', also eine Gesprächssituation, bei der Sprecher B zu sprechen beginnt, wenn A verstummt, mag auf den ersten Blick als das Ideal eines kooperativen Gesprächs erscheinen. Abweichungen von der Norm des glatten ,turn-Wechsels' müssen aber keinesfalls notwendig als Störung der Kommunikation aufgefasst werden. Synchrones Sprechen beispielsweise, bei dem B zeitweilig gleichzeitig mit A spricht, ist nur dann eine Unterbrechung, wenn „B nicht berechtigt war, [...] A sich gestört fühlt usw." (ebd.: 56). Ob dies der Fall ist oder nicht, ist zumindest teilweise kulturabhängig.

Deutsche und andere Nordeuropäer empfinden synchrones Sprechen zumeist als unhöfliche Unterbrechung; in Frankreich und Spanien hingegen signalisiert synchrones Sprechen ein Interesse an den Äußerungen des Gesprächspartners (vgl. LÜSEBRINK 2005: 52). Ähnliches gilt für Südamerika (vgl. BARRIOS 2006: 280). Dies hat zur Folge, dass ein Ausbleiben von Unterbrechungen, das seitens eines Nordeuropäers als höflich betrachtet wird, von einem Spanier, Franzosen oder Südamerikaner mitunter als Zeichen von mangelndem Interesse interpretiert wird: „Ein Gespräch ohne Unterbrechungen, ob im persönlichen Rahmen oder in der mediatisierten Kommunikation (Talkshows, Interviews, politische und kulturelle Diskussionssendungen), enthält aus französischer Sicht wenig Spannung und Emotionalität." (LÜSEBRINK 2005: 52)

Synchrones Sprechen

Während Deutsche dazu tendieren, lediglich kurze Überlappungen im Gesprächsverlauf zu tolerieren, wobei jedoch „immer klar [ist], wer den Gesprächsbeitrag hält" (BOUCHARA 2002: 113), ist „Überlappen im Arabischen die Norm" (ebd.) und gilt als Zeichen von Interesse an dem, was der Gesprächspartner sagt (vgl. ebd.: 114). Da Überlappungen im arabischen Kulturraum „ein Gefühl von Solidarität unter den Teilnehmern" (ebd.) zu erzeugen vermögen, vermitteln sie eine positive Beziehungsbotschaft. Dass die kulturell divergierenden Bedeutungen von Überlappungen zu Kommunikationsproblemen zwischen Deutschen und Arabern führen können, liegt auf der Hand. Was von Arabern als positive Beziehungsbotschaft und Interesse an den Äußerungen des Gesprächspartners intendiert ist, kann leicht als unhöfliches Verhalten und Desinteresse missverstanden werden. Auch im arabischen Kulturkreis wird freilich synchrones Sprechen nur dann als Ausdruck von Interesse aufgefasst, wenn es zur Fortführung des vom zuerst Sprechenden angeschnittenen Themas beiträgt, denn eine Unterbrechung mit dem Ziel, „etwas zu sagen, das mit dem angesprochenen Thema nichts zu tun hat" (BOUCHARA 2002: 114), wird auch in den arabischen Kulturen als unhöflich, Ausdruck von Desinteresse und negative Beziehungsbotschaft gewertet.

Überlappungen im arabischen Kulturkreis

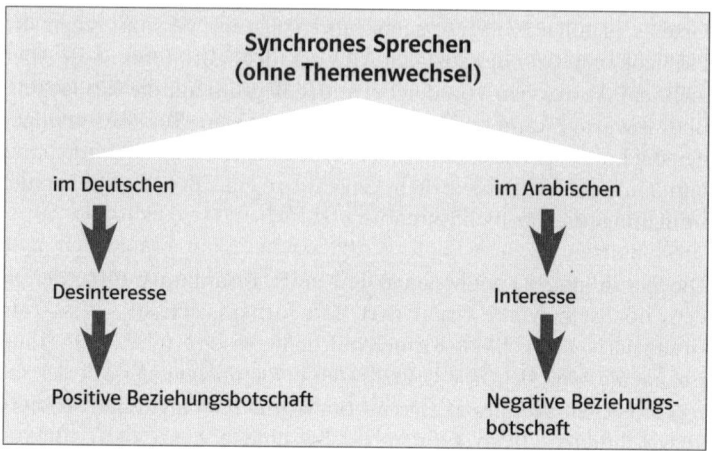

Abb. 5.2: Synchrones Sprechen

2 Begrüßung

Praxisbezug

Begrüßungsrituale sind hochgradig kulturabhängig und gehören aufgrund ihres häufigen Gebrauchs zudem wohl zu den auffälligsten kulturspezifischen Aspekten verbaler und nonverbaler Kommunikation. Eine Auseinandersetzung mit den Begrüßungsritualen einer Kultur stellt deshalb einen geeigneten Ansatzpunkt für die Aneignung fremdkultureller Muster nonverbaler Kommunikation und den Erwerb interkultureller Kompetenz dar (vgl. NEULIEP 2006: 291). Beherrscht man zumindest die Begrüßungsrituale einer Kultur, so signalisiert man dadurch seinen Respekt gegenüber der betreffenden Kultur und verbessert die Chancen, einen guten ersten Eindruck zu machen und zudem zumindest in flüchtigen Interaktionen keine kulturellen Normen zu verletzen. Die Begrüßung erfüllt wichtige Funktionen in der Kommunikation und trägt maßgeblich zur Etablierung einer harmonischen und produktiven Gesprächsatmosphäre bei. Ausgehend vom Kommunikationsquadrat lässt sich für Begrüßungsrituale generell eine Dominanz des Beziehungsaspektes feststellen.

**Beziehungs-
stiftung**

Bei der Begrüßung, die den Dialog einleitet, steht nicht die Sachinformation im Vordergrund, sondern der Beziehungsaspekt; durch die Begrüßungsformel(n) wird „die Beziehung der Interagierenden zueinander definiert, redefiniert oder bestätigt" (BOUCHARA 2002: 58). Die besondere Bedeutung der Begrüßung für die Beziehungsstiftung wird schon daran ersichtlich, dass „die Verweigerung des

Grußes in allen Kulturgemeinschaften als ein Verstoß gegen die Höflichkeitsregeln des sozialen Miteinanders gilt" (ebd.: 64). Aber auch ein Abweichen von der Form der Begrüßung, die das Gegenüber erwartet, kann große Irritationen auslösen. Verstößt man gegen die kulturspezifischen Regeln für die Begrüßung, so sendet man damit unter Umständen dem Gegenüber eine Botschaft über die Beziehung, die gar nicht intendiert ist.

Die Begrüßung ist wohl jener Teil einer Kommunikation, der in dem höchsten Maße ritualisiert und formalisiert ist; sie ist „als ritualisierte Höflichkeitsformel kulturspezifisch" (ebd.: 59). Eine unangemessene Begrüßung stellt den erfolgreichen Verlauf der interkulturellen Kommunikation von vornherein in Frage, tendiert sie doch dazu, beim Gegenüber Befremden auszulösen. Begrüßungsrituale umfassen in der Regel Komponenten aus dem Bereich der verbalen und der nonverbalen Kommunikation. In Begrüßungsritualen lassen sich somit verschiedene Komponenten identifizieren, deren Abfolge und Zusammenspiel kulturell mehr oder weniger rigide vorgeschrieben sind. So ist etwa beim Begrüßungsritual in asiatischen Kulturen nicht nur die Verbeugung von Bedeutung, sondern auch der Blick, der stets gesenkt sein sollte (vgl. NEULIEP 2006: 291). Beim Versuch, das Begrüßungsritual einer fremden Kultur nachzuahmen, kann gerade das Zusammenspiel der verschiedenen Komponenten zum Problem werden.

Ritualisierung

Wenngleich es in allen Kulturen bestimmte Regeln für die Begrüßung gibt, unterscheiden sich die Kulturen doch bereits im Hinblick darauf, wie ausgefeilt und wie rigide die jeweiligen Rituale sind, ganz erheblich. So weist denn auch die charakteristische Länge von Begrüßungsritualen von Kultur zu Kultur signifikante Unterschiede auf. Während in der Mehrzahl der europäischen Kulturen vergleichsweise kurze Begrüßungsrituale anzutreffen sind, können diese in manchen außereuropäischen Kulturen auch sehr viel komplexer sein (vgl. LÜSEBRINK 2005: 51). Im arabischen Kulturraum etwa ist ein im Vergleich zu deutschen Formen der Begrüßung deutlich umfangreicheres Begrüßungsritual üblich.

Unterschiedliche Komplexität

Arabische Begrüßungsrituale unterscheiden sich von deutschen Begrüßungen nicht nur durch ihre Länge, sondern sie weisen auch Komponenten auf, die in Begrüßungen unter Deutschen unüblich sind. Dazu zählen insbesondere die folgenden Bestandteile:

Arabische Begrüßungsrituale

▶ Begrüßungsformeln mit religiösen Konnotationen; diese haben laut BOUCHARA (2002: 62f.) im Gegensatz zum (süd)deutschen ‚Grüß Gott‘ tatsächlich einen religiösen Gehalt;

▶ wiederholte Fragen nach dem Wohlbefinden des Gegenübers (ebd.: 65); die Funktion dieser Fragen besteht nach BOUCHARA (ebd.) darin, das „Interesse für seinen Kommunikationspartner" zu signalisieren; im Vordergrund steht also der Beziehungsaspekt und keineswegs die Sachinformation;

▶ „Fragen nach dem Wohlbefinden der (umfangreichen) Verwandtschaft" (ebd.: 65).

Soziale Determinanten

Begrüßungsrituale können innerhalb einer Kultur entlang verschiedener sozialer Determinanten differenziert sein. So gelten etwa oft für Begrüßungen zwischen den Geschlechtern andere Rituale als Norm als für Begrüßungen unter Individuen des gleichen Geschlechts. Neben dem Geschlecht stellen hierarchische Relationen bzw. der soziale Status der Interaktionspartner einen weiteren Faktor dar, entlang dessen Begrüßungsrituale variieren können. Zum Beispiel hängt etwa die Tiefe der Verbeugung als Begrüßungsritual in asiatischen Kulturen vom sozialen Status der Interaktionspartner ab. Die Tiefe der Verbeugung reflektiert die hierarchische Relation der Gesprächspartner zueinander. Als Norm gilt, dass der hierarchisch tiefer Gestellte sich tiefer und länger verbeugen sollte (vgl. NEULIEP 2006: 291). Das Alter stellt einen weiteren Faktor dar, der sich auf Begrüßungsrituale auswirkt. So sollte bei Personen mit gleichem sozialen Status die Verbeugung gleich tief und lang sein, es sei denn es besteht ein Altersunterschied; in diesem Fall wird von dem jün-geren Gesprächspartner erwartet, dass er sich ein wenig tiefer und länger verbeugt (vgl. ebd.).

Verbale Komponenten

In jeder Kultur existieren bestimmte sprachliche Begrüßungsformeln, die in der Regel auch nur ein bestimmtes Spektrum an Antworten zulassen. So erwartet ein Franzose, um ein bekanntes Beispiel zu verwenden, auf die Frage *Ça va?* als Begrüßungsformel keineswegs ausführliche Informationen über die augenblickliche Verfassung des Angesprochenen, sondern lediglich ein ‚Echo‘. Bei den verbalen Komponenten der Begrüßung fällt vielfach auf, dass inhaltliche Aspekte nahezu überhaupt keine Rolle spielen; die Begrüßungsformeln stehen oft einzig und allein im Dienste der Etablierung der Beziehung. Der Beziehungsaspekt des Kommunikationsquadrats dominiert.

Für den angloamerikanischen Kulturkreis ist der so genannte ‚Small talk' bei der Begrüßung kennzeichnend, der u.a. bei Deutschen, die an diese Kommunikationskonvention nicht gewöhnt sind, leicht zu Missverständnissen und Fehlinterpretationen führen kann. Formeln wie ‚How are you?' bilden im angloamerikanischen Kulturkreis auch unter Unbekannten – so etwa bei einem Einkauf – eine standardisierte Komponente der Begrüßungssequenz. Als Antwort auf diese Formeln wird jedoch keineswegs eine ausführliche Auskunft über den derzeitigen Zustand des Angesprochenen erwartet, sondern ein gleichermaßen konventionalisiertes ‚Fine, thanks' o.ä., eventuell verbunden mit der Gegenfrage ‚How are you?'. Deutsche tappen häufig in die ‚Small talk-Falle', indem sie entweder gar nicht auf das angloamerikanische ‚How are you?' reagieren, was als unhöflich bewertet wird, oder aber indem sie auf die Begrüßungsformel so reagieren, als ob es sich bei ihr um eine Informationsfrage handeln würde. Während im Deutschen auf die – nur scheinbar analoge – Frage ‚wie geht es dir/Ihnen?' durchaus eine ehrliche und unter Umständen relativ ausführliche Antwort erwartet wird oder doch zumindest möglich ist, ist das angloamerikanische ‚How are you?' „nicht freundschaftlich gemeint, sondern höflich" und liefert „keine Einladung […], ehrlich zu sein oder gar Unbehagen kund zu tun" (KOLLERMANN 2006: 89).

Beispiel: Angloamerikanischer ‚Small talk'

Bei Begrüßungsritualen sind in manchen Kulturen gewisse Redundanzen akzeptabel oder werden sogar erwartet, während andere Kulturen Redundanzen eher vermeiden. So sind etwa im Deutschen bisweilen ‚doppelte Begrüßungen' – in der Art ‚Hallo Robert, guten Morgen' – festzustellen, die von den Gesprächspartnern offenbar nicht als ungewöhnlich empfunden werden (vgl. WOODMAN 2003: 51). Erfolgt bei der Begrüßung auch ein Händedruck, dann begleitet die ‚zweite Begrüßung' oft den Händedruck (vgl. ebd.), was wohl aus einem Gefühl resultiert, dass ein Händedruck ohne begleitende Sprachformel unhöflich oder ‚unvollständig' ist. In England sind dagegen derartige ‚doppelte Begrüßungen' gänzlich unüblich (vgl. ebd.).

Redundanzen

Paraphrasen
im arabischen
Kulturraum

Für den arabischen Kulturraum lässt sich eine andere Form der Redundanz bei der Begrüßung feststellen: eine gewisse Tendenz zur Paraphrase des bereits Gesagten, wie der folgende schematisierte Beginn einer Begrüßungssequenz zwischen zwei Marokkanern erkennen lässt (nach BOUCHARA 2002: 70f.):

A: Begrüßung
B: Begrüßung
Begrüßung
Erkundigung nach dem Wohlbefinden von A
A: Beantworten der Frage nach dem Befinden
Erkundigung nach dem Wohlbefinden von B
Erkundigung nach dem Wohlbefinden von B (Paraphrase)

Nonverbale
Komponenten

Welche nonverbalen Signale bei Begrüßungsritualen zum Tragen kommen, variiert ebenfalls von Kultur zu Kultur. Grundsätzlich lässt sich aber feststellen, dass nonverbalen Komponenten gerade bei der Begrüßung eine wichtige Rolle zukommt – und dass sie folglich auch eine häufige Quelle von Missverständnissen bei interkultureller Kommunikation darstellen. Die Haptik, das Berührungsverhalten, und die Proxemik, der Körperabstand, spielen eine zentrale Rolle bei der Begrüßung: Das Spektrum reicht von Wangenkuss und Umarmung über den Händedruck und die Verbeugung; d.h. die körperlich-räumliche Distanz der Gesprächspartner voneinander bei der Begrüßung kann ganz erheblich variieren. In manchen Kulturen erfolgt bei der Begrüßung keine Berührung der Gesprächspartner, beispielsweise in Indien, wo bei der traditionellen Grußgeste ‚Namaste‘ die Grüßenden die Hände vor der eigenen Brust zusammenlegen. Wird der von einem Gesprächspartner erwartete Abstand vom Gegenüber unterschritten, so wird dies tendenziell als Eindringen in die eigene Privatsphäre empfunden, was negative Emotionen auslösen kann.

Händedruck

Der Händedruck fungiert in manchen Ländern, z.B. in den USA und in Deutschland, als gängige Begrüßungsgeste und wird dort als höfliche Form der Begrüßung empfunden. In manchen anderen Kulturen ist der Händedruck zur Begrüßung hingegen völlig unüblich. In solchen Kulturen kann ein Händedruck als Verletzung der erwünschten physischen Distanz, als Eindringen in die Privatsphäre des Gegenübers, aufgefasst werden. Selbst in den verschiedenen Kulturen, in denen der Händedruck als Begrüßungsgeste grundsätzlich praktiziert wird, können zusätzliche soziale Faktoren beeinflussen, ob er in einer konkreten Situation als angemessen empfunden wird oder nicht. Insbesondere kann es von der Geschlechtszugehörigkeit der Interaktionspartner abhängen, ob ein Händedruck eine akzeptable Begrüßungsgeste darstellt oder nicht. So stellt LÜSEBRINK (2005: 56) fest: „Im Iran und in vielen arabischen Ländern schütteln Männern Frauen im Allgemeinen nicht die Hand, um jegliche physische Berührung zu vermeiden."

Nicht nur hinsichtlich der sozialen Faktoren, die darüber entscheiden, ob der Händedruck grundsätzlich eine akzeptable Begrüßungsgeste ist, sind kulturabhängige Unterschiede festzustellen, sondern auch im Hinblick auf die Art und Weise, wie der Händedruck ausgeführt wird. So unterscheidet sich der Händedruck etwa kulturabhängig hinsichtlich seiner Intensität:

Art der Ausführung

In den USA, aber vor allem in Deutschland, ist der Händedruck intensiver und länger, vor allem bei Bekannten und bei offiziellen Anlässen (,Händepumpen'), was in Frankreich völlig unüblich ist und als aufdringlich empfunden wird. (LÜSEBRINK 2005: 56)

... in Deutschland und den USA

Auch in arabischen Ländern ist der Händedruck weniger fest als in den USA oder Deutschland. Sowohl ein Händedruck, der gemessen an den kulturellen Normen zu fest ist, als auch einer, der als ,schlaff' empfunden wird, tendiert dazu, bei dem jeweiligen Interaktionspartner negative Reaktionen hervorzurufen.

... in arabischen Ländern

In anderen Kulturen finden sich weitere Varianten des Händedrucks, die teilweise auch den Einfluss sozialer Determinanten erkennen lassen. So beschreibt etwa NEULIEP (2006: 292) eine in Kenia verwendete Variante des Händedrucks, die bei der Begrüßung von Personen mit höherem sozialen Status zum Einsatz komme: „when greeting a person of higher status, such as a teacher, the person of lower status should take the left hand (the hand not being used in the handshake) and grasp his or her own right arm somewhere in the proximity of the forearm during the shake."

... in Kenia

... in Japan

In Japan ist der Händedruck traditionell keine übliche Begrüßungsgeste, wird jedoch gerade von japanischen Geschäftsleuten bei Begegnungen mit westlichen Geschäftspartnern als Zugeständnis an die westliche Kultur praktiziert. Dabei wird jedoch ein größerer Abstand zum Gegenüber gewahrt als im Westen üblich. Außerdem wird der Händedruck häufig durch eine Verbeugung, die traditionelle japanische Begrüßungsgeste, begleitet.

Grad an Formalität

Auch hinsichtlich des Spektrums an Situationen, in denen er als angemessen erachtet wird, variiert der Händedruck. So kommt er etwa in Deutschland in einer großen Bandbreite formeller und informeller Kontexte zum Einsatz, von der offiziellen Gratulation bis zu Begrüßung und Abschied unter Freunden und Verwandten. Unter Deutschen ist der Händedruck folglich häufiger anzutreffen als in den meisten anderen Kulturen (vgl. BEAMER/VARNER 2001 [1995]: 171). In England hingegen ist der Händedruck eher an formellere Anlässe gebunden, vor allem als Begleitung zur Gratulation (vgl. SIFIANOU 2000: 76).

Verbeugung

Neben dem Händedruck gibt es ein Spektrum weiterer Grußgesten, die kulturabhängig sind. Die Verbeugung ist eine weit verbreitete Form des Begrüßungsrituals. Während sie in Deutschland als weitgehend veraltet gilt, stellt sie in verschiedenen asiatischen Kulturen (u.a. in Japan, Korea und Vietnam) die normale Form der Begrüßung dar. Wie oben bereits beschrieben kann diese Form der Begrüßung in Abhängigkeit vom sozialen Status der an der Interaktion beteiligten Personen variieren. Für Personen aus anderen Kulturen stellen diese subtilen Varianten der Verbeugung ein Problem bei der Begrüßung dar, ist es doch für einen kulturell Außenstehenden sehr schwer, die jeweils angemessene Tiefe und Länge der Verbeugung zu erreichen oder auch nur zu erkennen.

Wangenkuss

Der Wangenkuss ist eine Form der Begrüßung, die nicht nur kulturabhängig ist, sondern deren Akzeptanz auch entscheidend vom Faktor Geschlecht abhängt. In Frankreich etwa ist er eine gängige „Begrüßungsform unter andersgeschlechtlichen Verwandten, Freunden und zum Teil auch engeren Mitarbeitern (im Berufsleben)" (LÜSEBRINK 2005: 56). Zur geographischen Verbreitung des Wangenkusses unter gleichgeschlechtlichen Kommunikationspartnern stellt LÜSEBRINK (ebd.: 56) fest: „Unter gleichgeschlechtlichen Verwandten und Freunden ist der Wangenkuss seltener, aber in Frankreich, Italien und Russland – ganz im Gegensatz etwa zu Deutschland, England, den USA und den skandinavischen Ländern – durchaus gebräuchlich." Im Mittleren Osten ist der Wangenkuss unter männlichen Freunden anzutreffen (vgl. NEULIEP 2006: 292f.). In Deutschland zeichnet sich in den letzten Jahren im Hinblick auf den Wangenkuss zwischen Frauen ein deutlicher Wandel ab, ist doch diese Form der Begrüßung unter Verwandten und Freunden immer häufiger zu beobachten. Zurückzuführen ist dieser Wandel hinsichtlich der üblichen Begrüßungsrituale wohl auch auf Kontakt mit Kulturen, in denen diese Form der Begrüßung üblich ist. Dieses Beispiel illustriert, dass interkulturelle Kontakte durchaus auch zu einer Veränderung von Kommunikationsmustern innerhalb einer Kultur führen können. Kommunikationsmuster sind nicht für alle Zeiten in Stein gemeißelt, sondern wandeln sich im Laufe der Zeit, wobei interkulturelle Begegnungen eine wichtige Triebfeder der Veränderung darstellen können.

Ein deutlicher Wandel lässt sich in Deutschland auch in Bezug auf eine weitere Form der Begrüßung erkennen: die Umarmung. Eine Umarmung war als Begrüßungsritual in Deutschland traditionell eher unüblich und blieb auf Familienmitglieder und enge Freunde beschränkt, war aber selbst in diesem Kontext seltener als etwa in Frankreich oder in Mittel- und Südamerika (vgl. BEAMER/VARNER 2001 [1995]: 171). In den letzten Jahren scheinen sich die Konventionen für die Begrüßung in dieser Hinsicht in Deutschland aber geändert zu haben, denn eine Umarmung bei der Begrüßung oder beim Abschied ist immer häufiger auch unter Gesprächspartnern zu beobachten, die nicht in einer familiären oder engen freundschaftlichen Beziehung zueinander stehen. Auch in dieser Hinsicht scheint das deutsche Kommunikationsverhalten sich unter internationalen Einflüssen zu verändern. Die Wahrung des Körperabstands bei der Begrüßung scheint in Deutschland an Bedeutung zu verlieren. Parallel zur zunehmenden Verbreitung der Umarmung verliert der Händedruck in Deutschland offenbar zunehmend an Bedeutung und gewinnt – ähnlich wie in Großbritannien – immer mehr den Charakter einer formellen Geste.

Umarmung

Sind bei einer Begrüßung nicht alle anwesenden Personen bereits miteinander bekannt, so erfordern manche Kulturen nahezu zwingend, dass die Personen einander vorgestellt werden. Deutsche etwa tendieren dazu, eine Vorstellung zu erwarten. Je nach situativem Kontext und Grad an Förmlichkeit stellen sich die Anwesen-

Vorstellung

den entweder selbst gegenseitig vor oder werden einander von einer dritten Person vorgestellt. Vor allem dem Gastgeber fällt in der Regel die Aufgabe zu, jene Gäste, die sich nicht kennen, einander vorzustellen. Andere Kulturen legen weitaus weniger Wert auf die unter Deutschen beliebte „stark ritualisierte Vorstellungssequenz" (BOUCHARA 2002: 88). So ist beispielsweise „die persönliche, namentliche Vorstellung im arabischen Raum nicht üblich" (ebd.: 86). Sind sich Deutsche der geringeren Bedeutung, die der namentlichen Vorstellung im arabischen Kulturkreis beigemessen wird, nicht bewusst, dann kann das Ausbleiben einer Vorstellung durch arabische Gastgeber oder Kommunikationspartner leicht als unhöflich empfunden werden.

Vorstellungsrituale

Werden zwei Personen einander vorgestellt, die sich bisher noch nicht kennen, so erfordert dies in Abhängigkeit von der Kultur sehr unterschiedliche Strategien. Ein Differenzkriterium für die Vorstellung ist erstens, welche Informationen über den Vorzustellenden vergeben werden, und zweitens die Frage, wer wem zuerst vorgestellt wird. Während in Ländern wie Deutschland und Japan recht großer Wert auf eine förmliche Vorstellung gelegt wird, erscheint die Vorstellung von Unbekannten in den USA und Nordeuropa vergleichsweise wenig förmlich. Die Förmlichkeit schlägt sich vor allem in der Nennung von Namen und Titeln oder Berufsbezeichnungen nieder; in Japan kommt das Weiterreichen der Visitenkarten als Bestandteil der förmlichen Vorstellung hinzu. In den USA hingegen ist die Nennung des Vornamens gleich bei der Vorstellung sehr viel weiter verbreitet als in vielen europäischen Ländern.

Visitenkarten in Japan

> Visitenkarten werden in vielen Kulturen im Rahmen von beruflichen Kontakten genutzt. In der japanischen Kultur ist jedoch der Austausch von Visitenkarten in sehr viel stärkerem Maße reglementiert als in anderen Kulturen, wie u.a. NEULIEP (2006: 291) beschreibt: „In addition to bowing as a greeting, Japanese businesspeople typically exchange business cards. The exchange is indispensable in order to commence formal communication with each other. The business card communicates the group to which the person belongs and the rank of the person. Great care and time should be spent examining another's card, and only when a meeting is finished can the card be put away into a shirt or coat pocket (but never into a pants pocket, as that shows disrespect). When receiving the card of a Japanese businessperson, one should take the card with both hands, as a sign of respect."

Auch für den Übergang von der dominant beziehungsorientierten Begrüßungssequenz zum eigentlichen Gegenstand des Gesprächs, zur Sachebene, gibt es kulturspezifische Regeln oder doch zumindest Präferenzen. Eine Wendung, die explizit den Übergang zum Gesprächsgegenstand markiert, wie etwa ‚Ich möchte etwas mit Ihnen/dir besprechen‘ oder ‚Ich habe eine Frage an Sie/dich‘, ist bei Deutschen tendenziell häufiger zu finden als beispielsweise bei Briten (vgl. HOUSE 1982: 64; WOODMAN 2003: 52), was zum Ruf der Deutschen als übertrieben explizit in der Kommunikation beitragen dürfte. Eine irreführende Wirkung können solche expliziten Überleitungen bei Deutschen in der Kommunikation mit Briten zudem dadurch haben, dass entsprechende Formulierungen von Briten nicht nur insgesamt seltener verwendet werden, sondern zudem im Wesentlichen auf die Überleitung zu einem Problem oder einer schwierigen Situation beschränkt sind (vgl. WOODMAN 2003: 52). Eine explizite Überleitung, die von einem Deutschen verwendet wird, kann also bei einem Briten die Erwartung hervorrufen, dass ein Problem oder eine Kritik artikuliert werden soll, während der Deutsche unter Umständen lediglich den Übergang zu einer neutralen oder auch positiven Aussage kommunikativ vorzubereiten sucht. Umgekehrt kann es natürlich ebenso Probleme bereiten, wenn der deutsche Gesprächspartner das Gewicht der englischen Überleitung nicht zu deuten weiß, sondern, ausgehend von den eigenen Kommunikationsgewohnheiten, nach einer Überleitung wie ‚Listen, I would like to discuss something with you‘ keineswegs notwendig die Thematisierung eines Problems oder einer Kritik erwartet.

Übergang von der Begrüßung zum Thema

Gerade kurze Gespräche beim Einkauf oder im Dienstleistungssektor unterscheiden sich in Kulturen ganz erheblich hinsichtlich der Anzahl und Notwendigkeit von Begrüßungsformeln und dahingehend, wie rasch ein Übergang zum eigentlichen Thema oder Anlass des Gesprächs üblich ist. Für dänische und deutsche Gespräche in den eben beschriebenen Situationen hat ELIN FREDSTED (2005: 163) ausgehend von einer Studie basierend auf Daten aus deutschen und dänischen Touristeninformationsstellen typische Gesprächsmuster eruiert. Diese Gesprächsverläufe lassen den Schluss zu, dass im deutschen Kontext im Vergleich zum dänischen Komponenten, die in erster Linie für den Beziehungsaspekt von Bedeutung sind, tendenziell eine größere Rolle spielen. Die Orientierung auf die Sachaussage ist in beiden Kulturen zu erkennen, ist aber in der dänischen noch ausgeprägter als in der deutschen:

Gesprächsabläufe

	Deutschland	Dänemark
Eingangsphase Begrüßung/ Gesprächseröffnung	Fehlt oft	Fehlt oft
phatisches Signal/Vorfrage	+	Fehlt oft
Einleitung des Themas	+	+
Mittlere Phase Verhandlung des Themas	+	+
Schlussphase Beenden des Themas	+	+
Dank	+	Fehlt oft
Abschiedsformel	Fehlt oft	Fehlt oft

Deutsche und dänische Gesprächsabläufe im Vergleich

3 Anredeformen

Anredeformen

Bekanntlich variieren Anredeformen interkulturell ganz erheblich. Von großer Bedeutung ist die Wahl einer vom Gesprächspartner als angemessen erachteten Form der Anrede schon deshalb, weil über die Anrede in ganz erheblichem Maße die Beziehung der Gesprächspartner zueinander definiert wird. Eine kulturabhängige Variation ist sowohl hinsichtlich der verwendeten Personalpronomina (Sie oder Du bzw. deren Äquivalente in der jeweiligen Sprache) als auch im Hinblick auf den Gebrauch von Namen und Titeln zu beobachten. Erschwert wird dieser Aspekt interkultureller Kommunikation dadurch, dass auch innerhalb einer Kultur die Konventionen bezüglich der Anredeformen sehr stark variieren können. Faktoren wie Alter und soziale Schicht beeinflussen den Gebrauch von Anredeformen ganz massiv. Zudem kann es auch innerhalb eines Landes regionale Unterschiede geben.

Irreführende Rückschlüsse

Kommunikationsprobleme ergeben sich nicht nur aus der Wahl einer vom Gesprächspartner als unangemessen erachteten Form von Anrede. Eine zumindest ebenso wichtige – und schwerer identifizierbare – Quelle interkultureller Missverständnisse bilden die kulturell variierenden Implikationen der Anredeformen. Für Sprecher aus einer Kultur, in der die Anredeform in sehr starkem Maße durch Hierarchien bestimmt wird, kann eine Anrede mit dem Vornamen eine Hierarchiefreiheit suggerieren, die in der Realität nicht existiert. In den USA etwa ist die Anrede mit dem Vornamen weit verbreitet, ohne dass damit ein Fehlen von Hierarchien einhergeht. Hierarchische Unterschiede müssen nicht notwendig in der Form der Anrede ihren Niederschlag finden, sondern können auch in anderer Weise ausgedrückt werden. Die Anrede des Vorgesetzten mit dem Vornamen, wie sie in den USA nicht ungewöhnlich ist, sollte nicht als Aufforderung zu einem sehr lockeren oder sehr persönlichen Kommunikationsstil aufgefasst werden.

Anredeformen gehören zu jenen Aspekten, für die sich in besonderem Maße metakommunikative Strategien anbieten – eine offene Thematisierung der Unterschiede hinsichtlich der Konventionen für die Anrede. Besteht zwischen den Gesprächspartnern ein deutlicher Hierarchie- und/oder Altersunterschied, dann sollte im Idealfall der hierarchisch übergeordnete oder ältere der Gesprächspartner die Anredeformen ansprechen, da es wohl in der Regel auch dieser Gesprächspartner ist, der aus dem Spektrum der möglichen Anredeformen die für die Situation angemessene bestimmt.

Metakommunikation

4 Bitten und Aufforderungen

Dem Bitten und Auffordern kommt für interkulturelle Kommunikation aus verschiedenen Gründen eine besonders hohe praktische Relevanz zu. Wenn man sich in einer fremden Kultur befindet, tritt man mit auffallender Häufigkeit durch Bitten mit Menschen der anderen Kultur in Kontakt, werden doch für die Orientierung in der ungewohnten Umgebung zentrale Handlungen gemeinhin in Bitten gekleidet, insbesondere die Bitte um Auskunft (= ‚zeigen Sie mir bitte den Weg zum Bahnhof, zum Hotel' etc.). Gerade Touristen müssen häufig von Bitten Gebrauch machen. Die Bitte kommt oft auch bei flüchtigen Kontakten mit Fremden, beim Einkauf, bei der Reise, im Restaurant etc. zum Tragen.

Praxisbezug

Kulturen bieten in der Regel ein Spektrum von Möglichkeiten, eine Bitte zu artikulieren. Die Alternativen verfolgen zwar dasselbe Ziel (Erfüllung der Bitte durch den Gesprächspartner), haben aber unter Umständen verschiedene Implikationen für die Gestaltung der Beziehung zwischen den Gesprächspartnern, unterscheiden sich die Möglichkeiten doch oftmals hinsichtlich des Grades an Höflich-

Höfliche Bitten

keit. Was bei der Formulierung von Bitten als höflich empfunden wird, variiert kulturabhängig sehr stark. Zu berücksichtigen ist dabei, dass die jeweils in einer Kultur als höflich oder angemessen erachteten Formen, eine Bitte zum Ausdruck zu bringen, sich keineswegs aus den sprachlichen Möglichkeiten ableiten lassen. Mit anderen Worten: eine 1:1-Übersetzung von einer in Sprache A als höflich geltenden Weise, eine Bitte auszudrücken, in Sprache B ist keineswegs eine Garantie dafür, dass die Bitte auch in der Zielsprache als höflich empfunden wird. Die 1:1-Übersetzung kann vielmehr als unhöflich aufgefasst werden, oder aber sie wird sogar nicht einmal mehr als Bitte identifiziert, sondern hat eine andere Bedeutung. Werden Bitten nicht in einer Art formuliert, die vom Adressaten als höflich empfunden wird, dann kann dies negative Reaktionen hervorrufen – und natürlich auch dazu führen, dass der Bitte nicht entsprochen wird.

Höflichkeitsregeln als Ursache von Missverständnissen

Höflichkeitsregeln für die Formulierung von Bitten können erstens insofern zu interkulturellen Missverständnissen führen, als höflich gemeinte Bitten vom Gegenüber als unhöflich wahrgenommen werden können. Gerade wenn die Höflichkeitsregeln einer Kultur gebieten, dass eine Bitte in sehr indirekter Form zum Ausdruck gebracht wird, besteht zweitens die Gefahr, dass für Kommunikationspartner aus einer Kultur, die zu stärkerer Direktheit tendiert, die Bitte zur ‚verlorenen Botschaft' wird. Die unterschiedlichen Höflichkeitsregeln von Japanern und Deutschen beispielsweise können leicht Kommunikationsprobleme nach sich ziehen, da bei Bitten der an den Angesprochenen gerichtete Appell durch den Japaner tendenziell so indirekt zum Ausdruck gebracht wird, dass er vom Deutschen nicht als Appell aufgefasst wird (verlorene Botschaft), und vom Deutschen umgekehrt so direkt, dass dies vom Japaner als Missachtung der Höflichkeitsregeln und Beleidigung empfunden wird (imaginierte Botschaft).

Beispiel: Bitten in japanisch-deutscher Kommunikation

Ein anschauliches Beispiel für die oben beschriebene Gefahr von Bitten als ‚verlorenen Botschaften' in japanisch-deutschen Kommunikationen liefern REZ ET AL. (2006: 51): „Ein Japaner und ein Deutscher sind Nachbarn in einem Haus. Der Deutsche übt häufig Klavier. Dadurch fühlt sich der Japaner zuweilen gestört. Als ihm sein deutscher Nachbar im Treppenhaus begegnet, begrüßt ihn der Japaner und äußert dabei: ‚Sie üben fleißig.' Daraufhin entgegnet der Deutsche: ‚Ja, ich nehme jetzt sogar Klavierstunden bei einem Musiklehrer.'" Während der Sachinhalt der Äußerung von beiden Sprechern gleich interpretiert wird (Es wird fleißig geübt), besteht aufgrund der japanischen Tendenz zu impliziter Kommunikation und der sprichwörtlichen deutschen Direktheit eine relativ hohe Wahrscheinlichkeit, dass sowohl die Selbstkundgabe des Japaners (Ich fühle mich durch das Klavierspiel gestört) als auch der Appell (Spielen Sie seltener) zu verlorenen Botschaften werden. Der implizit ausgedrückten Bitte des Japaners wird in diesem Fall also vermutlich nicht Folge geleistet, und der Deutsche erscheint deshalb als unhöflich, ohne sich des Missverständnisses im Geringsten bewusst zu sein. Im schlimmsten Fall kann der fleißige Klavierspieler der Äußerung des Japaners sogar imaginierte Botschaften zuschreiben, die genau das Gegenteil des vom Japaner intendierten Kommunikationsziels bewirken können (Selbstkundgabe: Mir gefällt es, wenn Sie Klavier spielen; Appell: Spielen Sie doch noch öfter).

Im Rahmen von Einladungen als kommunikativem Script spielt die Aufforderung eine zentrale Rolle. Kulturen verfügen über ihr je eigenes Spektrum an Möglichkeiten, um Aufforderungen zum Ausdruck zu bringen. Auch hier – ebenso wie bei Bitten – gibt es in der Regel eine Spannbreite, die von höflichen Aufforderungen bis zu Befehlen reicht. Zudem kann eine Konstruktion, die in einer Kultur als höflich gilt, in einer anderen Kultur als plump-vertraulich oder auch als Befehl aufgefasst werden. ANNA WIERZBICKA (1991: 27ff.) vergleicht Aufforderungen im Englischen und im Polnischen und gelangt dabei zu folgendem Ergebnis: Im Englischen werden höfliche Aufforderungen in der Regel durch Fragesätze zum Ausdruck gebracht (‚Would you like to sit down?'); im Polnischen hingegen gilt ein Imperativ als höfliche Aufforderung (‚Please! Sit! Sit!'). *Die Aufforderung*

WIERZBICKA stützt sich bei ihren vergleichenden Überlegungen zur sprachlichen Realisierung von Aufforderungen auf grammatische Phänomene und die Wortwahl. Darüber hinaus ist aber auch die Intonation ein entscheidender Faktor. Ein und derselbe Satz kann in Abhängigkeit von der Intonation unterschiedliche Bedeutungen haben bzw. unterschiedliche Grade an Höflichkeit aufweisen. So kann etwa der Imperativsatz ‚Setzen Sie sich bitte hin' bzw. ‚Have a seat, please' durch die Intonation auf den Angesprochenen entweder als durchaus höfliche Einladung oder auch als Befehl wirken. *Intonation*

Das Script
‚Besuch'

Nicht nur die individuelle Aufforderung kann in interkultureller Kommunikation Missverständnisse auslösen, sondern auch das Script ‚Besuch', in dem Aufforderungen eine zentrale Rolle spielen, kann interkulturell sehr stark variieren. Die Erwartungen, die an die Rollen des Gastes und des Gastgebers gestellt werden, sind kulturspezifisch. In vielen Kulturen gehört es zum Ritual eines Besuchs, dass dem Gast Essen oder zumindest Getränke angeboten werden. Nach welchen Regeln dies geschieht, ist jedoch unterschiedlich. Dies soll im Folgenden anhand von zwei Beispielen verdeutlicht werden.

Beispiel 1:
Polen

WIERZBICKA (1991) betont, das Script ‚Besuch' impliziere in der polnischen Kultur, dass von einem Gastgeber erwartet werde, dem Gast Essen und Trinken geradezu aufzudrängen, auch wenn dieser zunächst ablehnt. Daher ist eine Nachfrage als Reaktion auf eine Ablehnung seitens des Gastes, wie sie etwa bei einem amerikanischen oder deutschen Gastgeber durchaus normal erscheint (‚Are you sure you don't want to eat anything?'/‚Sind Sie sich sicher, dass Sie nichts essen wollen?'), im polnischen Script unangemessen: „it breaks the unwritten law of Polish hospitality, according to which the host does not try to establish the guests' wishes as far as eating and drinking is concerned but tries to get the guest to eat and drink as much as possible (and more)." (ebd.: 28) Es liegt auf der Hand, dass ein polnischer Gast, der ein Verhalten des Gastgebers entsprechend dem oben skizzierten Script erwartet, angesichts des scheinbaren Desinteresses eines amerikanischen oder deutschen Gastgebers, der das ‚nein' des Gastes tendenziell relativ rasch als ‚nein' akzeptiert, dem Gastgeber mangelnde Gastfreundlichkeit unterstellen mag. Umgekehrt wird sich ein amerikanischer oder deutscher Gast von einem polnischen Gastgeber unter Umständen in unangenehmer Weise zum Essen oder Trinken gedrängt sehen.

Beispiel 2:
China

Für China lässt sich aus den Erläuterungen von LEI WANG (2006: 190) zu ihren Erfahrungen in Deutschland ein Script ‚Besuch' ableiten, das viel mit dem oben für Polen skizzierten Script gemeinsam zu haben scheint. WANG schildert folgende Erfahrung in Deutschland: „Als ich einmal meine deutsche Freundin besuchte, fragte sie mich, ob ich einen Tee möchte. Ich reagierte typisch chinesisch: ‚Nein, danke!' Ich bekam keinen Tee und fühlte mich enttäuscht. [...] Mit der Antwort ‚Nein, danke' zeigte ich meine Höflichkeit, auf die in der chinesischen Kultur viel Wert gelegt wird. Ein chinesischer Gastgeber reagiert nicht auf die Sachseite dieser Botschaften, für ihn bedeutet diese Antwort: ‚Ja, aber das ist sehr umständlich für dich!‘ Er bietet trotzdem seinem Gast Tee an, da es seine Pflicht ist." (ebd.) WANGs Erläuterungen verweisen auch auf eine weitere Ursache interkultureller Missverständnisse: „Wir verhalten uns so, ohne nachzudenken, weil wir diese Sitte seit Kindheit an von den Mitmenschen erlernt haben und wir sie für gut halten." (ebd.) Das Erlernen kultureller Scripts erfolgt ebenso wie der Erstspracherwerb weitgehend unbewusst und ist daher nur relativ schwer für Reflexionen und Veränderungen zugänglich.

Bei Bitten und Aufforderungen lässt sich für das Englische, im Gegensatz etwa zum Polnischen, eine Tendenz zum Vermeiden von Imperativen feststellen (vgl. WIERZBICKA 1991). Eine ähnliche Tendenz zur Vermeidung von Imperativen ist auch im Deutschen zu beobachten. Das Vermeiden von Imperativen erstreckt sich jedoch in keinem der beiden Kulturkreise auf Werbungen, Rezepte und Gebrauchsanweisungen, also Texte mit unpersönlichem Charakter, die sich nicht an einen bestimmten Adressaten richten (vgl. ebd.: 30f.). Anders ist die Situation im Japanischen, wo auch bei unpersönlichen, anonymen Adressaten Imperative gemieden werden (vgl. ebd.). Für den Gebrauch des Imperativs ergibt sich folglich für die oben genannten Kulturen und Sprachen folgende typische Verteilung:

Imperative

Adressat	Individuum	Unpersönlich
Polnisch	+	+
Deutsch	(–)	+
Englisch	–	+
Japanisch	–	–

Verwendung des Imperativs bei Bitten und Aufforderungen

Wie Bitten und Aufforderungen sprachlich realisiert werden, erlaubt laut WIERZBICKA (1991: 30) bis zu einem gewissen Grad Rückschlüsse auf die Werte der jeweiligen Kultur (und damit auf die mentale Ebene; vgl. dazu auch das dreidimensionale Kultur-

Kulturelle Werte

modell in Kap. 2.1.3). Die kulturspezifische Form der Formulierung von Bitten und Aufforderungen im angloamerikanischen Kulturkreis führt WIERZBICKA auf die große Bedeutung zurück, die in diesem Kulturkreis dem Individualismus und der Privatsphäre beigemessen werden. Die Tendenz englischer Muttersprachler, Imperative zu vermeiden und durch Fragekonstruktionen zu ersetzen, reflektiere das Bestreben, die Autonomie des Gegenübers zu respektieren, ihm die Entscheidungsfreiheit – und damit auch das Recht ‚nein' zu sagen – zu lassen. Für den deutschen Kulturkreis ist eine ganz ähnliche Tendenz zu beobachten. Individualismus und die Achtung der Privatsphäre sind auch in den deutschsprachigen Ländern wichtige Werte, und bei Bitten oder Aufforderungen werden hier ebenfalls sehr häufig Fragen verwendet. Will man einem Gast etwas zu trinken oder zu essen anbieten, dann stellen Fragen wie ‚Möchtest Du etwas trinken?' oder auch ‚Haben Sie Durst?' höfliche bzw. neutrale Möglichkeiten dar, dies zu tun. Imperative wie ‚Iss noch etwas!', ‚Trink etwas!' sind zwar möglich, erscheinen aber direkter und weniger höflich und kommen daher in der Regel nur in relativ informellen Situationen zum Einsatz, in denen eine gewisse Vertrautheit der Gesprächspartner gegeben ist (also insbesondere in der Familie oder unter guten Freunden). Selbst in diesen Situationen schwingt bei der Aufforderung durch einen Imperativ für einen Deutschen aber stets ein gewisser Unterton von Befehl oder auch Vorwurf mit.

6 Strategien zur Bewältigung von Problemen interkultureller Kommunikation

Überblick

Zur konstruktiven Bewältigung von Problemen interkultureller Kommunikation und zur Entwicklung interkulturellen Verstehens kommt ein Spektrum unterschiedlicher Strategien in Frage, die sich jedoch nicht in allen Situationen als gleichermaßen geeignet erweisen. Im Folgenden sollen diese Strategien vorgestellt und hinsichtlich ihrer Vorzüge, aber auch ihrer Grenzen charakterisiert werden. Zu unterscheiden sind dabei die folgenden Grundtypen von Strategien:

▶ Selbstreflexive Strategien
▶ Rhetorische Strategien
▶ Explizite Metakommunikation

▶ Implizite Meta-Sensibilität
▶ Reduktion von Unsicherheit

Kritische, kulturvergleichende Reflexionen über das eigene kommunikative Verhalten und das Verhalten anderer stellen ohne Zweifel eine unabdingbare Voraussetzung für erfolgreiche interkulturelle Kommunikation und interkulturelles Verstehen dar (zur Selbstreflexivität als Komponente der kognitiven Teilkompetenz vgl. auch Kapitel 3). Als Orientierungshilfen für die Reflexion bieten sich die oben beschriebenen Modelle des Kommunikationsquadrats und des Inneren Teams an, die einen analytischen Zugriff auf die Ursachen der in einer Kommunikation auftretenden Probleme erleichtern. Im Prinzip kann diese Reflexion in Vorbereitung von Interaktionen oder nach Interaktionen erfolgen und damit zukünftiges interkulturelles kommunikatives Handeln beeinflussen. Grundsätzlich ist zwar auch kommunikationsbegleitend kritische Reflexion möglich; da es komplexe Zusammenhänge zu bedenken gilt, werden die Möglichkeiten, das aktuelle Verhalten durch Reflexion zu steuern, aber zumindest sehr begrenzt sein. Dies hebt auch WANG (2006: 192) in der Beschreibung ihrer Kommunikationserfahrungen in Deutschland hervor: „Mit meinem neuen Wissen schaffe ich es nicht immer, denn die alltägliche Kommunikation geht sehr schnell. Ich muss aber langsam mit anderen umgehen, denn ich brauche mehr Zeit zum Überlegen, was mit mir los ist und wie ich dies dem anderen klar mitteilen soll. Wenn ich mich nicht konzentrieren kann, kehre ich wieder zu den alten Verhaltensmustern zurück." Selbstreflexive Strategien haben also den Nachteil, dass sie in der Regel nur zeitversetzt zum Einsatz kommen können und in erster Linie eine mittel- und langfristige Steigerung der interkulturellen Kompetenz bewirken.

Selbstreflexive Strategien

Wenngleich selbstreflexive Strategien der Bewältigung von Kommunikationsproblemen zweifellos besonders nachhaltig sein können, so sind doch schon aufgrund der bei ihnen zu erwartenden zeitlichen Verzögerung zumindest ergänzend auch rhetorische Strategien zu empfehlen, die in der Kommunikation selbst zum Tragen kommen können. Zu den rhetorischen Strategien zählen Wiederholungen und Nachfragen. Wie wirksam solche Strategien sind und wie sie vom Gegenüber bewertet werden, kann sehr stark divergieren. So besteht grundsätzlich die Gefahr, das Gegenüber zu beleidigen, indem man ihm allzu deutlich signalisiert, dass man ihm ein mangelndes Verstehen unterstellt. Als rhetorische Strategien,

Rhetorische Strategien

die eingesetzt werden, um ein Verstehen innerhalb der Kommunikation zu sichern, bieten sich auf Seiten des Senders der Nachricht etwa die folgenden an (nach HERINGER 2004: 49):

▶ Hervorheben der relevanten Elemente
▶ Wiederholungen
▶ Reformulierungen
▶ Formulierungsvorschläge
▶ Verstehensabsichernde Nachfragen (‚Verstehen Sie?‘)

Explizite
Metakommu-
nikation

Explizite Metakommunikation, d.h. das Thematisieren von (vermuteten) Missverständnissen und Nicht-Verstehen, ist sicherlich eine zentrale Strategie bei der Bewältigung von Problemen interkultureller Kommunikation: „Wenn ich in der Lage bin, anzusprechen, wie ich den Kontakt, die Kommunikation und die Art des Verstehens und Missverstehens empfinde, dann kann dies zu einem klärenden Gespräch und in der Folge einem besseren Verstehen führen." (KUMBIER/SCHULZ VON THUN 2006: 24) In der expliziten Metakommunikation wird sehr gut das für interkulturelle Kompetenz kennzeichnende Zusammenspiel von kognitiver, affektiver und pragmatisch-kommunikativer Teilkompetenz deutlich. Gleichwohl ist aber auch diese Strategie alles andere als unproblematisch, unterliegt doch die Thematisierung von Kommunikationsinhalten und Kommunikationsstrategien – wie alle anderen Aspekte der Kommunikation auch – kulturellen Normen. Deshalb kann explizite Metakommunikation „direkt in das nächste Fettnäpfchen führen" (ebd.: 24). Explizite Metakommunikation ist letztlich ein Ausdruck von Direktheit im Kommunikationsverhalten, die, wie bereits erläutert, von manchen Kulturen gerne eingesetzt und positiv bewertet wird, gerade auch von Deutschen, die aber in manchen anderen Kulturen als unangenehm empfunden wird. So mag etwa einem Deutschen oder auch einem Amerikaner explizite Metakommunikation als effizienter Weg zur Auflösung interkultureller Missverständnisse erscheinen, aber dieser Eindruck wird beispielsweise von einem Japaner vermutlich nicht geteilt. Explizite Metakommunikation kann die Höflichkeitsregeln einer Kultur verletzen und darüber hinaus ergebnislos bleiben sowie sogar negative Stereotype über die Deutschen oder Amerikaner, die gerne auf diese Kommunikationsstrategie zurückgreifen, evozieren: „Deutsche neigen zur Explizitheit und zum Ausdiskutieren, was ihnen wiederum in manchen Kulturen den Ruf einträgt, indezent, derb oder unhöflich zu sein." (HERINGER 2004: 22) Ähnlich argumentiert auch WIECHEL-

MANN (2006: 333f.): „Dem Gebrauch der Metakommunikation als Königsweg zur Konfliktlösung sind in der interkulturellen Kommunikation jedoch Grenzen gesetzt, denn kulturelle Regeln bestimmen auch hier, ob und in welcher Form bzw. Situation es möglich ist, Konflikte, Meinungsverschiedenheiten und Gefühle anzusprechen."

Gerade angesichts der Probleme, die durch explizite Metakommunikation in interkultureller Kommunikation ausgelöst werden können, „sollte das interkulturelle Repertoire auch die Fähigkeit zur *impliziten Meta-Sensibilität* enthalten: feinfühlig zu merken, was los ist, und (ohne das anzusprechen) einen behutsameren Weg aus der Sackgasse einzuschlagen" (KUMBIER/SCHULZ VON THUN 2006: 24). Dieser ‚behutsame Weg', der Empathie (affektive Teilkompetenz) voraussetzt, besteht vor allem in einer Veränderung des eigenen kommunikativen Verhaltens. Wird man sich einer Verstimmung des Gegenübers oder eines Missverständnisses in einer Kommunikationssituation bewusst, dann ist es sicherlich lohnenswert, nicht an dem Verhalten festzuhalten, das eben diese Störung der Kommunikation (vermutlich) ausgelöst hat, sondern es zu variieren. Es hängt maßgeblich von der bisherigen Erfahrung des Sprechers mit interkultureller Kommunikation und mit dem Bewusstsein für mögliche Implikationen verbaler und nonverbaler kommunikativer Signale ab (und natürlich von einer gewissen Portion Glück), wie erfolgreich die Abwandlung des Kommunikationsverhaltens sein wird. Auch wenn man bei der Modifikation des eigenen Verhaltens ein wenig im Dunkeln tappt, ist diese Strategie aber doch gegenüber einem sturen Festhalten an eingefahrenem Kommunikationsverhalten vorzuziehen, das in der Regel kommunikative Probleme wohl nur verschlimmert.

Implizite Meta-Sensibilität

Interkulturelle Kommunikation geht zumindest anfänglich in der Regel mit einem mehr oder weniger hohen Maß an Unsicherheit auf Seiten eines oder beider Gesprächspartner einher. Eine Reduktion dieser Unsicherheit gilt als eines der Kommunikationsziele bei interkulturellen Begegnungen (vgl. u.a. NEULIEP 2006: 28). Für die Reduktion der Unsicherheit bieten sich vor allem Strategien an, die das Verhalten des Gegenübers vorhersehbarer machen, die aber auch einen Raum für eine Verhandlung der kommunikativen Beziehung bieten. Vor allem Fragen bieten sich in diesem Kontext an. Freilich ist dies auch nicht notwendig ein Königsweg zu einer erfolgreichen interkulturellen Kommunikation, besteht doch bei Fragen z.B. die Gefahr, Tabuthemen anzusprechen.

Reduktion von Unsicherheit

145

**Gefahr der
Überanpassung**

Guter Wille und ein Bemühen um eine Antizipation von und Anpassung an die Erwartungen des Gegenübers sind sicherlich von zentraler Bedeutung für eine erfolgreiche interkulturelle Kommunikation. Gleichwohl kann man auch des Guten zu viel tun, denn weder der Deutsche, „der sich durch ungelenk-bemühte Höflichkeitsbezeugungen als ‚besonders japanisch‘ zu geben versucht" (REZ ET AL. 2006: 70), noch der „Japaner, den übertriebene Anpassungsbestrebungen an das individualistisch-ausdrucksorientierte Modell zu einer ungestümen Direktheit verleiten" (ebd.), werden wohl in der interkulturellen Kommunikation eine besonders gute Figur machen. Bestenfalls werden solche Beispiele für eine Überanpassung von den Gesprächspartnern als gut gemeinte Versuche, sich auf das Gegenüber einzustellen, gewertet, im schlechtesten Fall als lächerliche oder sogar beleidigende Parodie der fremdkulturellen Kommunikationsstrategien. So kann ‚weniger‘ in der Anpassung an andere Kommunikationskonventionen letztlich manchmal sogar ‚mehr‘ sein. Besser als die Kommunikationsmuster des Gegenübers im Detail imitieren zu wollen, ist es sicherlich, einen Kompromiss zwischen den eigenen und den fremden Kommunikationsstrategien zu suchen.

**Antizipierte
Fremdbilder**

Bei Versuchen der Anpassung an die Kommunikationskonventionen einer anderen Kultur sollte man nicht vergessen, dass der Gesprächspartner sich in der Regel, gerade bei einem ausgedehnteren Kontakt, durchaus bewusst ist, dass das Gegenüber aus einer anderen Kultur stammt, und deshalb vermutlich auch gar keine völlige Anpassung an die eigenen Kommunikationskonventionen erwartet. In der Kommunikation mit Arabern beispielsweise ist sicherlich dringend davon abzuraten, die für arabische Begrüßungssequenzen kennzeichnenden religiös konnotierten Begrüßungsformeln imitieren zu wollen. Dass Araber solche Begrüßungsformeln in der Kommunikation mit Nicht-Moslems selbst als unpassend empfinden, hat BOUCHARA (2002) etwa an in Deutschland lebenden Arabern aufgezeigt, die zwar untereinander, aber nicht im Gespräch mit Deutschen von den religiös konnotierten Begrüßungsformeln Gebrauch machen. Will man als Deutscher auf die Konventionen der oben beschriebenen elaborierten arabischen Begrüßungssequenz eingehen und so seinen Respekt für das Gegenüber bezeugen, dann empfiehlt es sich sehr viel eher, Fragen über das Wohlbefinden des Gegenübers oder das Wohlbefinden von dessen Familie zu stellen. Auch durch diese Fragen kann man dem

Gegenüber signalisieren, dass man an dem für Araber bei der Begrüßung so wichtigen Beziehungsaspekt interessiert ist.

Wenngleich das Bewusstsein für die Auswirkungen kultureller Differenzen auf das Kommunikationsverhalten einen wichtigen Aspekt interkultureller Kompetenz darstellt, kann es mitunter aber auch zu voreiligen Schlüssen verleiten, denn „nicht alles, was kulturell bedingt anmutet, ist auch kulturell bedingt" (KEDING 2006: 336). Besonders deutlich wird die Gefahr voreiliger Schlüsse in solchen Fällen, in denen Verhalten oder Äußerungen eines Interaktionspartners fälschlich als Resultat kultureller Differenzen interpretiert werden und folglich die tatsächlichen Gründe für das Verhalten schlichtweg übersehen werden. Ein Individuum kann nie auf kulturelle Stereotype reduziert werden, und die Komponenten und das Zusammenspiel des Inneren Teams sind nicht allein kulturabhängig, sondern stets auch „persönlichkeits- und situationsabhängig" (BARRIOS 2006: 275; zur Bedeutung von Stereotypen vgl. auch Kapitel 3.2.4). Konzentriert man sich ausschließlich auf die kulturelle Zugehörigkeit einer Person, statt auch deren individuelle Züge in den Blick zu nehmen, so „erscheinen die Angehörigen einer Kultur sehr viel ähnlicher, als sie es in Wahrheit sind. Aus dem Blick gerät, dass jede Kultur aus Individuen mit unterschiedlichen Persönlichkeiten und Erfahrungshintergründen besteht" (WIECHELMANN 2006: 332). Interkulturelle Trainings können folglich im schlechtesten Fall dazu beitragen, einen ‚Kulturalismus' zu fördern, der zur Vernachlässigung anderer Determinanten menschlichen Handelns führt (vgl. KEDING 2006).

Voreilige Schlüsse

LITERATURTIPP

Ein neues Handbuch zum Thema ‚interkulturelle Kommunikation':

KOTTHOFF, HELGA und SPENCER-OATEY, HELEN (Hg.): Handbook of Intercultural Communication. Berlin/New York: Mouton de Gruyter 2007.

1   Der Erwerb interkultureller Kompetenz: Lernspirale und Lernziele

Lebenslanges Lernen

Wie in der Einleitung (Kap. 1.2) bereits erwähnt, gehört interkulturelle Kompetenz zu dem Bereich des lebenslangen Lernens. Selbst nach einem mehrjährigen Aufenthalt im Ausland oder gar einer jahrzehntelangen interkulturellen Partnerschaft ‚hat' man sie nicht einfach, sondern interkulturelle Kompetenz entwickelt sich stets weiter – mit jeder neuen interkulturellen Begegnung. Diese Entwicklung kann mit dem Modell einer ‚Lernspirale' (vgl. auch DEARDORFF 2006) beschrieben werden. Dabei greifen die drei Teilkompetenzen interkultureller Kompetenz stets ineinander (vgl. Abb. 6.1):

Lernspirale

Wo man in die Lernspirale einsteigt und welche Stadien aufeinander folgen, hängt letztlich vom individuellen Lebens- und Lernverlauf ab. Um ein Beispiel zu geben, wie die Spirale sich ‚drehen' kann: Vermutlich werden die meisten Lernspiralen interkultureller Kompetenz durch eine konkrete Erfahrung initiiert: ein Auslandsaufenthalt in der Kindheit oder die Freundschaft mit Migranten. Um aus den positiven und negativen kulturellen Differenzerfahrungen, die man in solchen Interaktionssituationen macht, ein bewusstes interkulturelles Wissen zu erzeugen, ist zunächst Selbstreflexivität nötig – also ein Wechsel von der pragmatisch-kommunikativen Ebene zur kognitiven Ebene sowie eine Transformation des bereits erworbenen impliziten Handlungswissens in ein explizites interkulturelles Wissen. Helfen können bei dieser Bewusstmachung sowohl länderspezifisches Wissen als auch das in diesem Buch vermittelte kultur- und kommunikationstheoretische Wissen. Damit ausgerüstet wird die nächste interkulturelle Begegnung ein höheres Maß an kultureller Selbstreflexivität aufweisen. (‚Wie denken und fühlen mein Gesprächspartner und ich? Warum ist das typisch für unsere jeweiligen Kulturen?') Und auch das erworbene Wissen über Sprache und Kommunikation hat sich in der pragmatisch-kommunikativen Dimension erst zu bewähren. Im Idealfall werden geeignete Kommunikationsmuster und Konfliktlösungsstrategien eingesetzt. Affektive Teilkompetenzen – Interesse, Aufgeschlossenheit, Empathie – muss man in diesen Situationen in gewissem Maße bereits mitbringen. Aber erst der konkrete interkulturelle Kontakt wird zur stärkeren Herausbildung des Fremdverstehens und der Ambiguitätstoleranz führen. Mit dem stets erfolgenden selbstreflexiven Abgleich zwischen gemachter Erfahrung und dem zuvor erworbenen Wissen über fremde Kulturen und deren Kommunikationsmechanismen dreht sich die Spirale weiter und erreicht ein immer höheres Niveau.

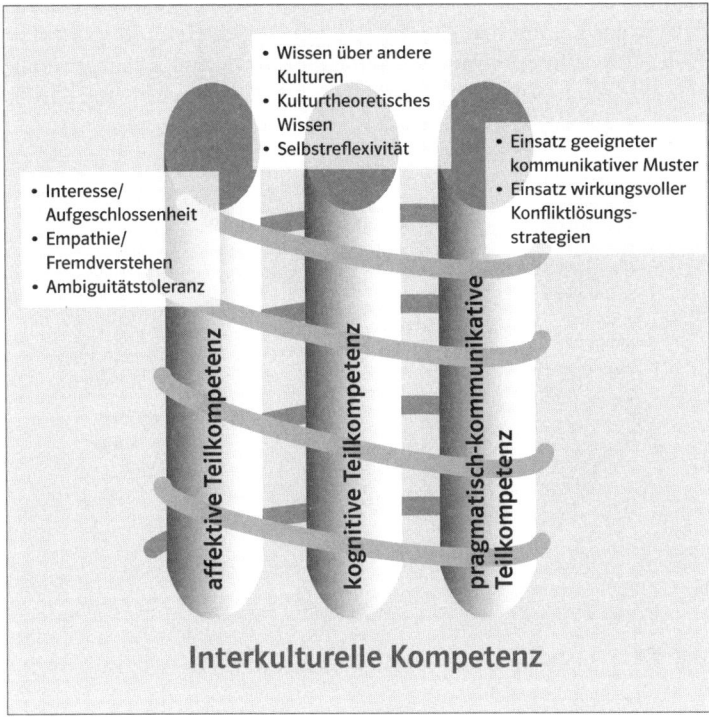

Abb. 6.1: Lernspirale interkultureller Kompetenz

Letztlich sind die genannten Teilkompetenzen interkultureller Kompetenz – kognitive, affektive und pragmatisch-kommunikative – auch Voraussetzung für jedes erfolgreiche Handeln im *intra*-kulturellen Bereich. Deshalb geben viele Kritiker zu bedenken, dass interkulturelle Kompetenz nicht anderes sei als eine allgemeine Handlungskompetenz. Gibt es überhaupt eine eigenständige ,interkulturelle Kompetenz'?

Interkulturelle Kompetenz und allgemeine Handlungskompetenz

Tatsächlich spricht vieles dafür, interkulturelle Kompetenz als eine Transferleistung zu begreifen – als die Fähigkeit, allgemeine persönlichkeitsbezogene Kompetenzen (kognitive, affektive und pragmatisch-kommunikative) auf interkulturelle Handlungskontexte beziehen zu können. Damit besteht vor allem ein *qualitativer* Un-

Kompetenz in interkultureller Perspektive

terschied zwischen allgemeiner Handlungskompetenz und interkultureller Kompetenz (vgl. BOLTEN 2003: 87). Interkulturelle Kompetenz ‚hebt' sich von allgemeinen Handlungskompetenzen ‚ab'. Sie ist auf einer anderen Ebene angesiedelt, die durch die Reflexion des Kulturellen geprägt ist, bzw. durch eine *interkulturelle Perspektive*. Interkulturelle Kompetenz ist somit eine „generelle Handlungskompetenz mit ‚interkulturellem Vorzeichen'" (ebd.: 157).

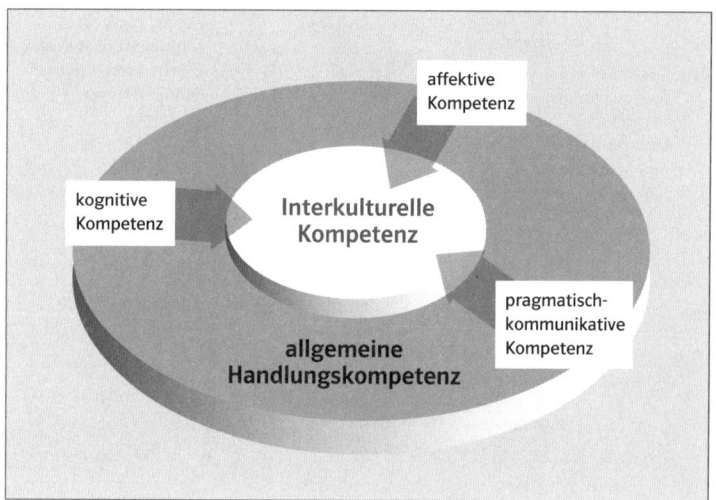

Abb. 6.2: Interkulturelle Kompetenz als allgemeine Handlungskompetenz mit interkulturellem Vorzeichen

Ziele interkulturellen Lernens

Zwei Hauptziele interkulturellen Lernens lassen sich unterscheiden. Wir nennen sie ‚Effizienz' und ‚Toleranz'. STEFANIE RATHJE verdeutlicht, dass das jeweils anvisierte Ziel des Erwerbs interkultureller Kompetenz eng mit den gesellschaftlichen Bereichen zusammenhängt, in denen sie eingesetzt werden soll: „Die Stellungnahmen zu Zielvorstellungen interkultureller Kompetenz bewegen sich zwischen eher ökonomisch orientierten Konzepten, die vor allem Effizienzgesichtspunkte in den Vordergrund stellen, und eher geisteswissenschaftlichen, bzw. erziehungswissenschaftlichen Ansätzen, die Effizienzerwägungen gegenüber skeptisch eingestellt sind und vor allem den Aspekt menschlicher Weiterentwicklung in der interkulturellen Interaktion betonen." (RATHJE 2006: 3)

Effizienz

Wenn das Ziel ‚Effizienz' lautet, dann wird interkulturelle Kompetenz nicht selten als eine Art ‚Erfolgsinstrument' begriffen. Die

Kenntnis der kulturellen Voraussetzungen des Verhandlungspartners soll beispielsweise zu erfolgreichen Wirtschaftsabschlüssen oder zum Erreichen der außenpolitische Ziele eines Staates führen. Diesem Konzept liegt damit ein gewisser Zweckrationalismus zugrunde, an dem häufig Kritik geübt wird. WOLF D. AHMED ARIES, u.a. wissenschaftlicher Berater des Islamrats, etwa weist darauf hin, dass bestimmte Ansätze in der Diskussion um interkulturelle Kompetenz dazu tendieren, „den Gegenüber als etwas zu betrachten, das durch Erklärbarkeit manipulierbar wird" (AHMED ARIES 2003: 153). In solchen Zusammenhängen kann interkulturelle Kompetenz schnell zu einem Mittel der Durchsetzung von Machtansprüchen werden. Der Kulturanthropologe STEFAN KROTZ (2003: 184) gibt daher mit Recht zu bedenken: „Ist es denn nicht so, dass das heute vielerorts so geläufige Lob des Kulturendialogs und der dazugehörigen interkulturellen Kompetenz weit weniger humanistischen Motiven entspringt als der ernüchternden Feststellung, dass viele Strategien kommerzieller, militärischer, auch entwicklungspolitischer und missionarischer Art nicht mehr wie bisher – nämlich mittels irgendeiner Form von Gewalt – durchzusetzen sind?"

Weitaus ehrenwerter, wenn auch hin und wieder dem Vorwurf des Idealismus ausgesetzt, erscheinen hingegen jene Ansätze, die ‚Toleranz' zum Ziel des Erwerbs interkultureller Kompetenz erklären. Der Religionswissenschaftler RAM A. MALL erläutert: „Zu den Minimalforderungen für die Möglichkeit einer Kommunikation gehört wesentlich die tolerante, bescheidene Überzeugung, nicht allein im Besitz der Wahrheit zu sein." (Zit. nach THOMAS 2003: 146) Und ALOIS WIERLACHER macht darauf aufmerksam, dass es gerade in der heutigen Zeit, angesichts von Fremdenfeindlichkeit und dem vielerorts ausgerufenen ‚Kampf der Kulturen' zu dem vielleicht wichtigsten Ziel der Interkulturalitätsforschung geworden ist, ein „handlungsbefähigendes Kultur- und Toleranzwissen" zu vermitteln (WIERLACHER 2003: 316; vgl. auch WIERLACHER 1996). Wie versucht wird, sich beiden Zielen – Effizienz und Toleranz – in konkreten Lernsituationen zu nähern, zeigen die folgenden Kapitel.

Toleranz

2   Interkulturelle Trainings

Geschichte

Interkulturelle Trainings gibt es in Deutschland erst etwa seit den 1980er Jahren. Viele der eingesetzten Trainingstypen stammen aus den USA, wo sie in den 1960er und 1970er Jahren angesichts der Probleme multikultureller Gesellschaften, vor allem aber als Reaktion auf die hohe Misserfolgsrate US-amerikanischer Unternehmen bei Auslandsprojekten entwickelt wurden. Sie gehören damit meist in das Gebiet der interkulturellen Wirtschaftskommunikation (vgl. BOLTEN 2007a).

Trainingstypen

Grundsätzlich unterscheidet man zwischen Trainings, die abgekoppelt von der Arbeitssituation stattfinden (Weiterbildungsmaßnahmen oder Vorbereitung auf den Auslandsaufenthalt; *off-the-job*), und Trainings- bzw. Betreuungsmaßnahmen, die vor Ort am Auslands-Arbeitsplatz durchgeführt werden (*on-the-job*). Trainings *off the job* kann man weiterhin danach unterscheiden, ob sie allgemein-kultursensibilisierend oder kulturspezifisch ausgerichtet sind. Die konkreten Methoden reichen dabei von konventionell-dozentenbezogen bis zu eher teilnehmerzentrierten, erfahrungsorientierten Seminarformen (vgl. BOLTEN 2003: 89).

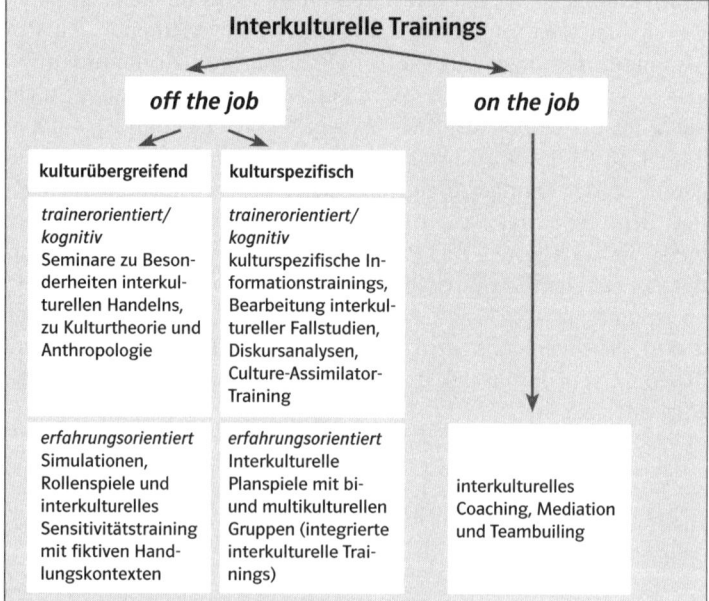

Abb. 6.3: Interkulturelle Trainingsformen (in: BOLTEN 2003: 89)

Die wohl bekannteste und eine der am häufigsten eingesetzten Trainingsformen ist der so genannte *Culture Assimilator*. Diese Methode wurde in den 1970er Jahren in den USA entwickelt und wird in Deutschland vor allen von ALEXANDER THOMAS angewendet, der sie mit dem Konzept der Kulturstandards (vgl. Kap. 2.3.3) verknüpft. Der *Culture Assimilator* arbeitet mit Fallbeispielen. Dabei werden kurz typische Konfliktsituationen geschildert, die im Kontakt mit verschiedenen Kulturen entstehen können (*critical incidents*, vgl. dazu auch Kap. 5.5). Zu jedem *incident* werden mehrere Erklärungsmöglichkeiten angeboten, von denen eine am besten zutrifft. Ziel des Trainings ist eine Sensibilisierung für spezifische Unterschiede zwischen Kulturen. Kritisch zu bemerken ist dabei allerdings mit JÜRGEN BOLTEN (2003: 94): „Abgesehen davon, dass suggeriert wird, interkulturelle Kontakte würden per se problematisch verlaufen, ist bei derartigen Übungen die Gefahr sehr groß, dass Verhaltenserwartungen geschaffen und Stereotype untermauert werden, die es eigentlich abzubauen gälte. In diesem Sinne sollten Culture-Assimilator-Übungen nur unter Hinweis auf die Einmaligkeit und Nicht-Übertragbarkeit des dargestellten ‚critical incident' durchgeführt werden."

Culture Assimilator

Abschließend soll an einem längeren Beispiel gezeigt werden, wie interkulturelle Trainingsmaßnahmen konkret aussehen können. Das Folgende ist ein recht gelungenes Beispiel für den *Culture Assimilator*, weil es auch auf die kulturellen Kontexte und historischen Hintergründe der aufgezeigten Unterschiede eingeht. Es handelt sich um eine Trainingseinheit, die dem Buch *Interkulturelles Orientierungstraining für die USA. Übungsmaterial zur Vorbereitung auf ein Studium in den Vereinigten Staaten* von ALEXANDER THOMAS und ANDREA MÜLLER (1991) entnommen ist:

Beispiel:
USA-Training

Situation

Kurz vor seiner Heimreise wollte Fritz ein kleines Abschiedsessen geben. Er lud dazu ganz unterschiedliche Leute ein, mit denen er sich während seines USA-Aufenthaltes angefreundet hatte. Zuerst hatte er Bedenken, daß sich einige Gäste langweilen könnten, da sie sich untereinander teilweise nicht kannten. Doch während des Essens gewann er den Eindruck, daß sich die eingeladenen Gäste recht gut miteinander verstanden. Er war daher sehr erstaunt, als bald nach dem Essen und Kaffeetrinken die ersten Gäste mitten in der Unterhaltung aufstanden und sich verabschiedeten.

Fritz konnte sich nicht erklären, warum die Gäste nach so kurzer Zeit schon wieder gingen, obwohl sie sich seiner Meinung nach doch ganz gut unterhalten hatten.
Welche Erklärung könnte man Fritz für das Verhalten der Amerikaner geben?

(1) Nachdem nach dem Essen nichts weiter geplant zu sein schien, sind die Gäste davon ausgegangen, daß mit Beendigung des Essens auch der gemeinsame Abend beendet sei.
(2) Die Gäste hatten die Einladung von Fritz nur aus Höflichkeit angenommen und gingen daher, sobald das Essen und damit der offizielle Teil des Abends beendet war.
(3) Amerikaner sind gewohnt, früh ins Bett zu gehen, da sie einen extrem ausgefüllten und aktiven Tagesablauf haben.
(4) Der Eindruck, daß sich die Gäste gut miteinander unterhielten, beruhte nur auf der allgemein freundlichen Umgangsweise der Amerikaner und bedeutete nicht wirkliches Interesse oder Sympathie gegenüber den anderen Gästen.
[...]

Rückmeldungen zu den Antworten

zu Antwort 1:
Das ist die treffendste Erklärung.
Für Amerikaner ist eher ungewöhnlich, einfach so, ohne bestimmte Ziel- oder Zweckgerichtetheit, über längere Zeit zusammenzusitzen und nur zu plaudern. Deshalb werden zum Beispiel Einladungen zum Essen meist bald nach dem Essen als beendet angesehen, wenn keine weiteren konkreten Aktivitäten geplant sind. Während eine Einladung zum Abendessen in Deutschland durchaus ein Beisammensein bis Mitternacht bedeuten kann, geht man in Amerika in der Regel davon aus, daß sich eine Einladung zum Essen vor allem auf die Zeit des gemeinsamen Essens bezieht und man bald darauf wieder auseinander geht. Daher planen Amerikaner oft schon von vornherein nur zwei bis drei Stunden für eine solche Einladung ein und nehmen sich danach häufig noch andere Dinge vor, während man sich bei uns nach Möglichkeit den ganzen Abend Zeit nimmt und dann nach Stimmung früher oder später geht.
Diese unterschiedlichen Verhaltensweisen sind damit zu erklären, daß Amerikaner stärker handlungsorientiert sind als wir.

‚Keeping busy', ‚being active' sind grundlegende Verhaltens-
prinzipien. [...]

zu Antwort 2:
Diese Erklärung ist sicher nicht richtig, da die vielzitierte Höflichkeit der Amerikaner wirklich nicht so weit geht, daß man
Einladungen annimmt, an denen man eigentlich überhaupt nicht
interessiert ist. [...]

zu Antwort 3:
Diese Antwort spricht zwar einen wichtigen und richtigen Aspekt des amerikanischen Verhaltens an, da Amerikaner tatsächlich einen extrem aktiven Tagesablauf planen und durchführen,
in dem sogar oft die Zeit der Entspannung festgelegt und einge-
teilt ist, aber dies bedeutet nicht, daß Amerikaner früher ins Bett
gehen – der Schlafbedarf des Menschen ist wohl eher kulturunabhängig. Das frühzeitige Aufbrechen der Amerikaner muß
also einen anderen Grund haben.

zu Antwort 4:
Es ist sicherlich nicht falsch, diese Möglichkeit in Betracht zu
ziehen, da Amerikaner allgemein sehr um ein harmonisches und
freundliches Miteinanderauskommen bemüht sind, ohne daß
immer besonderes Interesse an den anderen dahinter stehen muß.
Allerdings gibt es in diesem Fall eine viel eindeutigere Erklärung
für das geschilderte Verhalten.
[...]

Hintergrundinformation [...]

Die vorangegangenen Situationen sollten vor allem als Beispiel
für die HANDLUNGSORIENTIERUNG der Amerikaner dienen.
Mit ‚Handlungsorientierung' ist gemeint, daß Amerikaner ihre
Lebensgestaltung stark nach Handeln, Leistung und Aktivität
ausrichten. Entsprechend dem Motto ‚doing rather than talking'
liegt die Betonung auf Aktivität, auf Beschäftigung mit konkreten
und praktischen Dingen und nicht mit irgendwelchen geistigen
Ideen oder Idealen, theoretischen oder abstrakten Fragestellungen. So wird Intellektualismus kaum geschätzt, gilt als weltfremd
und unbedeutend für die menschliche Existenz. Der Tagesablauf,
einschließlich die Freizeit, ist von Aktivität gekennzeichnet. Im

Extremfall wird sogar Entspannung nicht um ihrer selbst Willen, sondern nur zum Zwecke der Regeneration der Arbeitskraft durchgeführt. Es ist bezeichnend, daß das ,workaholics'-Syndrom vor allem in den USA vertreten ist.

Die Handlungsorientierung bedingt, daß sich Amerikaner vorwiegend über ihre beruflichen Tätigkeiten und ihre Interessen, also nach dem, was sie tun, definieren. Bei allen Tätigkeiten steht die Frage nach den konkreten Zielen und Resultaten, nach der Effektivität und Effizienz im Mittelpunkt. Dieses Zweck- oder Ergebnisdenken prägt auch das Freizeitverhalten. So wird das Zusammensein mit anderen Menschen anders gestaltet als bei uns. Wenn Amerikaner zusammenkommen, wird meist ein konkretes Ziel verfolgt. Entweder will man sich kennenlernen, was dann vor allem auf die Klärung der Frage ,What do you do?' hinausläuft, oder, wenn man bereits miteinander bekannt ist, wird ein gemeinsames Erlebnis oder eine gemeinsame Aktivität verfolgt, sei es, daß man sich vergnügen, amüsieren, einen Film sehen oder etwa ein Baseballspiel besuchen will. Ein Treffen ohne konkrete Zielvorgabe gibt es kaum. Den Amerikanern ist daher zum Beispiel auch eine Einrichtung wie unser ,Stammtisch' fremd. Ein Plaudern deutscher Prägung, wo mehr oder weniger willkürlich mal dieses und mal jenes Thema angesprochen wird, ist unüblich.

Wie man sich leicht denken kann, liegt in diesen Unterschieden ein nicht unwesentliches ,Konfliktpotential', wenn Deutsche und Amerikaner aufeinandertreffen, da jeder mit anderen Ansprüchen und Erwartungen an eine Sache herangeht. [...]

Da dieser Kulturstandard Quelle vieler Vorurteile über Amerikaner ist, soll das Augenmerk noch kurz auf den geschichtlichen Hintergrund gerichtet werden, damit der Aktivismus nicht so leicht verständnislos als bloße ,Spinnerei der Amis' abgetan werden kann:

Es gibt verschiedene Faktoren, die die Gewöhnung an und Befürwortung von Arbeit und Aktivität hervorgerufen haben können. Zum einen waren ein Großteil der Einwanderer Amerikas Handwerker, kleine Kaufleute, Bauern und Tagelöhner, also Vertreter sozialer Schichten, die sich nicht mit intellektuellen, ästhetischen oder künstlerischen Belangen beschäftigten, sondern für die Qualitäten wie Fleiß, körperliche Kraft oder handwerkliches Geschick zählten. Unter den Existenzbedingungen der Siedler und Pioniere war ferner harte Arbeit eine entscheidende Voraussetzung fürs Überleben. Die meisten Siedler waren schon von ihrer ursprünglichen Heimat her an schwere Arbeit gewöhnt, doch auch von gesellschaftlicher Seite wurde nun die Pflicht des einzelnen zur Arbeit postuliert, um so einen möglichst raschen Aufbau einer neuen Gesellschaft zu verwirklichen. Harte Arbeit fand unter den gegebenen Umständen eine besondere Beachtung. Und auch bis heute erfährt körperliche Arbeit in den USA nicht eine solche Geringschätzung wie bei uns. Der Entschluß zur Auswanderung, aber ebenso das beständige Weiterziehen innerhalb des Landes erforderten gleichfalls Aktivität und Energie, so daß sich diese Eigenschaften zunehmend zu einer Gewohnheit und Grundvoraussetzung etablierten. Die Glorifizierung von Arbeit im Puritanismus verstärkte die Handlungsorientierung zusätzlich.

Somit kann man zusammenfassend sagen, daß die Abstammung der Einwanderer, die Erfordernisse der Kolonial- und Pionierzeit, die Befürwortung von Mobilität und der puritanische Glaube dazu beitrugen, daß sich die USA zu einer Nation der Aktivisten, Instrumentalisten und Pragmatiker entwickelten.
(THOMAS/MÜLLER 1991: 52–58)

3 Interkulturelles Lernen in der Schule

Die wachsende Bedeutung der Immigration in westlichen Gesellschaften stellt das Bildungswesen vor vollkommen neue Herausforderungen. Gerade in Schulen fordert die multikulturelle Unterrichtssituation ebenso wie die Zukunftsaussichten einer Generation, die in einer globalisierten Welt zunehmend interkulturelle Arbeits- und Lebenszusammenhänge zu bewältigen haben wird, die Vermittlung interkultureller Kompetenz (vgl. SCHOLTEN 2007). Diesen Herausforderungen wird seit Beginn der 1990er Jahre durch neu gegründete universitäre Fächer zu begegnen versucht – wie „Interkulturelle Pädagogik", „Interkulturelle Kommunikationswissenschaft", „Interkulturelle Germanistik" oder „Interkulturelle Wirtschaftskommunikation" (vgl. dazu auch die Liste im Anhang). Allerdings findet die Lehrerausbildung dort noch zu wenig Berücksichtigung, da es sich in der Regel um Magister- und Diplom- (bzw. B.A.- und M.A.-) Studiengänge handelt (zu interkulturellen Studienangeboten vgl. auch BOLTEN 2007b).

Interkulturalität und Schule

Die Chancen und Risiken beim Projekt der Vermittlung interkultureller Kompetenz in der Schule scheinen sich beim gegenwärtigen

Chancen und Risiken

Stand der Dinge in der Waage zu halten. JÜRGEN BOLTEN (2003: 100) schätzt die Lage folgendermaßen ein: „Man benötigt [...] qualifizierte Aus- und Weiterbildner, die gelernt haben, mit Problemen wie ‚Fremdheit‘, ‚Ausländerfeindlichkeit‘ etc. umzugehen. Anderenfalls kann – ähnlich der ärztlichen Tätigkeit – ein unbedacht gewähltes Mittel sehr leicht zu kontraproduktiven Wirkungen führen: Ethnozentrismus, Stereotype und Fremdenfeindlichkeit werden verstärkt und keiner weiß warum, zumal jeder doch nur in guter Absicht zu handeln geglaubt hat.“

Empfehlung der Kultusministerkonferenz

Interessant in diesem Zusammenhang ist, dass die KULTUSMINISTERKONFERENZ „Interkulturelle Bildung und Erziehung in der Schule“ bereits 1996 Empfehlungen dazu veröffentlicht hat, wie in der Schule interkulturelle Kompetenz vermittelt werden kann. Die folgenden Auszüge stammen aus dem Beschluss der KULTUSMINISTERKONFERENZ vom 25. Oktober 1996. Als Lernziele in Sachen interkultureller Kompetenz wird darin Folgendes formuliert:

Lernziele

[...] die Schülerinnen und Schüler [sollen]

▸ sich ihrer jeweiligen kulturellen Sozialisation und Lebenszusammenhänge bewußt werden;
▸ über andere Kulturen Kenntnisse erwerben;
▸ Neugier, Offenheit und Verständnis für andere kulturelle Prägungen entwickeln;
▸ anderen kulturellen Lebensformen und -orientierungen begegnen und sich mit ihnen auseinandersetzen und dabei Ängste eingestehen und Spannungen aushalten;
▸ Vorurteile gegenüber Fremden und Fremdem wahr- und ernstnehmen;
▸ das Anderssein der Anderen respektieren;
▸ den eigenen Standpunkt reflektieren, kritisch prüfen und Verständnis für andere Standpunkte entwickeln;
▸ Konsens über gemeinsame Grundlagen für das Zusammenleben in der Gesellschaft bzw. in einem Staat finden;
▸ Konflikte, die aufgrund unterschiedlicher ethnischer, kultureller und religiöser Zugehörigkeit entstehen, friedlich austragen und durch gemeinsam vereinbarte Regeln beilegen können.

[...] Eine so verstandene interkulturelle Kompetenz ist eine Schlüsselqualifikation für alle Kinder und Jugendlichen, für Min-

derheiten und Mehrheiten; sie trägt zur privaten und beruflichen Lebensplanung bei und hilft, die Lebenschancen der nachfolgenden Generationen zu sichern.
(KULTUSMINISTERKONFERENZ 1996: 5f.)

Wie im vorangegangenen Teilkapitel erläutert, ist interkulturelle Kompetenz als ‚allgemeine Handlungskompetenz unter interkulturellem Vorzeichen' zu begreifen. Sie stellt also eine *bestimmte Ausrichtung* von Kompetenzen dar, die wir auch im nicht-interkulturell geprägten Alltag brauchen. Daher macht es auch in der Schule kaum Sinn, ein eigenständiges Fach ‚interkulturelle Kompetenz' einzuführen und das Thema dort isoliert zu behandeln. Es geht vielmehr um eine *interkulturelle Perspektivierung* aller Lerninhalte. Die Vermittlung interkultureller Kompetenz, so die KULTUSMINISTERKONFERENZ (1996: 7) ist „eine Querschnittsaufgabe in der Schule". Es geht darum, „die Inhalte der Fächer dementsprechend zu akzentuieren" (ebd.: 9). Jedes Schulfach kann und sollte interkulturelle Fragestellungen integrieren (vgl. dazu auch HOLZBRECHER 2007). Konkrete Beispiele dafür finden sich ebenfalls in der Empfehlung der KULTUSMINISTERKONFERENZ:

Interkulturelle Perspektivierung der Schulfächer

Dabei sind es beispielsweise
▸ im Geschichtsunterricht weltgeschichtliche Querschnitte und Quellen, die Ereignisse aus unterschiedlichen Perspektiven verdeutlichen;
▸ im Erdkundeunterricht Untersuchungen zur Raumwirksamkeit kulturbedingter Strukturen;
▸ im Gemeinschafts- oder Sozialkundeunterricht die Analyse unterschiedlicher Lösungsansätze für aktuelle politische oder soziale Konflikte und deren (auch) kultureller Bedingtheit;
▸ im Religions- oder Ethikunterricht die Beschäftigung mit Gemeinsamkeiten und Unterschieden der Weltreligionen. [...]
▸ In Deutsch [können Inhalte interkulturell akzentuiert werden] durch vergleichende Textarbeit, die den Wechsel der Perspektive unterstützt, die Verbreitung weltweit gültiger Erzählkerne untersucht und Erlebnisse sowie Erfahrungen mit Glück und Gerechtigkeit, Liebe und Leid deutlich werden läßt.
▸ Im Fremdsprachenunterricht – nicht nur bei frühem Fremdsprachenlernen und durch bilinguale Angebote – wird die Begegnung mit den Sichtweisen anderer Kulturen über sprachliche Ausdrucksformen vermittelt und ermöglicht so auch den

Einzelne Fächer

> Zugang zu einer Außenperspektive auf das vertraute und für selbstverständlich gehaltene Eigene. [...]
>
> ▶ Der musisch-künstlerische Unterricht bietet eine nonverbale Ebene, sich Vertrautem und Fremdem zu nähern, unterschiedliche Erfahrungen, Deutungen und Ausdrucksformen wahrzunehmen, andersartige Einsichten zu gewinnen und die darin enthaltenen Spannungsmomente auszuhalten.
> ▶ Im Mathematikunterricht kann die Vielfalt kultureller Wurzeln der eigenen Rechenkultur veranschaulicht, die Zahlensymbolik als Ausdruck bestimmter Weltdeutung behandelt oder bei Beispielaufgaben kulturelle Vielfalt repräsentiert werden.
> ▶ Der naturwissenschaftliche Unterricht bietet die Möglichkeit, wissenschaftlich-technische Erkenntnisse, Entwicklungen und Visionen auf ihre kulturspezifischen Bedingungszusammenhänge hin zu überprüfen.
> ▶ Im Arbeitslehreunterricht bzw. bei Unterrichtsthemen zur Berufs- und Arbeitswelt sowie der schulischen Berufsberatung können Schülerinnen und Schüler auf beruflich bedingte, grenzüberschreitende Ortswechsel vorbereitet werden, bei denen sie sich auch ohne umfassende Sprachkenntnisse zurechtfinden können.
>
> (KULTUSMINISTERKONFERENZ 1996: 9-11)

Zukunft der interkulturellen Kompetenz in der Schule

Bei der Vermittlung interkultureller Kompetenz in der Schule wird es zunehmend wichtiger werden, die Fächergrenzen zu überwinden und die Lernenden auf vielfältige Weise auch unter Rückgriff auf die so genannten ‚neuen Medien‘, mit interkultureller Praxis vertraut zu machen – von internationalen Schulpartnerschaften über den Einsatz von Filmmaterial über fremde Kulturen bis hin zur Einrichtung internationaler Chatrooms (vgl. BOLTEN 2003: 103). BOLTENS Prognose für die Rolle interkultureller Kompetenz in der Schule der Zukunft ist sicherlich zutreffend: „Interkulturelle Handlungskompetenz ist im 21. Jahrhundert eine unerläßliche Voraussetzung für den Lehrerberuf." (ebd.)

Ausblick: Interkulturelle Kompetenz und die Arbeitswelt des 21. Jahrhunderts

Tatsächlich deutet alles darauf hin, dass interkulturelle Kompetenz in diesem Jahrhundert der Globalisierung und Migration eine unerlässliche Voraussetzung für gute Berufschancen in beinahe jedem Arbeitsfeld ist. Interkulturelle Kompetenz fördert die *employability*, also die ‚Beschäftigungsfähigkeit‘ vor allem von Studierenden nach ihrem Abschluss (vgl. auch BUSCH 2007). Wer ‚fit‘ für den sich zunehmend internationalisierenden Arbeitsmarkt sein will, muss diese Schlüsselkompetenz nachweisen. Gerade für Studierende und Berufseinsteiger ist es daher empfehlenswert, sich nach und nach eine Art ‚Kompetenzportfolio' zu erarbeiten (vgl. dazu die in der Einleitung – Kap. 1.1 – abgebildete Checkliste), anhand dessen man in Bewerbungsgesprächen verdeutlichen kann, dass man jene kognitiven, affektiven und pragmatisch-kommunikativen Kompetenzen aufweist, mit denen interkulturelle Überschneidungssituationen produktiv gemeistert werden können. Die Grundsteine für ein solches ‚erfolgreiches Handeln und Kommunizieren zwischen den Kulturen' zu legen, gehörte zu den Anliegen dieses Bandes.

1 Zeitschriften zum Thema ‚Interkulturelle Kompetenz/Kommunikation'

Elektronische Zeitschriften
Fortbildungskatalog interkulturelle Kompetenz/Gemeinschaftsinitiative Equal. Freie Hansestadt Bremen: Der Senator für Arbeit, Frauen, Gesundheit, Jugend und Soziales 2003 – http://www2.bremen.de/arbeitssenator
Interculture-Journal. Jena: Univ. 1.2002 – http://www.interculture-journal.com
Journal of Intercultural Communication. Borås: Immigrant Inst. 1.1999 – http://www.immi.se/intercultural
Journal of Intercultural Research: JICR. A publication of the World Communication Association. London [u.a.]: Routledge 35.2006 – http://www.informaworld.com/smpp/title
Language and Intercultural Communication. Frankfurt Lodge: Multilingual Matters Ltd. 1.2001 – http://www.multilingual-matters.com/multi/journals/journals_laic.asp

Zeitschriften
Arbeitskreis für Interkulturelle Kommunikation: AKIK. Bonn: Wegener 1.1980
Arbeitspapiere zur internationalen Unternehmenskommunikation: Schriftenreihe der Forschungsstelle für Interkulturelle Kommunikation der Universität Hildesheim. Bonn: Dümmler 3.1994-4.1998.
Critical intercultural communication studies. New York, NY; Bern; Frankfurt a.M. [u.a.]: Peter Lang 1.2002
Dokumentation + Report: Reihe zur interkulturellen und politischen Kommunikation „Dritte Welt – Industriestaaten"/IKO. Frankfurt a.M.: Verlag für Interkulturelle Kommunikation 1.1982
Freiberger Beiträge zur interkulturellen und Wirtschaftskommunikation: a forum for general and intercultural business communication. Frankfurt a.M.; Berlin; Bern [u.a.]; Wien: Lang 1.2005
Intercultural communication studies: ICS/sponsored by the International Association for Intercultural Communication Studies. San Antonio, Tex. [u.a.]: Trinity Univ. 1.1991
Interkulturell und global: Forum für interkulturelle Kommunikation, Erziehung, Bildung und globales Lernen/ Forschungsstelle Migration und Integration. Freiburg, Br.: Pädagogische Hochschule Freiburg 2002 (3/4)
International and intercultural communication annual/publication in cooperation with the National Communication Association, International and Intercultural Division. Thousand Oaks [u.a.]: Sage Publ. 1.1974

Zeitschriften
Internationale und interkulturelle Kommunikation. Berlin: Frank & Timme 1.2005
Journal of cross cultural competence & management/International Association of Cross Cultural Competence & Management. Frankfurt: IKO 1.1998
Journal of intercultural communication research: JICR, a publication of the Communication Association. Morgantown: WV 31.2002
Language and Intercultural Communication. Frankfurt Lodge: Multilingual Matters Ltd. 1.2001
Languages for intercultural communication and education. Clevedon [u.a.]: Multilingual Matters 1.2001
Passauer Papiere zur interkulturellen Kommunikation: p.p.ink. Passau: Inst. für Interkulturelle Kommunikation 1.2007
Reihe interkulturelle Kommunikation. München: Iudicium. 2.1997-
Studies in intercultural communication: SIC. Saarbrücken [u.a.]: Breitenbach. 2.1987-13.1995
Tagung der „Kommission für Interkulturelle Kommunikation" in der Deutschen Gesellschaft für Volkskunde. Münster; München [u.a.]: Waxmann 1.1994 (1996)-
The translator: studies in intercultural communication. Manchester: St. Jerome Publ. 1.1995-
Via regia: Blätter für internationale kulturelle Kommunikation/hrsg. vom Europäischen Kultur- und Informationszentrum in Thüringen, Info Point Europe. Erfurt: Zentrum 1992, Dez. [Sonderausgabe]; Jg. 1.1993=Nr. 1-12; Nr. 13.1994-70/71.2000
Wildauer Schriftenreihe/Interkulturelle Kommunikation/Technische Fachhochschule Wildau. Berlin: News and Media 1.1998-
ZIIK-Report/Zentrum für Internationale und Kulturelle Kommunikation (ZIIK), Technische Universität Berlin, Fakultät IV (Elektrotechnik und Informatik). Berlin: ZIIK 2001

Anhang

2 Interkulturelle Studiengänge an deutsch-sprachigen Hochschulen (in Auswahl)

Deutschland			
Stadt	Hochschule	Studiengang/ Abschluss	Web
Bayreuth	Universität Bayreuth	• Interkulturelle Germanistik (B.A./M.A.) • Intercultural Anglophone Studies (M.A.)	• http://www.uni-bayreuth.de/pruefungsordnungen/bachelor_master/ger-interkulturell-kf-b_250205.pdf • http://www.uni-bayreuth.de/studium/master/interkulturelle-germanistik.html • http://www.uni-bayreuth.de/studium/master/f4_maias.pdf
Berlin	Alice Salomon Fachhochschule Berlin (ASFH)	Intercultural Conflict Management (M.A.)	http://www.asfh-berlin.de/icm/index.php?id=9
Bremen	Jacobs University Bremen	International Communication (M.A.)	http://www.jacobs-university.de/maic
Chemnitz	Technische Universität Chemnitz	Interkulturelle Kommunikation/Interkulturelle Kompetenz (M.A.)	http://www.tu-chemnitz.de/studium/studiengaenge/master/interkomm.php
Duisburg/Essen	Universität Duisburg-Essen	Kulturwirt (B.A./M.A.)	http://www.uni-duisburg-essen.de/kulturwirt/
Frankfurt (Oder)	Europa-Universität Viadrina Frankfurt (Oder)	• Intercultural Communication Studies (M.A.) • Medien – Kommunikation – Kultur (M.A.)	http://www.ikk.euv-ffo.de/ http://www.master.mcc.eu
Fulda	Hochschule Fulda University of Applied Sciences	• Intercultural Communication and European Studies (ICEUS) (M.A.) • Sozialwissenschaften mit Schwerpunkt interkulturelle Beziehungen (BASIB) (B.A.)	• http://www.fh-fulda.de/index.php?id=443 • http://www.fh-fulda.de/index.php?id=444
Greifswald	Ernst-Moritz-Arndt-Universität Greifswald	Intercultural Linguistics (M.A)	

164

Deutschland			
Stadt	**Hochschule**	**Studiengang/ Abschluss**	**Web**
Hildesheim	Universität Hildesheim	Internationales Informationsmanagement (Magister)	http://www.uni-hildesheim.de/de/iim.htm
Jena	Friedrich-Schiller-Universität Jena	• Interkulturelle Wirtschaftskommunikation (B.A., Ergänzungsfach) • BWL/Interkulturelles Management (Diplom) • Interkulturelles Musik- und Veranstaltungsmanagement (zus. mit der Hochschule für Musik, Weimar) (B.A., Ergänzungsfach) • Interkultureller Trainer/Coach (Fernstudium, Zertifikat)	• http://www.uni-jena.de/data/unijena_/studium/grundstaendig/bachelor/EF_IWK.pdf • http://www.uni-jena.de/data/unijena_/studium/grundstaendig/diplom/DIIKM.pdf • http://www.uni-jena.de/data/unijena_/studium/grundstaendig/bachelor/EF_Int_Musik_Veranstaltungsm.pdf • http://www.interculture.de
Köln	Fachhochschule Köln/Cologne University of Applied Sciences	• Internationales Management und interkulturelle Kommunikation (M.A.) • Mehrsprachige Kommunikation (B.A.)	• http://www.f03.fh-koeln.de/fakultaet/itmk/studium/internationale-studiengaenge/ma-im-ik/index.html • http://www.f03.fh-koeln.de/fakultaet/itmk/studium/nationale-studiengaenge/ba-mehrsprachige-kommunikation/00173/index.html
Magdeburg	Hochschule Magdeburg-Stendal (FH) University of Applied Sciences	Interkulturelle Wirtschaftskommunikation (B.A.)	http://www.hs-magdeburg.de/studium/s-studienangebot/b_wirtschaftskommunikation
Mainz-Germersheim	Johannes Gutenberg-Universität Mainz	Sprache, Kultur, Translation (B.A./M.A.)	• http://www.uni-mainz.de/studium/600.php • http://www.uni-mainz.de/studium/15817.php
München	Ludwig-Maximilians-Universität München	Interkulturelle Kommunikation (Magister/Nebenfach)	http://www.ikk.lmu.de

165

Anhang

Deutschland			
Stadt	**Hochschule**	**Studiengang/ Abschluss**	**Web**
München	Fachhochschule München/Munich University of Applied Sciences	Interkulturelle Kommunikation und Kooperation (IKM) (M.A., Zusatzqualifikation)	http://www.ifis-fhm.de
Osnabrück	Universität Osnabrück	Internationale Migration und interkulturelle Beziehungen (M.A.)	http://www.imis.uni-osna brueck.de/STUDIENGANG/ index.html
Passau	Universität Passau	• European Studies (B.A./M.A.) • Kulturwirtschaft/ International Cultural and Business Studies (B.A.)	• http://www.uni-passau.de/ fileadmin/dokumente/ Studieninteressierte/ Studienangebot/European_ Studies_BA0707.pdf§ • http:/www.uni-passau.de/ fileadmin/dokumente/ Studieninteressierte/ Studienangebot/European_ Studies_MA1106.pdf§ • http://www.uni-passau.de/ fileadmin/dokumente/ Studieninteressierte/Studien angebot/KUWI0607.pdf
Regensburg	Universität Regensburg	Internationale Handlungskompetenz (Zusatzqualifikation)	http://www.uni-regensburg. de/Fakultaeten/phil_Fak_II/ Psychologie/SIH/frame.htm
Saarbrücken	Universität des Saarlandes	• Romanische Kulturwissenschaft und Interkulturelle Kommunikation mit Schwerpunkt Frankreich (B.A.) • Deutsch-französische Studien: Grenzüberschreitende Kommunikation und Kooperation (B.A./M.A.)	• http://www.uni-saarland.de/ de/studium/studienangebot/ romanischekulturwissen schaft_ba/ • http://www.uni-saarland.de/ de/studium/studienangebot/ grenz_studien_ba/ • http://www.uni-saarland.de/ de/studium/studienangebot/ grenz_studien_ma/
Siegen	Universität Siegen	Language and Communication (B.A.)	http://www.fb3.uni-siegen. de/?seite=3&sub=1

Österreich			
Stadt	**Hochschule**	**Studiengang/ Abschluss**	**Web**
Krems	Donau-Universität Krems	Interkulturelle Kompetenzen (M.A.)	http://www.donau-uni.ac.at/ de/studium/interkulturelle kompetenzen/index.php
Wien	Universität Wien	Transkulturelle Kommunikation (B.A.)	http://www.studieren.univie. ac.at/index.php?id=743&tx_spl_ pi2[showVid]=18

Glossar

Affektive Kompetenz
Eine → Teilkompetenz interkultureller Kompetenz. Sie umfasst insbesondere die Einstellungen und Haltungen gegenüber Angehörigen anderer Kulturen. Zu ihren Komponenten gehören (a) Interesse an und Aufgeschlossenheit gegenüber anderen Kulturen, (b) Empathie und Fähigkeit des Fremdverstehens sowie (c) Ambiguitätstoleranz.

Akkulturation
Prozess des ‚Hineinwachsens‘ in eine fremde Kultur in der Sekundär- oder Tertiärsozialisation (d.h. während der Adoleszenz oder im Erwachsenenalter).

Alterität/das Fremde
Das Bild vom Anderen, beispielsweise von Angehörigen fremder Kulturen. Alterität steht in engem Zusammenhang mit → Identität, welche in der Regel über Fremdbilder konstruiert wird.

Ambiguitätstoleranz
Die Fähigkeit, widersprüchliche Auffassungen und Wirklichkeitsbilder zu akzeptieren und produktiv zu wenden. Ambiguitätstoleranz ist eine Komponente der → affektiven Teilkompetenz interkultureller Kompetenz.

Assimilation
Eine der vier Formen der → Akkulturation; Verdrängung der ursprünglichen kulturellen Identität zugunsten einer vollständigen Identifikation mit der neuen kulturellen Umgebung.

Critical incidents
Situationen, in denen mit besonderer Häufigkeit Probleme auftauchen, weil in ihnen verschiedene Kulturen oft sehr stark divergierende → Scripts zugrunde legen.

Culture Assimilator
Interkulturelle Trainingsform, die mit Fallbeispielen arbeitet. Dabei werden kurz typische Konfliktsituationen geschildert, die im Kontakt mit verschiedenen Kulturen entstehen können (→ *critical incidents*) und dann mehrere Erklärungsmöglichkeiten angeboten, von denen eine am besten zutrifft. Ziel des Trainings ist eine Sensibilisierung für spezifische Unterschiede zwischen Kulturen.

Enkulturation
Weitgehend unbewusst verlaufender Prozess des ‚Hineinwachsens‘ in eine Kultur im Rahmen der Primärsozialisation (im Kindesalter).

Ethnische Kulturen
Kulturen, die über die Existenz von verschiedenen ‚Volksgruppen‘ definiert werden. Bei dem Begriff der ‚Ethnizität‘ geht es nicht um klar voneinander abgrenzbare Gruppen, deren Mitglieder bestimmte Eigenschaften aufweisen, sondern es handelt sich (wie auch im Falle der → nationalen Kultur) um kollektive ‚Erfindungen‘. Allerdings ist die Verankerung von ‚Ethnizität‘ in der gesellschaftspolitischen Realität (z.B. der USA) nicht zu unterschätzen. Obwohl ethnische Kultur also ein Konstrukt ist, entfaltet sie in der Realität Wirkung.

Fremde, das
siehe → Alterität

Gestik
Ein Aspekt der nonverbalen Kommuni-

kation, die Bewegungen von Fingern, Händen, Armen und Kopf.

Haptik
Ein Aspekt der nonverbalen Kommunikation, das Berührungsverhalten.

High-context Kulturen
Kulturen, für die charakteristisch ist, dass beim Herstellen von Bedeutung in der Kommunikation neben der Sprache auch der Kontext des Gesprächs und die Beziehung der Sprecher zueinander eine maßgebliche Rolle spielen.

Hybridisierung
Resultat von Kontakt und Austausch zwischen Kulturen (durch Handel, Krieg, Migration usw.). Elemente, die vormals verschiedenen kulturellen Formationen angehörten, verschmelzen dabei miteinander.

Identität/das Eigene
Das Bild vom Eigenen. Wird stets in kulturellen Kontexten und über Vorstellungen von → Alterität konstruiert. Man kann zwischen drei Komponenten der Identität unterscheiden: (1) kognitive Komponente (Selbstbild), (2) emotionale Komponente (Selbstwertgefühl) und (3) motivationale Komponente (Kontrollüberzeugung, d.h. die Überzeugung, das eigene Handeln steuern zu können).

Inneres Team
Von SCHULZ VON THUN entwickeltes kommunikationspsychologisches Modell, das auf der Annahme basiert, dass jedes Individuum unterschiedliche, durchaus auch widersprüchliche, Persönlichkeitskomponenten in sich trägt, die hinsichtlich ihrer jeweiligen Dominanz divergieren. Die Aufstellung der ‚Spieler' des Inneren Teams, d.h. die Zusammensetzung der Persönlichkeitsanteile und deren jeweilige Dominanzverhältnisse, variieren auf individueller und kultureller Ebene.

Integration
Eine der vier Formen der → Akkulturation; die Beibehaltung der ursprünglichen kulturellen Identität bei gleichzeitiger Herstellung positiver Beziehungen zur dominanten Gruppe.

Interkultur
Ein ‚Drittes', das durch die Interaktion von Mitgliedern verschiedener Kulturen entsteht. Interkulturen haben einen transistorischen Charakter und generieren Synergiepotentiale.

Interkulturelle Pragmatik
Ansatz der Sprachwissenschaft, der sich mit sprachlichem Handeln aus sprachvergleichender/komparatistischer Perspektive beschäftigt.

Interkulturalität
Wird durch interkulturelles Handeln (Interaktion zwischen Angehörigen verschiedener Kulturen) erzeugt. Dabei entstehen → Interkulturen. Die Begegnung kann nachhaltig wirken und zur → Hybridisierung der beteiligten Kulturen beitragen oder bei anhaltendem kulturellem Austausch sogar zu → Transkulturalität führen.

Kognitive Kompetenz
Eine → Teilkompetenz interkultureller Kompetenz. Sie umfasst das für interkulturelle Begegnungen relevante Wissen. Ihre zentralen Komponenten sind (a) Wissen über andere Kulturen, (b) kulturthe-

Glossar

oretisches Wissen (Wissen über die Funktionsweisen von Kulturen, kulturelle Unterschiede und deren Implikationen) sowie (c) Selbstreflexivität.

Kommunikationsquadrat
Von SCHULZ VON THUN entwickeltes Modell, das vier Felder umfasst, die den Komponenten einer Äußerung aus kommunikationspsychologischer Sicht entsprechen. Die vier Komponenten sind (1) der Sachinhalt, (2) die Selbstkundgabe, (3) der Appell und (4) der Beziehungsaspekt.

Kultur
Im Sinne der modernen Kulturwissenschaften bezeichnet ‚Kultur' die kollektive Konstruktion der Wirklichkeit. Sie ist „im wesentlichen zu verstehen als ein System von Konzepten, Überzeugungen, Einstellungen und Wertorientierungen, die sowohl im Verhalten und Handeln der Menschen als auch in ihren geistigen und materiellen Produkten sichtbar werden. Ganz vereinfacht kann man sagen: Kultur ist die Art und Weise, wie die Menschen leben und was sie aus sich selbst und ihrer Welt machen." (MALETZKE 1996: 16)

Kultur: drei Dimensionen
Die Kulturanthropologie unterscheidet materiale, soziale und mentale Dimension der Kultur. Die materiale Dimension der Kultur umfasst Medien und andere kulturelle Artefakte; die soziale Dimension umfasst die konkrete Interaktion in Gruppen und Gesellschaften sowie die sozialen Strukturen und Institutionen, die eine kulturelle Gemeinschaft etabliert; die mentale Dimension umfasst → kulturelle Standardisierungen.

Kulturdimensionen
Konzept von GEERT HOFSTEDE. Damit bezeichnet er das ‚mentale Programm' von Kulturen: HOFSTEDE unterscheidet fünf Kulturdimensionen: Machtdistanz, Individualismus/Kollektivismus, Maskulinität/Feminität, Unsicherheitsvermeidung sowie Langzeit- und Kurzzeit-Orientierung.

Kulturschock
Von KALVERO OBERG geprägter Begriff. OBERG geht davon aus, dass grundsätzlich jede Form des Kontakts mit fremden Kulturen ‚schockhaft' wirkt. Er unterscheidet vier Phasen des Kulturschocks: (1) *honeymoon stage*, (2) *crisis*, (3) *recovery* und (4) *adjustment*.

Kulturspezifische Kompetenz/ länderspezifisches Wissen
Eine Komponente der → kognitiven Teilkompetenz interkultureller Kompetenz. Sie umfasst detaillierte landeskundliche Kenntnisse sowie Fremdsprachenkenntnisse, ist allerdings keineswegs eine unabdingbare Voraussetzung für erfolgreiches interkulturelles Handeln und Kommunizieren (vgl. dazu vielmehr → kulturübergreifende Kompetenz).

Kulturstandards
Konzept von ALEXANDER THOMAS. „Kulturstandards sind Arten des Wahrnehmens, Denkens, Wertens und Handelns […], die von der Mehrzahl der Mitglieder einer bestimmten Kultur für sich und andere als normal, typisch und verbindlich angesehen werden. Eigenes und fremdes Verhalten wird auf der Grundlage dieser Kulturstandards beurteilt und reguliert." (THOMAS 2005: 45)

**Kulturübergreifende Kompetenz/
allgemeine interkulturelle Kompetenz**
Gegenstand dieses Buches. Sie zeichnet sich dadurch aus, dass man sich der herausragenden Bedeutung von ‚Kultur' für jede Form von Denken, Empfinden und Handeln sowie der Existenz von kulturspezifischen Kommunikationsstilen bewusst ist und dieses Wissen produktiv bei der interkulturellen Begegnung einzusetzen vermag.

Low-context Kulturen
Kulturen, für die charakteristisch ist, dass beim Herstellen von Bedeutung in der Kommunikation die Sprache im Vergleich zum Kontext des Gesprächs und der Beziehung der Sprecher zueinander eine deutlich wichtigere Rolle spielt.

Marginalität
Eine der vier Formen der → Akkulturation; Verlust der eigenen kulturellen Identität ohne jedoch Zugang zu der Kultur der neuen Umgebung zu finden.

Metakommunikation
Das Sprechen über Kommunikation, Kommunikationsstrategien und kommunikative Missverständnisse.

Mimik
Ein Aspekt der nonverbalen Kommunikation, Bewegungen der Gesichtsmuskeln, vor allem im Bereich des Mundes, der Augen, der Augenbrauen und der Stirn.

Monochrone Kulturen
Begriff zur Beschreibung des Zeiterlebens von Kulturen (→ Strukturmerkmale von Kulturen), der auf E.T. HALL (1959) zurückgeht. Monochrone Kulturen zeichnen sich durch eine rigide Zeiteinteilung aus, bei der äußerste Pünktlichkeit erwartet wird. Monochron sind viele Kulturen Nord- und Westeuropas (z.B. Deutschland und den Niederlanden). Vgl. auch → polychrone Kulturen.

Multikollektivität
Beschreibt die Addition und Montage von Elementen kultureller Identität in jedem einzelnen Individuum.

Multikulturalität
Zusammenleben verschiedener Kulturen in einer (staatlich organisierten) Gesellschaft. Es wird zwischen verschiedenen Formen der Multikulturalität unterschieden, vor allem zwischen einer ‚statischen' Variante, die ein bloßes ‚Nebeneinander' bedeutet und einer ‚echten' Variante, die ein ‚Miteinander' der verschiedenen Kulturen impliziert.

Nationale Kulturen
Kulturen, die über nationalstaatliche Grenzen definiert werden und daher (wie auch die Nation selbst, vgl. ANDERSON 1983) hochgradig konstruiert sind. Die Grenzen der Nationalkultur sind durchlässig (vgl. z.B. Formen von deutscher Kultur in Rumänien), und sie werden auf vielfältige Weise durch kulturelle Formationen unterhalb (regionale oder verschiedene → ethnische Kulturen) und oberhalb der Nationalkultur (Kulturräume) relativiert.

Objektivation, kulturelle
‚Objekt-Werdung' von nicht fassbaren mentalen Phänomenen der Kultur, entweder durch Artefakte (materiale Dimension) oder soziale Strukturen/Handlungen (soziale Dimension)(vgl. → Kultur: drei Dimensionen).

Paralinguistische Codes

Ein Aspekt der nonverbalen Kommunikation, der Gebrauch der Stimme, des Stimmvolumens, der Stimmlage, der Intonation etc.

Polychrone Kulturen

Begriff zur Beschreibung des Zeiterlebens von Kulturen (→ Strukturmerkmale von Kulturen), der auf E.T. HALL (1959) zurückgeht. Polychrone Kulturen zeichnen sich durch eine flexible Zeiteinteilung, einen geringeren Grad der Strukturierung von Zeit aus. Als polychrone Kulturen gelten die romanischen Kulturen Europas und die Kulturen Südamerikas.

Pragmatik

Teildisziplin der Linguistik; Lehre vom Sprechen als Handeln.

Pragmatisch-kommunikative Kompetenz

Eine → Teilkompetenz interkultureller Kompetenz. Sie umfasst Fähigkeiten der Kommunikation, die sich auf eine produktive Interaktion mit Menschen aus anderen Kulturen positiv auswirken. Zu ihren Komponenten gehören (a) der Einsatz geeigneter kommunikativer Muster sowie (b) der Einsatz wirkungsvoller Konfliktlösungsstrategien.

Proxemik

Ein Aspekt der nonverbalen Kommunikation, der körperliche Abstand zwischen den Gesprächspartnern.

Schemata

Mentale Wissensstrukturen, die bestimmte Aspekte der Realität in abstrakter und generalisierter Form repräsentieren. Schemata werden durch Erfahrung, im Rahmen der Sozialisation erworben. Sie sind daher immer kulturspezifisch. Schemata reduzieren Komplexität und leiten unsere Wahrnehmung in bestimmte Bahnen. Sie sind Bestandteile komplexer Netzwerke und durch Assoziationsketten miteinander verbunden.

Scripts

Scripts (= Drehbücher) sind komplexe, kulturspezifische Schemata für typische Handlungs- und Ereignisabfolgen in bestimmten Situationen, wie etwa ‚Restaurant-Scripts‘ oder ‚Begrüßungs-Scripts‘.

Separation

Eine der vier Formen der → Akkulturation; Ablehnung der Kultur der neuen Umgebung und Festhalten an der Kultur des Ursprungslandes.

Sprachliche Relativität

Das Konzept der sprachlichen Relativität, das maßgeblich durch die Arbeiten des Linguisten und Anthropologen EDWARD SAPIR und seines Schülers BENJAMIN LEE WHORF geprägt wurde und deshalb oft auch als ‚Sapir-Whorf-Hypothese‘ bezeichnet wird, besagt, dass die Sprache einen erheblichen Einfluss auf die Wahrnehmung der Welt ausübt. Durch die spezifischen Schemata, die eine Sprache liefert, erschließt jede Sprache dem Individuum eigene Zugänge zur Erfahrung und Kategorisierung der Welt, verstellt aber zugleich andere Zugänge.

Standardisierung, kulturelle

Herausbildung von Gewohnheiten innerhalb von Kollektiven (vor allem auf den Gebieten der Kommunikation, des Denkens, des Empfindens und des Verhaltens/Handelns).

Stereotype
Reduktionistische Ordnungsraster, die sich oft in formelhaften Wendungen und Gemeinplätzen äußern (der ‚fleißige Deutsche', der ‚perfide Engländer', der ‚lebensfreudige Franzose' etc.). Sie gehören zum Bereich des ‚erstarrten Denkens', d.h. es sind festgefahrene → Schemata, derer wir uns häufig nicht bewusst sind. Stereotype haben kognitive, soziale und affektive Funktionen.

Strukturmerkmale von Kulturen
Resultat von → kulturellen Standardisierungen. Nach MALETZKE (1996: 42) „die Kategorien, in denen sich Kulturen voneinander abheben und die in ihrer strukturierten Gesamtheit das spezifische Profil einer Kultur bilden". Dazu gehören u.a. Wahrnehmung, Zeiterleben, Raumerleben, Denken, Sprache, nichtverbale Kommunikation, Wertorientierungen, Verhaltensmuster und soziale Beziehungen.

Teilkompetenzen interkultureller Kompetenz
Interkulturelle Kompetenz setzt sich im Wesentlichen aus drei Teilkompetenzen zusammen, die – im Erwerb wie auch in der Anwendung in konkreten Interaktionen – in enger Wechselwirkung miteinander stehen. Die drei in dynamischem Zusammenspiel wirkenden Teilkompetenzen interkultureller Kompetenz sind (1) die → kognitive Kompetenz, (2) die → affektive Kompetenz und (3) die → pragmatisch-kommunikative Kompetenz.

Transkulturalität
Extremform von → Hybridisierungsprozessen. Diese Form von Kultur zeichnet sich dadurch aus, dass „sie durch die traditionellen Kulturgrenzen wie selbstverständlich *hindurchgeht*." (WELSCH 1997: 71)

Turn
Gesprächseinheit; ein *turn* beginnt, wenn ein Gesprächspartner mit dem Sprechen beginnt, und endet, wenn derselbe Sprecher verstummt.

Wissen, eigenkulturelles
Wissen über die eigene Kultur und deren Wirklichkeitsbild. Dabei ist weiterhin zwischen → explizitem und → implizitem Wissen zu unterscheiden.

Wissen, explizites
Bewusstes Faktenwissen (wie ‚die Erde ist rund') bzw. ‚wissen, dass' (*knowing that*). Explizites Wissen kann sich auf die eigene Kultur sowie auf fremde Kulturen beziehen. Letzteres ist Teil der → kultur*spezifischen* Kompetenz. Solches Wissen wird oft durch Handbücher und informatorische Trainings erworben, in denen die Leser/Teilnehmer mit fremden Kulturstandards vertraut gemacht werden.

Wissen, fremdkulturelles
Wissen über fremde Kulturen und deren Wirklichkeitsbilder. Dabei ist weiterhin zwischen → explizitem und → implizitem Wissen zu unterscheiden.

Wissen, implizites
Unbewusstes Norm- und Handlungswissen bzw. ‚wissen wie' (*knowing how*). Implizites Wissen kann sich auf die eigene Kultur sowie auf fremde Kulturen beziehen. Letzteres ist oft mit → stereotypen Vorstellungen verknüpft.

Bibliografie

AGAR, MICHAEL: *Language Shock. Understanding the Culture of Conversation.* New York: Morrow 1994.

AHMED ARIES, WOLF D.: „Dialog und interkulturelle Kompetenz – ‚Begegnung‘ versus ‚Sozialtechnik‘.“ In: *Erwägen, Wissen, Ethik* 14.1 (2003), S. 153–154.

ALBRECHT, CORINNA und WIERLACHER, ALOIS: *Kulturthema Fremdheit. Leitbegriffe und Problemfelder kulturwissenschaftlicher Fremdheitsforschung.* München: Iudicium 2001.

ANDERSON, BENEDICT: *Imagined Communities. Reflections on the Origin and Spread of Nationalism.* London/New York: Verso 1983.

ANTOR, HEINZ (Hg.): *Inter- und transkulturelle Studien: Theoretische Grundlagen und interdisziplinäre Praxis.* Heidelberg: Winter 2006.

APELTAUER, ERNST (Hg.): *Interkulturelle Kommunikation. Deutschland – Skandinavien – Großbritannien.* Tübingen: Narr 2002.

ASANTE, MOLEFI KETE und GUDYKUNST, WILLIAM B. (Hg.): *Handbook of International and Intercultural Communication.* Newbury Park: Sage 2001 [1989].

ASHCROFT, BILL, GRIFFITHS, GARETH und TIFFIN, HELEN: *Post-Colonial Studies: The Key Concepts.* London/New York: Routledge 2000.

AUERNHEIMER, GEORG: „Kulturwissen ist zu wenig: Plädoyer für ein erweitertes Verständnis von interkultureller Kompetenz.“ In: Heinz Antor (Hg.): *Inter- und transkulturelle Studien: Theoretische Grundlagen und interdisziplinäre Praxis.* Heidelberg: Winter 2006, S. 145–158.

BARRIOS, CATARINA: „Interkulturelle Mediation in Teams mit multinationaler Belegschaft aus Deutschland und Lateinamerika.“ In: Dagmar Kumbier und Friedemann Schulz von Thun (Hg.): *Interkulturelle Kommunikation: Methoden, Modelle, Beispiele.* Reinbek bei Hamburg: Rowohlt 2006, S. 248–310.

BARTLETT, FREDERIC C.: *Remembering. A Study in Experimental and Social Psychology.* Cambridge: Cambridge University Press 1932.

BEAMER, LINDA und VARNER, IRIS: *Intercultural Communication in the Global Workplace.* Boston et al.: McGraw-Hill/Irvin 2001 [1995].

BERRY, JOHN W.: „Psychology of Acculturation. Understanding Individuals Moving between Cultures.“ [1990] In: Richard W. Brislin (Hg.): *Applied Cross-Cultural Psychology.* Newbury Park: Sage 2001, S. 232–253.

BERTELSMANN STIFTUNG: *Interkulturelle Kompetenz – Schlüsselkompetenz des 21. Jahrhunderts?* Thesenpapier der Bertelsmann-Stiftung auf Basis der Interkulturellen-Kompetenz-Modelle von Dr. Darla K. Deardorff. Bertelsmann Stiftung 2006. (Online verfügbar unter http://www.bertelsmann-stiftung.de/bst/de/media/xcms_bst_dms_17145_18254_2.pdf)

BHABHA, HOMI K.: *The Location of Culture.* London/New York: Routledge 1994.

BLOCK, DAVID: *Multilingual Identities in a Global City: London Stories.* Houndmills, Basingstoke: Palgrave Macmillan 2006.

BOLTEN, JÜRGEN: *Interkulturelle Kompetenz.* Hrsg. von der Landeszentrale für Politische Bildung. Erfurt: Landeszentrale für politische Bildung Thüringen 2003.

BOLTEN, JÜRGEN: *Einführung in die interkulturelle Wirtschafts-kommunikation.* Stuttgart: UTB 2007a. (im Druck)

BOLTEN, JÜRGEN: „Interkulturelle Studien-angebote vor dem Hintergrund der Einführung von Bachelor- und Master-Programmen." In: *Interculture Journal* 6.3 (2007b), S. 47–64. (Online ver-fügbar unter www.interculture-journal.com)

BOUCHARA, ABDELAZIZ: *Höflichkeits-formen in der Interaktion zwischen Deutschen und Arabern: Ein Beitrag zur interkulturellen Kommunikation.* Tübingen: Niemeyer 2002.

BREDELLA, LOTHAR: *Literarisches und interkulturelles Verstehen.* Tübingen: Narr 2002.

BURKE, PETER: *Kultureller Austausch.* Frankfurt a.M.: Suhrkamp 2000.

BUSCH, DOMINIC (Hg.): *Interkulturelle Kompetenz und Employability. Interculture Journal* 6.3 (2007) (Online verfügbar unter www.interculture-journal.com)

CHENG, WINNIE: *Intercultural Conversation.* Amsterdam/Philadelphia: Benjamins 2003.

DEARDORFF, DARLA K.: „Policy Paper zur Interkulturellen Kompetenz." In: *Interkulturelle Kompetenz – Schlüsselkompetenz des 21. Jahrhunderts?* Thesenpapier der Bertelsmann Stiftung auf Basis der Interkulturellen-Kompetenz-Modelle von Dr. Darla K. Deardorff. Bertelsmann Stiftung 2006, S. 13–34.

DE FINA, ANNA: „Group Identity, Narrative and Self-Representations." In: Anna de Fina, Deborah Schiffrin und Michael Bamberg (Hg.): *Discourse and Identity.* Cambridge: Cambridge University Press 2006, S. 351–375.

EHRHARDT, CLAUS: „Diplomatie und Alltag: Anmerkungen zur Linguistik der interkulturellen Kommunikation." In: Jürgen Bolten und Claus Ehrhardt (Hg.): *Interkulturelle Kommunikation: Texte und Übungen zum interkulturellen Handeln.* Sternenfels: Verlag Wissenschaft & Praxis 2003, S. 135–166.

ELLIS, ROD: *Second Language Acquisition.* Oxford: Oxford University Press 1997.

FOUCAULT, MICHEL: *Überwachen und Strafen. Die Geburt des Gefängnisses.* Frankfurt a.M.: Suhrkamp 1976.

FREDSTED, ELIN: „Politeness in Denmark: Getting to the Point." In: Leo Hickey und Miranda Stewart (Hg.): *Politeness in Europe.* Clevedon et al.: Multilingual Matters Ltd. 2005, S. 159–173.

FREY, HANS-PETER und HAUSSER, KARL: „Entwicklungslinien sozialwissen-schaftlicher Identitätsforschung." In: Dies. (Hg.): *Identität: Entwicklungen psychologischer und sozio-logischer Forschungen.* Stuttgart: Enke 1987, S. 3–26.

GEIGER, KLAUS F.: „Identitätshermeneutik – ein verläßlicher Ratgeber?" In: *Erwägen, Wissen, Ethik* 14.1 (2003), S. 172–174.

GÖLLER, THOMAS: „Interkulturelles Ver-stehen und sein Verhältnis zur inter-kulturellen Kompetenz." In: *Erwägen, Wissen, Ethik* 14.1 (2003), S. 174–176.

GRICE, H. PAUL: „Logic and Conversation." In: Peter Cole und Jerry Morgan (Hg.): *Syntax and Semantics 3: Speech Acts.* New York: Academic Press 1975, S. 41–58.

GUDYKUNST, WILLIAM B. und TING-TOOMEY, STELLA: „Communication in Personal Relationships Across Cultures: An Introduction." In: Jürgen Bolten und Claus Ehrhardt (Hg.): *Interkulturelle Kommunikation: Texte und Übungen zum interkulturellen Handeln.* Sternenfels: Verlag Wissenschaft & Praxis 2003, S. 117–131.

GUIRDHAM, MAUREEN: *Communicating Across Cultures.* Houndmills, Basingstoke: Macmillan 1999.

HALL, EDWARD T.: *The Silent Language.* New York: Doubleday 1959.

HALL, EDWARD T.: *The Hidden Dimension.* Garden City, N.Y.: Doubleday 1966.

HALL, EDWARD T.: *Beyond Culture.* Garden City, N.Y.: Anchor Press 1976.

HANSEN, KLAUS P.: *Kultur und Kulturwissenschaft. Eine Einführung.* 3. Aufl. Tübingen: Francke 2003 [1995].

HECHT, MICHAEL L., ANDERSEN, PETER A. und RIBEAU, SIDNEY A.: „The Cultural Dimensions of Nonverbal Communication." In: Molefi Kete Asante und William B. Gudykunst (Hg.): *Handbook of International and Intercultural Communication.* Newbury Park et al.: Sage 1989, S. 163–185.

HERINGER, HANS JÜRGEN: *Interkulturelle Kommunikation: Grundlagen und Konzepte.* Tübingen/Basel: Francke 2004.

HOBSBAWN, ERIC und RANGER, TERENCE (Hg.): *The Invention of Tradition.* Cambridge: Cambridge University Press 1983.

HOFSTEDE, GEERT: *Culture's Consequences. Comparing Values, Behaviors, Institutions and Organizations across Nations.* 2. Aufl. Thousand Oaks: Sage 2001 [1980].

HOFSTEDE, GEERT: *Lokales Denken, globales Handeln. Interkulturelle Zusammenarbeit und globales Management.* 3. vollst. überarb. Aufl. München: Beck 2006.

HOLLIDAY, ADRIAN, HYDE, MARTIN und KULLMAN, MARTIN: *Intercultural Communication. An Advanced Resource Book.* London: Routledge 2004.

HOLZBRECHER, ALFRED: „Interkulturelles Lernen." In: Wolfgang Sander (Hg.): *Handbuch politische Bildung.* Bonn: Lizenzausgabe für die Bundeszentrale für politische Bildung 2007, S. 392–406.

HOPPE, ANNEKATRIN: „So war ich nicht, so bin ich nicht! Vom Einfluss des kulturellen Umfelds auf die eigene Identität." In: Dagmar Kumbier und Friedemann Schulz von Thun (Hg.): *Interkulturelle Kommunikation: Methoden, Modelle, Beispiele.* Reinbek bei Hamburg: Rowohlt 2006, S. 170–186.

HOUSE, JANE: „Opening and Closing Phrases in German and English Dialogues." In: *Grazer Linguistische Studien* 16 (1982), S. 52–88.

HUNTINGTON, SAMUEL P.: *The Clash of Civilizations and the Remaking of World Order.* New York: Simon & Schuster 1996.

JASZCZOLT, KATARZYNA: „Contrastive Analysis." In: Jef Verschueren, Jan-Ola Östmann und Jan Bommaert (Hg.): *Handbook of Pragmatics.* Amsterdam/Philadelphia: Benjamins 1995. S. 561–565.

KEDING, GESCHE: „Der falsche Wohnort... Zur Bedeutung von Macht und Struktur in der interkulturellen Begegnung." In: Dagmar Kumbier und Friedemann Schulz von Thun (Hg.): *Interkulturelle Kommunikation: Methoden, Modelle, Beispiele.* Reinbek bei Hamburg: Rowohlt 2006, S. 326–347.

KEUPP, HEINER et al.: *Identitätskonstruktionen: Das Patchwork der Identitäten in der Spätmoderne.* Reinbek bei Hamburg: Rowohlt 1999.

KIESLING, SCOTT F. und BRATT PAULSTON, CHRISTINA (Hg.): *Intercultural Discourse and Communication. The Essential Readings.* Malden, MA: Blackwell 2005.

KOLLERMANN, NICOLE: „Spinn ich oder spinnen die? Über den konstruktiven Umgang mit interkulturellen Irritationen." In: Dagmar Kumbier und Friedemann Schulz von Thun (Hg.): *Interkulturelle Kommunikation: Methoden, Modelle, Beispiele.* Reinbek bei Hamburg: Rowohlt 2006, S. 73–90.

KOTTHOFF, HELGA und SPENCER-OATEY, HELEN (Hg.): *Handbook of Intercultural Communication.* Berlin/New York: Mouton de Gruyter 2007.

KRACK, RAINER: *KulturSchock Indien.* 8. Aufl. Bielefeld: Reise Know-How Verlag 2004 [1987].

KRAPPMANN, LOTHAR: *Soziologische Dimensionen der Identität: Strukturelle Bedingungen für die Teilnahme an Interaktionsprozessen.* 6. Aufl. Stuttgart: Klett-Cotta 1982 [1969].

KROTZ, STEFAN: „Symbolwelten und Machtstrukturen: Zwei sich ergänzende Aspekte für die Analyse von Interkulturalität." In: *Erwägen, Wissen, Ethik* 14.1 (2003), S. 183–185.

KULTUSMINISTERKONFERENZ: *Empfehlung „Interkulturelle Bildung und Erziehung in der Schule".* Beschluss der Kultusministerkonferenz vom 25. Oktober 1996. Bonn 1996. (Online verfügbar unter: http://www.kmk.org/doc/beschl/671-1_Interkulturelle%20Bildung.pdf)

KUMBIER, DAGMAR und SCHULZ VON THUN, FRIEDEMANN (Hg.): *Interkulturelle Kommunikation: Methoden, Modelle, Beispiele.* Reinbek bei Hamburg: Rowohlt 2006.

KUMBIER, DAGMAR und SCHULZ VON THUN, FRIEDEMANN: „Interkulturelle Kommunikation aus kommunikationspsychologischer Perspektive." In: Dagmar Kumbier und Friedemann Schulz von Thun (Hg.): *Interkulturelle Kommunikation: Methoden, Modelle, Beispiele.* Reinbek bei Hamburg: Rowohlt 2006, S. 9–27.

LEECH, GEOFFREY: *Principles of Pragmatics.* London: Longman 1983.

LEGGEWIE, CLAUS und BARINGHORST, SIGRID: *Multi Kulti. Spielregeln für die Vielvölkerrepublik.* Berlin: Rotbuch-Verlag 1993.

LIPPMANN, WALTER: *Public Opinion.* Mineola, N.Y.: Dover Publications 2004 [1922].

LOENHOFF, JENS: „Interkulturelle Kompetenz zwischen Person und System." In: *Erwägen, Wissen, Ethik* 14.1 (2003), S. 192–194.

LÜGER, HEINZ-HELMUT (Hg.): *Höflichkeitsstile*. Frankfurt a.M. et al.: Lang 2001.

LÜSEBRINK, HANS-JÜRGEN (Hg.): *Konzepte der Interkulturellen Kommunikation. Theorieansätze und Praxisbezüge in interdisziplinärer Perspektive*. St. Ingbert: Röhrig 2004.

LÜSEBRINK, HANS-JÜRGEN: *Interkulturelle Kommunikation*. Stuttgart/Weimar: Metzler 2005.

LUSTIG, MYRON W. und KOESTER, JOLENE: *Intercultural Competence. Interpersonal Communication Across Cultures*. New York: Harper Collins 1993.

MALETZKE, GERHARD: *Interkulturelle Kommunikation. Zur Interaktion zwischen Menschen verschiedener Kulturen*. Opladen: Westdeutscher Verlag 1996.

MATSUMOTO, DAVID, G. WALLBOTT, HARALD und SCHERER, KLAUS R.: „Emotions in Intercultural Communication." In: Molefi Kete Asante und William B. Gudykunst (Hg.): *Handbook of International and Intercultural Communication*. Newbury Park et al.: Sage 1989, S. 225–246.

MEEUWIS, MICHAEL (Hg.): *Critical Perspectives on Intercultual Communication*. Special Issue of Pragmatics 4.3 (1994).

MINTZEL, ALF: *Multikulturelle Gesellschaften in Europa und Nordamerika. Konzepte, Streitfragen, Analysen, Befunde*. Passau: Rothe 1997.

MOOSMÜLLER, ALOIS (Hg.): *Interkulturelle Kommunikation. Konturen einer wissenschaftlichen Disziplin*. Münster: Waxmann 2007.

MOULKIS, ATHANASIOS: „The Trouble with Intercultural Communication." In: Heinz Antor (Hg.): *Inter- und transkulturelle Studien: Theoretische Grundlagen und interdisziplinäre Praxis*. Heidelberg: Winter 2006, S. 119–143.

MÜLLER, HARALD: *Das Zusammenleben der Kulturen. Ein Gegenentwurf zu Huntington*. Frankfurt a.M.: Fischer 1998.

MÜLLER-JACQUIER, BERND: *Interkulturelle Kommunikation und Fremdsprachendidaktik. Studienbrief Kulturwissenschaft*. Koblenz: Universität Koblenz-Landau 1999.

NEULIEP, JAMES W.: *Intercultural Communication: A Contextual Approach*. Thousand Oaks et al.: Sage 2006.

NÖTH, WINFRIED: *Handbuch der Semiotik*. 2., vollst. neu bearb. und erw. Aufl. Stuttgart/Weimar: Metzler 2000.

NÜNNING, ANSGAR (Hg.): *Metzler Lexikon Literatur- und Kulturtheorie. Ansätze – Personen – Grundbegriffe*. 3. Aufl. Stuttgart: Metzler 2004 [1998].

OBERG, KALVERO: „Cultural Shock – Adjustment to New Cultural Environments." In: *Practical Anthropology* 7 (1960), S. 177–182.

PORSCHKE, ALEXANDER: „Deutsch-peruanische Missverständnisse: Von der Entzauberung des Paradieses." In: Dagmar Kumbier und Friedemann Schulz von Thun (Hg.): *Interkulturel-*

le Kommunikation: Methoden, Modelle, Beispiele. Reinbek bei Hamburg: Rowohlt 2006, S. 91–107.

PRATT, MARY LOUISE: Imperial Eyes. Travel Writing and Transculturation. London: Routledge 1992.

QUASTHOFF, UTA: Soziales Vorurteil und Kommunikation. Eine sprachwissenschaftliche Analyse des Stereotyps. Frankfurt a.M.: Athenäum 1973.

RATHJE, STEFANIE: „Interkulturelle Kompetenz – Zustand und Zukunft eines umstrittenen Konzepts." In: Zeitschrift für Interkulturellen Fremdsprachenunterricht 11.3 (2006) (Online verfügbar unter http://zif.spz.tu-darmstadt.de/jg-11-3/beitrag/Rathje1.htm.)

REZ, HELMUT, KRAEMER, MONIKA und KOBAYASHI-WEINSZIEHR, REIKO: „Warum Karl und Keizo sich nerven: Eine Reise zum systematischen Verständnis interkultureller Missverständnisse." In: Dagmar Kumbier und Friedemann Schulz von Thun (Hg.): Interkulturelle Kommunikation: Methoden, Modelle, Beispiele. Reinbek bei Hamburg: Rowohlt 2006, S. 28–72.

ROST-ROTH, MARTINA: „Verständigungsprobleme in der interkulturellen Kommunikation. Ein Forschungsüberblick zu Analysen und Diagnosen in empirischen Forschungen." In: Zeitschrift für Literaturwissenschaft und Linguistik 24 (1994), S. 9–45.

ROTH, JULIANA (Hg.): Culture Communication Skills. Interkulturelle Kompetenz. Handbuch für die Erwachsenenbildung. München: Bayerischer Volkshochschulverband 2004.

SCHOLTEN, ALFONS: „Interkultureller Kompetenzerwerb in der Schule als Beitrag zur employability." In: Interculture Journal 6.4 (2007), S. 3–25. (Online verfügbar unter www.interculture-journal.com)

SIFINOU, MARIA: Politeness Phenomena in England and Greece: A Cross-Cultural Perspective. Oxford: Oxford University Press 2000.

STIERLIN DOCTOR, LARISSA: „Zwei Völker wohnen – ach – in meiner Brust! Wie multikulturelle Identität gelingen kann." In: Dagmar Kumbier und Friedemann Schulz von Thun (Hg.): Interkulturelle Kommunikation: Methoden, Modelle, Beispiele. Reinbek bei Hamburg: Rowohlt 2006, S. 151–169.

STRAUB, JÜRGEN, WEIDEMANN, ARNE und WEIDEMANN, DORIS (Hg.): Handbuch interkulturelle Kommunikation und Kompetenz. Grundbegriffe – Theorien – Anwendungsfelder. Stuttgart: Metzler 2007. (im Druck)

STRAUS, FLORIAN und HÖFER, RENATE: „Entwicklungslinien alltäglicher Identitätsarbeit." In: Heiner Keupp und Renate Höfer (Hg.): Identitätsarbeit heute: Klassische und aktuelle Perspektiven der Identitätsforschung. Frankfurt a.M.: Suhrkamp 1997, S. 270–307.

SUGITANI, MASAKO: „Interkulturelle Kompetenz und Sprachverhalten." In: Erwägen, Wissen, Ethik 14.1 (2003), S. 210–212.

THOMAS, ALEXANDER (Hg.): Kulturvergleichende Psychologie. 2., überarb. und erw. Aufl. Göttingen et al.: Hogrefe 2003 [1993].

THOMAS, ALEXANDER (Hg.): Psychologie interkulturellen Handelns. Göttingen et al.: Hogrefe 1996.

THOMAS, ALEXANDER: „Interkulturelle Kompetenz – Grundlagen, Probleme und Konzepte." In: *Erwägen, Wissen, Ethik* 14.1 (2003), S. 137–221.

THOMAS, ALEXANDER: *Grundlagen der interkulturellen Psychologie.* Nordhausen: Bautz 2005.

THOMAS, ALEXANDER: „Die Bedeutung von Vorurteil und Stereotyp im interkulturellen Handeln." In: *Interculture Journal* 5.2 (2007), S. 3–20. (Online verfügbar unter www.interculture-journal.com)

THOMAS, ALEXANDER und MÜLLER, ANDREA: *Interkulturelles Orientierungstraining für die USA: Übungsmaterial zur Vorbereitung auf ein Studium in den Vereinigten Staaten.* Saarbrücken et al.: Breitenbach 1991.

THOMAS, ALEXANDER und SCHENK, EBERHARD: *Beruflich in China. Trainingsprogramm für Manager, Fach- und Führungskräfte.* Göttingen: Vandenhoeck & Ruprecht 2001.

TROMPENAARS, FONS und HAMPDEN-TURNER, CHARLES: *Riding the Waves of Culture. Understanding Cultural Diversity in Business.* 2. Aufl. London: Brealey 2006 [1993].

VOLLI, UGO: *Semiotik: Eine Einführung in ihre Grundbegriffe.* Tübingen/Basel: Francke 2002.

WANG, LEI: „Wenn Konfuzius Schulz von Thun trifft… Kommunikationspsychologie aus Sicht einer Chinesin." In: Dagmar Kumbier und Friedemann Schulz von Thun (Hg.): *Interkulturelle Kommunikation: Methoden, Modelle, Beispiele.* Reinbek bei Hamburg: Rowohlt 2006, S. 187–205.

WATTS, RICHARD J.: *Politeness.* Cambridge: Cambridge University Press 2003.

WATZLAWICK, PAUL, BEAVIN, JANET und JACKSON, DON D.: *Menschliche Kommunikation. Formen, Störungen, Paradoxien.* Bern: Huber 1969.

WELSCH, WOLFGANG: „Transkulturalität. Zur veränderten Verfassung heutiger Kulturen." In: Irmela Schneider und Christian W. Thomson (Hg.): *Hybridkultur: Medien, Netze, Künste.* Köln: Wienand 1997, S. 67–90.

WIECHELMANN, SARAH: „War das nun ein interkulturelles Missverständnis? Von der Gefahr, vor lauter Kultur die Person aus dem Blick zu verlieren." In: Dagmar Kumbier und Friedemann Schulz von Thun (Hg.): *Interkulturelle Kommunikation: Methoden, Modelle, Beispiele.* Reinbek bei Hamburg: Rowohlt 2006, S. 323–335.

WIERLACHER, ALOIS: *Kulturthema Toleranz. Zur Grundlegung einer interdisziplinären und interkulturellen Toleranzforschung.* München: Iudicium 1996.

WIERLACHER, ALOIS: „Das tragfähige Zwischen." In: *Erwägen, Wissen, Ethik* 14.1 (2003), S. 215–217.

WIERLACHER, ALOIS: *Handbuch interkulturelle Germanistik.* Stuttgart/Weimar: Metzler 2003.

WIERZBICKA, ANNA: *Cross-Cultural Pragmatics: The Semantics of Human Interaction.* Berlin: Mouton de Gruyter 1991.

WOODMAN, GILL: *Intercultural Communication Online: Designing a Training Concept for German-British Interactions.* München: Langenscheidt-Longman 2003.

Stark in Studium und Beruf

- UNI-WISSEN Kernkompetenzen ist die erste und einzige Reihe, die Studierende auf Schlüsselqualifikationen vorbereitet
- Fundiert – praxisrelevant – komplett: Alles, was man können muss!
- Passgenau zu den neuen Bachelor-/Master-Studiengängen

Kommunikationskompetenzen:
Erfolgreich kommunizieren
in Studium und Berufsleben
ISBN 978-3-12-940002-9 | 14,95 €

Schreibkompetenzen:
Erfolgreich wissenschaftlich schreiben
ISBN 978-3-12-940011-1 | 14,99 €

Didaktische Kompetenzen:
Lehr- und Lernprozesse erfolgreich gestalten
ISBN 978-3-12-940000-5 | 14,95 €

Projekt- und Zeitmanagement:
Strategien für ein erfolgreiches Studium
ISBN 978-3-12-940001-2 | 14,95 €

Interkulturelle Kompetenzen:
Erfolgreich kommunizieren
zwischen den Kulturen
ISBN 978-3-12-940012-8 | 14,99 €